COMMANDANT LENFANT

LA DÉCOUVERTE

DES

GRANDES SOURCES

DU

CENTRE DE L'AFRIQUE

RIVIÈRES DE VIE — RIVIÈRES DE MORT

NANA — OUAM — PENNDÉ

Ouvrage contenant 115 Illustrations et une Carte en Couleurs.

avec une

PRÉFACE DE M. BOUQUET DE LA GRYE

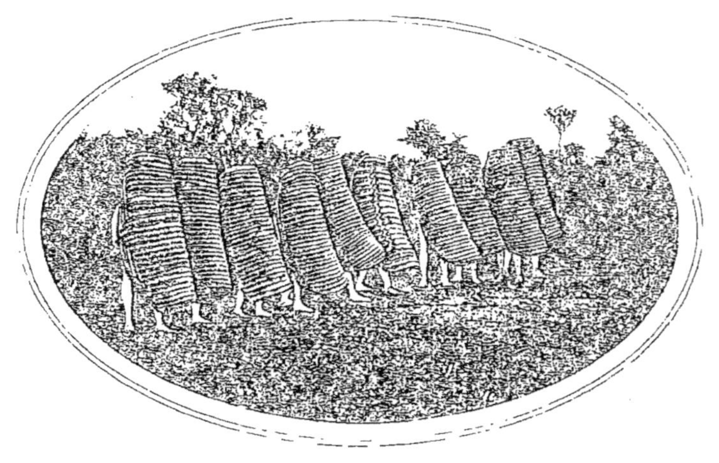

PARIS

LIBRAIRIE HACHETTE ET Cⁱᵉ

79, BOULEVARD SAINT-GERMAIN

1909

LA DÉCOUVERTE

DES

GRANDES SOURCES

DU

CENTRE DE L'AFRIQUE

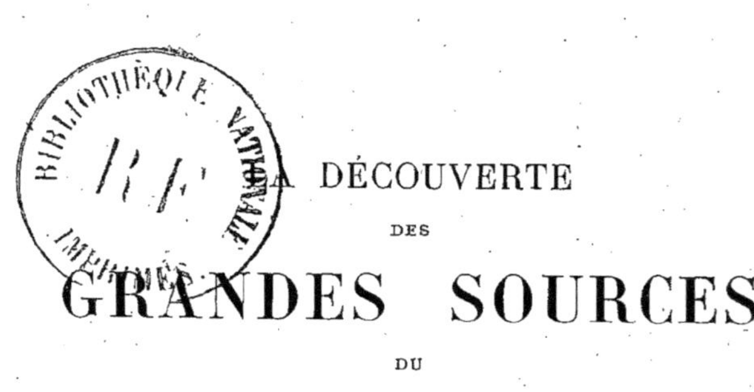

LA DÉCOUVERTE

DES

GRANDES SOURCES

DU

CENTRE DE L'AFRIQUE

RIVIÈRES DE VIE — RIVIÈRES DE MORT

NANA — OUAM — PENNDÉ

Ouvrage contenant 115 Illustrations et une Carte en Couleurs

avec une

PRÉFACE DE M. BOUQUET DE LA GRYE

PARIS

LIBRAIRIE HACHETTE ET Cie

79, BOULEVARD SAINT-GERMAIN

1909

JE *dédie ce livre à la Collaboratrice morale
et dévouée de mes travaux.*

E. L.

PRÉFACE

LA publication de certains livres a quelquefois l'heureuse chance d'arriver au moment où leur lecture peut produire les meilleurs effets, susciter les sentiments les plus élevés et, tout en instruisant, provoquer des réflexions très utiles. Il en est ainsi à l'heure actuelle du récit de l'exploration d'une région du centre de l'Afrique, nœud orographique de plusieurs grandes rivières, qui n'a pas été faite uniquement au point de vue géographique, pour combler un blanc de la carte de notre possession du Congo, mais pour instruire les futurs colons de notre belle et grande colonie (en même temps que ses gouvernants). L'auteur décrit en effet les mœurs, les coutumes des indigènes, les productions du sol, n'oubliant pas d'indiquer la meilleure méthode de se comporter en pérégrinant au milieu de races noires diverses, mais toujours anthropophages.

Disons de suite qu'au point de vue géographique le résultat a été complet. La Mission dirigée par le commandant Lenfant n'a pas rapporté un seul itinéraire relevé avec soin, elle s'est divisée à un moment *donné, et les circuits de chacune de ses sections ont coupé et recoupé des rivières de façon à ne laisser aucune lacune entre les levés de leurs cours.*

Les peuplades variées, disséminées dans un vaste espace, ont été étudiées à tous les points de vue et leur barbarie appréciée par la description de leurs cultures, de leur genre de vie et de leurs affinités.

Le chef de la Mission a étudié le cannibalisme qui existe en réalité dans toutes les régions qu'il a parcourues. Suivant lui, et il a grandement raison, au Congo, ce n'est pas une question religieuse qui amène des sacrifices humains, mais presque une nécessité hygiénique. Le besoin de nourriture carnée, dans une zone où la mouche tsé-tsé empêche les herbivores de se reproduire, où le sel est mal remplacé par des cendres d'arbustes, a pour conséquence l'anthropophagie.

On tue pour manger, pour assainir sa bouche, disent les noirs, pour avoir une nourriture salée; et le premier bienfait de l'influence civilisatrice que nous avons apportée est l'importation des bestiaux et celle du sel. Ajoutons que partout où passait la Mission, elle vaccinait les porteurs et combattait de son mieux les effets des piqûres infectées de trypanosomes.

La narration du commandant Lenfant est très sobre, c'est presque une copie d'un journal de voyage, mais dans lequel tout ce qu'il voyait d'intéressant ou de nouveau est raconté. La manière de se comporter avec les indigènes peut servir d'enseignement à ceux qui viendront après-lui.

Il n'a jamais personnellement fait parler la poudre, c'eût été souvent d'ailleurs dangereux, son escorte étant faible, et ses porteurs toujours disposés à s'enfuir. Mais comme il n'avait jamais pris de vivres sans les payer grandement, traité avec des porteurs sans spécifier les conditions de leur emploi, la réputation de la Mission se propageait assez vite pour arrêter toute hostilité lors du premier contact avec une tribu.

Certes, lorsqu'il arrivait, c'était souvent une fuite éperdue des femmes, et les hommes prêts à la bataille, mais on trouvait toujours un guide ou un porteur connaissant la langue de la peuplade, et celle-ci, rassurée, devenait familière et hospitalière.

Cette attitude ultra-pacifique n'a pu toutefois être pratiquée par un détachement expédié par le commandant. Attaqué traîtreusement, il a dû riposter et a pu sortir heureusement du coupe-gorge où des guides l'avaient entraîné.

Le ministre des colonies avait recommandé au chef de la Mission d'étudier les productions des pays parcourus au point de vue de leur utilisation. Ce côté de la Mission a été amplement rempli. La question vivrière, les effets de la différence de nourriture sur la structure et la beauté des hommes et des femmes ont été attentivement étudiés. Les régions à production de

caoutchouc, celles des grands bois, des hautes herbes
et de la forêt tropicale limitées.

Le commandant donne un renseignement très utile
en disant que telle partie de la région est sillonnée
de ruisseaux offrant des chutes pouvant fournir de
la force à des scieries ou des moulins, premières
usines d'un pays exploité.

Un chapitre très intéressant du livre est celui où
le commandant parle des labis.

Qui aurait pensé qu'au centre du Continent noir il
existait une espèce de franc-maçonnerie ayant sa
langue propre au milieu de vingt idiomes, un esperanto connu et pratiqué par les seuls Labis préparés
à leur initiation par plusieurs années d'instruction
et d'éducation spéciale.

Les chefs de la secte choisissent dans chaque tribu
les jeunes gens les plus intelligents et les éduquent
dans des espèces de collèges forestiers.

C'est une véritable découverte que celle du labisme
et elle sera très utile à nos futurs colons. C'est pour
eux que le commandant et ses compagnons ont tra-
vaillé, c'est pour eux que deux d'entre eux sont morts
à la peine et si les survivants ont beaucoup souffert,
n'en sont-ils pas récompensés par le sentiment du
devoir accompli et par les éloges grandement mérités
qu'ils ont reçus de leurs chefs ?

Ce livre, d'un grand intérêt pour le public, contient,
à côté des descriptions, des gravures qui les com-

plètent. On peut affirmer qu'en l'écrivant le commandant Lenfant a fait une bonne œuvre, en ce sens qu'il a montré le courage, l'énergie et la prudence d'officiers et de sous-officiers de notre armée, et aussi qu'une mission militaire peut être très pacifique.

Celle-ci, comprenant parmi ses membres un médecin et un ingénieur, a rapporté un aperçu de l'utilisation future de notre belle colonie et des moyens de guérir les maladies qui déciment les populations de la noire Afrique.

A. BOUQUET DE LA GRYE.

INTRODUCTION

LA *carrière coloniale est faite d'imprévu. Celui qui l'embrasse assume une existence mouvementée, rien n'est stable dans sa position. Tranquille aujourd'hui parmi les siens et près de son chef, il se voit tout à coup porté vers d'infinis lointains.*

Il est vrai que la vie africaine plaît à merveille au tempérament français, car elle est toute d'initiative, de liberté, de décision et de mouvement. Elle charme par ce fait incomparable que chaque résolution, chaque acte de l'homme de brousse porte avec lui ses conséquences et ses résultats immédiats dans la sphère locale qui l'entoure.

Bien que nous ayons parcouru l'Afrique et séjourné dans son sein durant de longues années, nous pouvons affirmer à nos successeurs qu'ils trouveront encore beaucoup de besogne à traiter après nous. Ces immenses territoires, récemment découverts et traversés en tous sens, n'ont pas révélé le secret de leur richesse. En maints endroits leur fertilité saute aux yeux, ailleurs on les trouve stériles, quelquefois on les quitte sans avoir pu discerner ce qu'ils valent.

Il faut aussi, pour de telles appréciations, se défier de soi-même pour les évaluations que l'on donne, et bien se

INTRODUCTION.

persuader que l'on a parfois tendance à embellir ce qu'on a vu, parce qu'on y a trouvé le charme exquis de la découverte, de l'inconnu révélé, des dangers écartés, des privations endurées, des luttes avec la nature, des embûches tendues par les indigènes et des maladies surmontées.

Cet ouvrage n'a donc aucune autre intention que d'indiquer la route aux jeunes, aux hommes d'énergie et de bonne volonté. Il fera tout ce qu'il faut faire pour les encourager, pour leur dire qu'il reste une tâche immense à remplir après nous, découvertes nouvelles, études économiques, prospections patientes, pacification des naturels; étude approfondie des races humaines, de leurs maladies, de leurs aptitudes; étude consciencieuse des animaux et des plantes... Voilà le champ de superbe activité qui s'ouvre à nos compatriotes sur le sol africain.

Et bien d'autres passeront encore après eux qui trouveront du nouveau dans les contrées mêmes où leurs devanciers se seront illustrés.

La carrière africaine est toujours fille de la vocation. Le hasard est parfois son père. C'est précisément lui qui fit naître la mienne.

Dès le jeune âge, mes lectures favorites étaient les récits des grands voyageurs. Livingstone et Stanley, ce dernier surtout m'avaient captivé par leurs exploits. A cette époque nous apprenions la géographie de l'Afrique sur des tableaux coloriés. On y voyait, dessinés, des fleuves dont la moitié du cours était en trait noir, tandis que le reste, formé de points contigus, esquissait des circonvolutions singulières, incertaines, malhabiles. La Bénoué prenait sa source dans les parages du Tchad; le Congo, loin de décrire la boucle

qui le caractérise, descendait majestueusement de montagnes inconnues à mille kilomètres au nord de sa source
réelle. Je lisais en larges lettres noires, pour boucher un
gros blanc de la carte : Nigritie ou Soudan. Plus au
sud, une sorte de vaste pancarte occupait la forêt équatoriale que nous connaissons et par ces mots : Anthropophages et Forêts de l'équateur, plongeait nos esprits de
jeunes écoliers dans une vague méditation mêlée d'épouvante. Un jour, un homme vint qui traversa l'Afrique
depuis Zanzibar jusqu'aux grands lacs, et depuis ces
derniers jusqu'à la mer. C'était Stanley. Dans sa publication, une gravure le représentait plantant un drapeau
sur une montagne qui dominait une vaste nappe d'eau, en
s'écriant : Tanganyka ! Tanganyka !

Son cri d'enthousiasme pénétra jusqu'au fond de ma
mémoire et s'y grava pour toujours. Il fit naître en moi
un secret besoin d'espace et d'inconnu. Combien j'enviais
l'homme capable d'écrire de tels récits, d'accomplir de tels
actes. Mes pensées d'écolier de garenne s'envolaient vers le
grand explorateur dévorant d'espace et de liberté. Mais le
professeur avait promptement raison de mes distractions et
me transformait, par une réprimande, en écolier de choux.

A quelque temps de là, nos compatriotes se lancèrent à
leur tour dans l'inconnu. La France avait résolu d'entrer
dans la lice africaine. Le Comité de l'Afrique Française,
ainsi que des hommes éminents, M. Étienne tout le premier, surent discerner, parmi les jeunes, des énergies patientes, des santés vigoureuses, des cerveaux à l'épreuve de
la lutte.

Aux Barth, aux Nachtigall, aux Schweinfurth s'oppo-

sèrent et succédèrent bientôt les *Galliéni*, les *de Brazza*,
les *Binger*, les *Archinard*, les *Bonnier*, les *Monteil*, les
Toutée, les *Gentil*, les *Crampel*, les *Mizon*, les *Maistre* et
tant d'autres.

En 1900, à peine de retour d'un premier séjour au Soudan, le colonel *Drouhez*, chef du bureau militaire du Mi-
nistère des Colonies, me demandait de remonter les rapides
du *Bas Niger* avec une flottille de vingt embarcations
portant 250 tonnes de ravitaillement. Il me proposait, en
quelque sorte, de continuer l'œuvre coloniale du commandant *Toutée* auquel il me présenta sur-le-champ. Je me
trouvai en présence d'un Africain bien connu par ses
belles expéditions. Son œil vif exprimait un caractère
énergique et enjoué; son accent et son esprit pétillaient de
cette Bourgogne qui le reçut au jour. Revenu depuis peu
du continent noir, la souffrance pâlissait encore les traits
de son visage empreint d'une prodigieuse volonté. Son
jugement, son esprit de décision et sa parole exprimaient
tout ce qu'il voulait dire avec une clarté et une concision
admirables, reflet d'une carrière et d'une âme profondément militaires. Le commandant *Toutée* (aujourd'hui
général) me posa avec une grande bienveillance deux ou
trois questions fort nettes, me donna plusieurs rendez-
vous pour me mieux exposer les difficultés de ma tâche et
me seconda de toutes ses forces pour accélérer mon départ.
Il avait accepté le successeur qui lui était offert.

Aucun de ses propos ne nous avait trompés, ni sur les
dangers, ni sur les possibilités de la Mission. Nous en
jugeâmes largement en franchissant les chutes et les
rapides sur lesquels il avait maintes fois exposé ses jours

aux basses eaux, tandis que nos vingt bateaux, profitant d'une saison meilleure, passaient sans incident.

Toutée avait donc raison, nos efforts le prouvèrent. Le Bas Niger est franchissable, et peut nous permettre de l'utiliser pour accéder directement au Soudan. En homme et en soldat qui place au-dessus de tout l'intérêt supérieur de la Patrie, Toutée jugeait nécessaire que nos couleurs flottassent sur cette partie du grand fleuve dont les traités ne nous laissaient que la libre navigation pour pénétrer au cœur de nos possessions africaines.

C'est sous une telle égide que se décida ma carrière africaine. De tels hommes estiment qu'un officier ne démérite pas en contribuant à la grandeur économique de son pays, et que si nous n'avons pas tous la bonne fortune de contribuer à la garde de nos frontières, tâche glorieuse et sacrée, les activités qui se dépensent ailleurs, voire même sous l'équateur, contribuent pour leur part à la vie du pays.

Je partis donc pour le Bas Niger avec de dévoués compagnons de labeur, le capitaine de Peyronnet, le lieutenant Anthoine, mort glorieusement à la peine, et les sous-officiers Boury, Groisne et Messéant. Cinq fois de suite, cette Mission franchit les rapides de Boussa, confirmant à cinq reprises différentes la belle œuvre africaine de Toutée.

Cependant je ne devais point en rester là. Je revenais en mai 1902 avec un attachement fervent à notre empire africain, mais je ne saurais définir d'une manière exacte le sentiment qui m'anime depuis lors. Est-ce l'amour du continent noir ? Oui certes, il n'en faut pas douter, mais je crois bien d'autre part que ce pays laisse en notre être tout entier, tout un potentiel d'attirance dont les ergs infiniment petits gîtent dans chaque cellule de notre individu.

S'il n'en est pas ainsi, pourquoi sentons-nous notre cerveau tressaillir à la seule et lointaine vision d'un site ensoleillé, d'un sentier ondulé, d'une savane ou d'un bois immobile sous le ciel étincelant de l'Afrique? Pourquoi repartons-nous si volontiers, le cœur déchiré cependant à la pensée de quitter les êtres chers et l'âme tout embuée d'attirance malgré les luttes et les difficultés qu'il faudra de nouveau surmonter.

C'est dans cet état d'esprit que me trouva M. Le Myre de Vilers, lorsqu'en 1903, il me proposa de pénétrer au Tchad par le Niger, la Bénoué et le Mayo Kabi en m'inspirant des idées de Barth, Kieffer et Löfler pour passer ensuite du Toubouri dans le Logone et le Chari. C'est ainsi que se forma la Mission Niger-Bénoué-Tchad qui remplit son but, avec le concours de mes collaborateurs, parmi lesquels se distingua d'une façon toute spéciale le jeune lieutenant Lahure, et donna naissance à cette dernière mission que le Ministre des Colonies prit sous son haut patronage et plaça sous l'égide de M. Le Myre de Vilers et de la Société de géographie dont il était l'actif et bienveillant président. Elle fut largement aidée par M. Noguès, directeur général des Sociétés de la Sangha, dont l'amitié nous fut si précieuse et dont la sollicitude envers notre belle colonie du Congo s'est montrée aussi active que désintéressée.

Ce sont donc les résultats de la mission du Haut Logone que nous exposons, dans ce livre, au lecteur.

Je veux qu'il trouve exprimée au frontispice de cette

prose modeste, la reconnaissance que je dois à tous ceux dont l'amitié, la sympathie et la générosité se sont offertes à ma carrière africaine pour le bien et l'intérêt général du pays.

Le continent noir s'efforce de résister à la pénétration.

Il semble qu'il ait bordé son territoire d'une foule d'aspérités pour repousser l'assaut de notre civilisation.

Quelle que soit, à partir de la côte, la route fluviale ou terrestre que l'on prenne, les obstacles se dressent de toutes parts sous les pas du voyageur : rapides, chutes ou cataractes plus ou moins violentes dans les rivières; pentes accentuées sur les chemins. Il semble en réalité, qu'ayant retourné une immense assiette sur une table, celle-ci figurant l'Océan, on ait à gravir d'abord une rampe très accusée, puis un ressaut brusque montant et redescendant à pic avant d'atteindre un plateau qui représente assez fidèlement la région intérieure de l'Afrique tout entière.

Mais, en dehors de la pente primitive et du ressaut, il existe des accidents de terrain plus élevés que ces derniers, comme l'Atlas au nord; le massif montagneux de l'Est africain que surplombent le Rouvenzori, le Kenia et le Kilima n'djaro; les monts de Kong à l'ouest, les monts de Cristal au sud-ouest, les chaînes élevées de l'extrême Sud, etc.

Ce que nous appellerons ici le massif orographique de Yadé n'était pour ainsi dire point connu avant notre départ de France.

En examinant, de prime abord, le blanc considérable que présentait la carte sur les régions que nous allions parcourir, nous estimions qu'il devait exister dans le nord-

est du golfe de Bénin un accident montagneux du plus haut intérêt.

Le lecteur va se rendre compte en deux mots des régions sur lesquelles nous devions opérer.

En effet, lorsqu'on jette les yeux sur une carte du Congo français, l'on peut remarquer entre 5° et 7°30 de latitude nord, entre 13 et 16° de longitude Est, un vaste espace à peu près inconnu qu'entourent des rivières, tracées en lignes pleines dans la minorité de leur cours et en trait pointillé dans la plus grande partie.

Ces cours d'eau se divisent en trois réseaux fluviaux dont les exutoires sont absolument différents. Le premier réseau comprend les importantes rivières du Logone ou M'béré, du Logone oriental ou Penndé, de l'Ouhame ou Bahr Sara et de leurs affluents. Tout cet ensemble s'écoule dans la vaste plaine du Chari qu'il a choisi pour collecteur et ce fleuve épanche l'ensemble de toutes ces ondes dans le lac Tchad, c'est-à-dire vers le Nord.

Le second réseau comprend la Sangha grossie de la Kadéi et formée de la Nana et de la Mambéré; la Lobaye grossie de la M'baéré; la m'Poko, l'Ibenga, toutes rivières qui se déversent dans le Congo, c'est-à-dire dont l'écoulement se fait au sud de la région indiquée.

Enfin, à l'ouest, la superbe Bénoué se jette dans le Niger et, au sud-ouest, le Lom ou Sanaga descendant au golfe de Biafra, dans l'Océan Atlantique, après un cours des plus accidentés à travers la colonie du Cameroun allemand.

Ainsi nous nous trouvons en présence de trois ensembles fluviaux colligés par trois masses aquatiques absolument *distinctes, totalement opposées : le Tchad au nord, le Congo au sud, l'Océan Atlantique à l'ouest.*

Au point de vue géographique, il était d'une haute utilité de savoir si les hypothèses émises au sujet de ces rivières étaient exactes ou vraisemblables. En outre il fallait éclairer la science non seulement sur le tracé rationnel de leur cours, mais encore sur leurs sources et sur le terrain qui donne naissance à des masses d'eau d'une pareille importance et d'une aussi grande activité. D'où ces rivières pouvaient-elles sortir? d'une vaste plaine marécageuse et surélevée sans cesse inondée par les pluies, d'une chaîne de montagnes à triple versant ou d'un massif unique, mamelle nourricière de toutes ces artères!

Les travaux des missions en cours nous étant inconnus, nous en fûmes réduits à ces diverses conjectures. Mais cependant, je pensai que le meilleur moyen de nous renseigner consistait à nous livrer sur place à l'étude de cette région et nous allons voir comment nous avons jugé de son importance et du rôle considérable qu'elle joue dans la vie des races centre-africaines, dans l'existence des nombreuses tribus qui vivent de ses eaux, dans les replis de ses vallées, sur le bord de ses rivières, sous le couvert des forêts.

C'est dans ce but que fut constituée la Mission du Haut Logone, et notre exploration comportait avec elle toute une série d'investigations, entre le bassin de la Sangha et la vaste plaine du Tchad, autour de ce que nous avons appelé le nœud orographique de Yadé.

Il est aisé de comprendre que l'étude de l'énergie aquatique naturelle de ce pays nous conduisait en droite ligne au contact de l'indigène, à l'étude de ses mœurs, de son home, de ses coutumes, à la prospection du terrain, de la plaine, de la forêt; aux observations de toutes sortes.

Ces sources de vie du centre de l'Afrique transmettent leur potentiel aux êtres qu'elles alimentent et nous devions savoir comment cette énergie se transforme dans la nature et dans l'humanité.

Nous devions pousser nos recherches aussi loin que le temps et nos crédits nous le permettraient. C'est pourquoi, loin de nous contenter du nœud orographique de Yadé, nous avons parcouru, sur près de 75 000 kilomètres carrés de surface, tout le territoire compris entre la frontière du Cameroun, le Logone, l'Ouhame et le 9e parallèle. C'est également la raison de nos études sur les magnifiques territoires de la Haute Sangha, parmi des savanes et des forêts qui recouvrent un ensemble d'environ 55 000 kilomètres carrés, portant à près de 130 000 kilomètres carrés notre zone totale d'exploration.

Le personnel de la Mission composé de neuf Européens, quatre officiers, un ingénieur et quatre sous-officiers pouvait former plusieurs brigades topographiques. Notre capital s'élevait à 180 000 francs, dont 78 000 francs firent face à nos divers frais de transport. Il fut, en outre, destiné à l'achat d'un outillage scientifique des plus complets, d'une paçotille abondante, de quelques vivres et au paiement des nombreux indigènes que nos colonnes toujours en marche, sans cesse en activité de travail, devaient rémunérer. C'est grâce à cette mesure que nous avons pu traverser d'aussi vastes territoires, effectuer d'aussi longs et multiples itinéraires et rapporter d'aussi nombreux documents.

INTRODUCTION.

Nous n'avons point voulu les ajouter à ce récit de voyage, mais le lecteur pourra lui-même en juger par l'exposé qui va suivre et reproduit avec fidélité l'ensemble de nos impressions, le résumé de nos investigations et le récit des événements divers qui se sont dressés, subits, prévus ou menaçants, sur les chemins ténébreux explorés par la Mission.

LA DÉCOUVERTE
DES
GRANDES SOURCES
DU
CENTRE DE L'AFRIQUE

CHAPITRE PREMIER

L'AFRIQUE OFFRE UNE RÉSISTANCE OPINIATRE
A LA PÉNÉTRATION

But de la Mission. — Travail qui nous était imposé. — Notre zone d'exploration.
— Mes collaborateurs. — Accueil de nos amis. — Nos devanciers. — Les
obstacles côtiers de la terre africaine. — Terribles rapides du Congo à Léopoldville. — La grande forêt ennemie de l'homme. — Sa description et son aspect.
— La tsé-tsé hôte de la grande forêt. — La maladie du sommeil, ses causes et
son étendue. — Les Goundis de Nola. — Le cannïbalisme est-il fils de la religion ou du besoin? — Préférence pour la chair européenne. — Arrivée dans la
Mambéré. — Apparition des savanes. — Cultures et richesses.

L A ténébreuse Afrique de Stanley n'est plus; les voyageurs ont dévoilé ses mystères. Cependant, sur bien des
points encore, le Continent noir est recouvert d'un voile ténébreux; et c'est précisément un des derniers coins de ce voile
que la Mission du Haut Logone a soulevé, dans la région comprise entre le bassin du Tchad et celui de la Sangha.

Le but que je me proposais était tout entier d'exploration, de
colonisation, de pacification et d'humanité. Approfondir l'étude
des terres déjà parcourues, pénétrer celles que l'on ne connaissait pas, relier nos travaux à ceux de nos devanciers, pour
constituer un ensemble cartographique le plus détaillé possible; donner une idée approchée de la richesse économique
des régions traversées; reconnaître des routes praticables
entre le Centre africain et la colonie du Congo proprement dit,
du Logone à la Sangha; laisser ces routes ouvertes derrière
nous, après les avoir éprouvées; entrer en contact avec

ARRIVÉE EN GARE DE KINCHASSA DU TRAIN VENANT DE MATADI.

l'indigène, le pénétrer avec humanité, réprimer ses agressions avec générosité mais avec énergie, examiner ses misères et les maladies du pays; étudier les insectes, les parasites, les régions contaminées par la variole et la maladie du sommeil, propager le bétail du Tchad vers la Sangha; favoriser au Congo une tentative d'élevage; amener des animaux porteurs, pour atténuer la redoutable corvée du portage humain, et des animaux de boucherie pour améliorer le sort des Européens tout en diminuant le cannibalisme des naturels; favoriser la reproduction des génisses destinées à la vaccine; placer sur une carte scientifiquement établie toutes les études géographiques, et expliquer les résultats de notre expédition dans un rapport circonstancié, telle était notre tâche.

La condition la plus indispensable de succès pour un chef de mission est tout entière exprimée par quatre mots : le choix des collaborateurs. Les miens furent et restèrent au-dessus de tout éloge; ils me rendirent très fier d'avoir su les mettre

Cne Joannard. Ct Lenfant. Cne Périquet.
Mal des logis Psichari. Sergent de Montmort. M. Bastet. Dr Kérandel. Mal des logis Bougou. Mal des logis Delacroix.

à mes côtés. Le capitaine Périquet était le second de la Mission. Ce jeune officier d'artillerie coloniale joignait à son savoir une âme bien trempée, un caractère sympathique, une résistance physique égale à sa vaillance et à son énergie. Il assuma le travail géographique et dirigea les opérations qu'il m'était impossible de commander en personne. Le docteur Kérandel, médecin-major des troupes coloniales, était chargé des soins médicaux, des observations et des études afférentes à sa spécialité. Il s'est dévoué sans compter, propageant la vaccine, délimitant les zones où règne la maladie du sommeil, portant secours aux indigènes qui la subissent, étudiant la tsé-tsé, les insectes piqueurs et les infiniment petits si nombreux au Congo et si néfastes pour l'homme. Quatre sous-officiers, Bougon, Delacroix, de Montmort et Psichari, aussi intelligents que dévoués, nous secondaient de toute leur activité et de leur vaillance; notre état-major était complété par l'ingénieur des mines Bastet et le capitaine Joannard que la maladie faisait rentrer en France presque au début de la Mission, au moment même où le sergent de Montmort était si cruellement enlevé à notre profonde affection.

Avec de tels compagnons de route je devais revenir satisfait de la tâche accomplie, et c'est une grande joie pour moi de proclamer hautement qu'il en fut bien ainsi. C'est bien là la véritable satisfaction du chef à qui incombent les soucis de toutes sortes.

Sous ces latitudes brûlantes, qui fait les caractères et les tempéraments se dessiner au grand jour, la vie de brousse est une pierre de touche sincère et fidèle du naturel de chacun. C'est précisément cela qu'un chef doit comprendre. Son rôle consiste, non pas à imposer sa personnalité, mais à rendre son autorité telle à l'esprit de ses amis qu'ils en tiennent le plus grand compte sans en sentir le poids. Plus les collaborateurs ont d'initiative et d'indépendance, pourvu qu'ils aient reçu des ordres rationnels et précis, plus ils ont de goût à leur travail, plus celui-ci leur tient à cœur, s'étend et se multiplie.

Notre race gauloise est ainsi faite qu'elle tient à posséder la confiance du chef; celui-ci ne doit jamais la refuser à ceux qui la méritent. Sa manière de la témoigner consiste précisément à leur laisser l'initiative nécessaire pour que leur activité, leur science et leurs capacités se donnent libre essor. Moyennant cela chacun supportera les plus dures fatigues, accomplira les tâches les plus périlleuses et les plus ardues.

En cours de route le chef ne doit jamais être visiblement fatigué, malade ou même préoccupé. Ses indispositions, ses fatigues et ses insomnies demeurent son secret personnel. Ses inquiétudes et ses

UN PANNDÉ ADULTE A BANIA.

tourments ne doivent point paraître au dehors. Il n'a jamais faim, ni soif, il ne se prive jamais de quoi que ce soit, même s'il ne garde rien pour lui-même. Les corvées qu'il s'impose doivent passer pour tâches agréables. Il en résulte que la rude existence à laquelle il s'associe paraît à ses collaborateurs moins pénible à supporter.

Une mission doit encore s'assurer des amitiés pour diminuer les aspérités de sa route. M. Gentil, commissaire général du Congo, nous a montré une bienveillance et une générosité touchantes grâce auxquelles nos efforts ont été d'autant plus fructueux et faciles, aussi je l'en remercie avec reconnaissance. Son cœur de vaillant Africain pressentait nos angoisses et nos luttes à venir, nous nous sommes inspiré de son expérience, de son exemple et de sa mâle énergie. Je dirai aussi que ses collaborateurs et ses subordonnés nous ont aidé de leur mieux à surmonter les difficultés de la route.

2

Plusieurs années avant nous, une pléiade de voyageurs illustres avaient longé ou traversé les vastes territoires sur lesquels notre mission avait pour objet de faire un peu de lumière : Gentil, Mizon, Ponel, Clozel, Huot, Bernard, Rousset, le capitaine Faure et Perdrizet vinrent après de Brazza dans ces contrées où leurs noms se sont immortalisés. Puis ce furent les capitaines Löfler, Cotten, Méchet, Cornet et le lieutenant Lancrenon, dont les magnifiques voyages contribuèrent si largement à l'exploration du Congo. De tout cœur, je rends hommage à tous : leurs travaux nous ont été précieux pour inspirer les nôtres et les compléter.

Notre zone d'opérations s'étendait en latitude de 3°30 à 10° N.; en longitude elle est restée tangente à celle de la Mission de délimitation Congo-Cameroun si brillamment dirigée par mon excellent camarade, le commandant Moll, tandis que vers l'est elle pouvait s'allonger jusqu'aux bords du Chari, qu'elle a touché d'ailleurs à Fort-Archambault.

Nous quittâmes Bordeaux le 25 août 1906 à bord du vieux steamer *Maranhao*, commandant Agan, cordial ami des anciens jours. A Matadi, nous quittâmes le *Maranhao* pour faire les 400 kilomètres de chemin de fer qui devaient nous mener à Kinchassa. Ce n'est pas sans grande satisfaction que nous mîmes ainsi deux jours à accomplir, sur le rail, un chemin qui nécessitait autrefois vingt-cinq jours d'étapes pénibles à travers des montagnes à peu près désertes. De Kinchassa nous gagnâmes Brazzaville, par le Stanley-Pool, où nous débarquions le 18 septembre.

Ces 400 kilomètres de voie ferrée, qu'on parcourt aujourd'hui si rapidement, représentent une des plus belles victoires de l'homme sur la nature. Il est peu d'endroits, en effet, où l'Afrique soit moins accessible qu'entre Matadi et Brazzaville. Il y a entre ces deux points de fortes pentes à gravir, tout un massif à escalader. Il en résulte que le Congo descend le bloc montagneux qui les sépare en mugissant dans les cataractes ou bien en écumant sur les grands rapides. Ce fleuve

majestueux que Stanley trouva si calme depuis les Falls jusqu'au Pool est en effet navigable depuis Seghetini jusqu'à Léopoldville ou Kintambo sur près de 1 600 kilomètres de son cours. Mais, en ce dernier point, se dresse le premier obstacle, à 8 ou 9 kilomètres en aval de Brazzaville.

Là, le fleuve, véritable mer écumante, est barré par deux ou trois rangs de hautes roches sur lesquelles il bondit avec violence, pour tomber dans un bief subjacent qui reçoit ses hautes vagues en furie. Elles jaillissent à 10 ou 12 mètres de hauteur, puis, en dessous, glissent sur un banc de roches à pente accentuée. Les berges, arrachées, sont bordées de blocs granitiques gigantesques, arrondis et roulés, bousculés et déversés, suspendus et creusés, sous lesquels règne un courant de foudre. Le tumulte des flots produit un vacarme effroyable qui couvre tout le pays.

Immédiatement en aval des chutes, le Congo se divise en deux branches. Celle de gauche entame franchement la mon-

LE CONGO EST BARRÉ PAR DEUX OU TROIS RANGS DE HAUTES ROCHES.

tagne de Léopoldville en un vaste cul-de-sac, où les remous en-
traînent les bancs d'herbes, les troncs d'arbres et tous les matériaux charriés par ce géant. Celle de droite, beaucoup plus
importante et presque rectiligne, reçoit la masse principale de
ses ondes jaunâtres qui, par centaines de milliers de mètres
cubes à la seconde, se rue vers la mer en un fracas incon-
cevable.

Le fleuve a forcé ces thermopyles en amoncelant les
uns sur les autres, en aval des chutes et tout près du rivage,
des blocs de plusieurs mètres cubes troués, perforés, canalisés,
et parfois suspendus, on ne sait comment, les uns sur les
autres. Et ces cailloux géants gémissent en tremblant, tandis
que le Congo les attaque avec rage.

Au milieu du chenal, en dessous des chutes, les eaux ne
heurtent aucun obstacle sur leur pente accusée; alors leur
masse furieuse, étreinte par les rives encaissées, s'agite
comme une corde vibrante; elle forme des ondulations pério-
diques régulières, en trois ou quatre points différents, et se
dresse à leur sommet en une énorme volute que le gouffre
absorbe, pour la propager plus loin avec une vitesse prodi-

EN DESSOUS DES CHUTES, LES EAUX NE HEURTENT AUCUN OBSTACLE.

gieuse. Sur la rive, au contraire, la pression du liquide produit un courant inverse et toute l'eau remonte le fleuve à contresens, puis décrit un vaste circuit pour rejoindre la masse centrale, dont le flot l'absorbe en plein milieu du fleuve. Elle constitue de la sorte un appel de liquide qui se traduit toutes les cinq minutes sur le bord, par une marée de 4 à 5 pieds dont la période semble en relation directe avec celles des crinières blanches et des ondulations du rapide. On n'a jamais retrouvé le moindre vestige des rares bateaux à vapeur que le destin fatal a conduits vers ce gouffre dont la géante clameur jette un cri de terreur et propage un murmure d'anéantissement sur l'âpre nature que le fleuve a vaincue.

C'est le spectacle grandiose qui s'offre aux regards étonnés, aux sens stupéfaits du voyageur. C'est ainsi que la terre d'Afrique accueille, par ces obstacles dressés près de la côte l'homme blanc qui tente de planter le flambeau de la civilisation parmi ses noirs enfants. Elle le force à vaincre ces difficultés, à côtoyer ces gouffres, à verser le sang de ses compagnons sur des routes brûlantes avant d'atteindre des régions moins inhospitalières et moins insalubres.

Terre d'Afrique, toi dont le mystère a ravi tant de hardis pionniers à leurs chères affections, toi dont les ténèbres ont attiré dans ton sein des hommes dévoués à ta cause, ignores-tu que le génie des races blanches peut briser tes obstacles, vaincre tes résistances et pénétrer ton sol? Ne sais-tu pas que le sang romain, celui de tes premiers conquérants, circule encore dans nos veines et que notre race française a des affinités pour ton sol auquel nous sommes d'autant plus attachés qu'il nous retient à lui par sa beauté, par l'attrait de la lutte et la difficulté du succès!

Mais ici déjà l'homme a vaincu l'obstacle. En présence de ce fleuve furieux dont il ne pouvait remonter le cours, il a réclamé la science de l'ingénieur et construit la voie ferrée parallèlement au monstre. Il a pénétré dans cette terre d'accès inhospitalier, et son effort est pleinement justifié, car le Congo, dans son ensemble, est bien la plus riche et la mieux douée de toutes nos possessions africaines. Le beau fleuve qui porte son nom reçoit de volumineux affluents. Il rivalise avec l'Amazone par la masse de ses ondes, sa largeur atteint parfois 40 kilomètres et les dépasse. Son cours inférieur est terrible et dangereux; mais quel repos, quel calme quand apparaît enfin l'endroit où les collines s'éloignent et où la forêt équatoriale règne en divine maîtresse!

Rien n'égale l'aspect sauvage et la grandeur de ce sublime décor, de cette toile monotone et lugubre qui se déroule, des jours durant, sous les yeux du navigateur étonné. Les fûts gris et blanchâtres de ses arbres géants s'élancent dans le ciel comme les piliers corinthiens d'un temple antique. Ils supportent le vaste manteau de verdure dont s'ornent les branches. A les voir s'élancer, rectilignes dans l'ombre, il semble que chacun de ces colosses cherche, dans une course de rivalité constante, à percer les feuilles de bronze vert-de-grisé pour obtenir la rude caresse des rayons solaires qui lui donnera la

DES CASES DE TRAITANTS S'ÉLÈVENT AU BORD DE LA SANGHA.

vigueur et la vie. Cependant, de leurs bras écartés, tendus sous leur tête, comme pour étaler mieux les feuilles, dans l'air raréfié, tombent des lianes robustes enchevêtrées et tordues, tenaces et flexibles, dont les mailles serrées barrent la route au voyageur impuissant et rendent ces forêts impénétrables à l'homme. Celui-ci n'est pas admis dans la région : il semble trop frêle pour lutter, pour prendre sa part d'existence et de grandeur. La forêt s'y oppose formellement, elle ne tolère dans son ombre que le pachyderme colosse dont les membres se peuvent comparer au tronc des grands arbres, elle ne donne asile qu'aux insectes, à tous les infiniment petits, quantités négligeables, qui ne lui rendront point l'air dont elle a besoin, et qui, d'un vol rapide, chercheront la vie au milieu du fleuve ou près de ses rives. L'homme a besoin d'espace, de débroussements pour ses cultures, de clairières pour ses villages, et la forêt ne les lui livre qu'au prix d'un dur labeur : elle a bien vite reconquis les espaces déboisés, elle les couvre d'abord de ses rejets, de ses lianes et bientôt de ses arbustes sans cesse grandissants ; elle cherche de suite à reprendre son empire sur l'espace où l'homme a disposé le sien, refusant tout droit de vivre au roi de la création. Dès le matin, la forêt l'enveloppe de son épais brouillard et l'anémie de ses effluves ; dans la journée il s'assoupit sous la lourde chaleur, piqué par la tsé-tsé, dévoré par les moustiques ; le soir il s'endort sous le voile de brouillard épais, chargé d'acide carbonique, dont ses poumons se trouvent appesantis pendant que l'éléphant détruit ses plantations, que le singe mange ses bananes et que le reptile se glisse sous sa couche de bambou ou de palmier.

La forêt ne tolère pas l'homme. Rien pour celui-ci, tout pour elle, voilà ce que semble dire au voyageur fatigué la voûte équatoriale de sombre verdure. Et si quelques races ont pu s'y maintenir, elle les a bien vite enveloppées de son mystère et plongées dans un état sauvage dont il faut rechercher les causes parmi les obstacles qu'elle a placés sur les routes, pour interdire entre les tribus toute relation de fraternité, toute propagation, tout progrès de la civilisation. Celle-ci devra donc lutter sans cesse pour s'imposer au sein de la grande forêt. A chaque pas, l'Européen trouvera sur le sentier le géant déraciné, les lianes enlacées, la boue pestilentielle, le marécage obscur, l'indigène rebelle tout en armes qui s'opposeront à sa marche et, s'il veut réussir dans sa mission pacificatrice, de sublime humanité, c'est en s'armant de patience et de générosité qu'il verra ses efforts couronnés de succès.

L'autochtone de la grande forêt s'appelle le Bambinga. Il semble l'avoir toujours habitée. Dans la poussée continuelle des diverses races vers l'Occident, il est demeuré l'homme-témoin que noirs et blancs ont toujours signalé. Hôte invariable et fidèle de l'ombre éternelle, caché sous les lianes, au pied des colonnes majestueuses, ce nain, ce nègre de petite taille, a vu défiler devant ses yeux des tribus entières chassées par les conquérants, nouveaux venus. Abrité sous le feuillage, il a contemplé l'exode d'un œil insensible, conservant ses mœurs et ses coutumes sans les jamais changer, et l'envahisseur l'a trouvé prêt à le servir comme il avait servi l'occupant d'hier avec ses instincts et ses aptitudes. Le Bambinga est essentiellement chasseur, sa taille n'excède pas 1^{m}45 ou 1^{m}50, ses bras sont démesurément longs par rapport à sa taille, ses épaules carrées sont, comme les membres supérieurs, souples et bien articulés. La tête est caractérisée par son brachycéphalisme (tête aplatie) et par son prognathisme (mâchoire en avant) restreint. La bouche large et lippue montre les incisives supérieures taillées en pointe de ce cannibale au nez aplati. Les tatouages de la peau sont, lorsqu'ils existent, et le fait est rare, des scarifications linéaires très simples et légères. Les deux premiers orteils sont détachés et prenants, en sorte que, sur la terre, la piste du Bambinga se rapproche de celle du chimpanzé.

Il parle une langue spéciale à sa race. Il habite, sous l'ombrage du grand bois, de petits espaces débroussés où se dressent quatre ou cinq huttes en feuilles, longues, étroites, basses, cylindriques, enfumées, où les femmes attendent le retour des hommes en allaitant leurs enfants, comme des louves attendent au liteau en surveillant les louveteaux tandis que le mâle est en quête d'une proie. L'attirail ménager est des plus réduits. Les Bambingas n'étant point cultivateurs, ne possèdent pas d'instruments de culture. Les marmites sont en terre cuite, coniques et petites, car la nourriture de ces indigènes consiste plutôt en viande bouillie ou fumée. Ils ne connaissent point la préparation des volumineux gâteaux de mil des races du Soudan. Le lit se compose de branches d'arbres noueuses, irrégulières et rudes, posées sur des piquets et recouvertes de feuilles. A proximité, brûle sans interruption la bûche de bois vert dont l'âcre fumée sert de moustiquaire aux habitants du lieu.

Le Bambinga est toujours cannibale et chasseur. Son gibier favori est l'éléphant. Pour le tuer, il guette le pachyderme dans la futaie. Caché dans les hautes herbes ou parmi les lianes, à travers lesquelles il se glisse habilement avec l'aide de ses orteils prenants et de ses membres bien articulés, le Bambinga s'arme d'une énorme sagaie qu'il plante au péril de sa vie dans l'abdomen de la bête, puis il la poursuit des jours entiers, la harcelant sans répit, jusqu'à ce qu'épuisée par la perte de son sang, elle tombe enfin sur le sol à sa merci. La viande est découpée, partagée, puis portée aux villages voisins dont les Bambingas sont en réalité les chiens de chasse, et les indigènes leur donnent en échange du manioc, des bananes et des verroteries.

Ces nains ne cultivant point, leurs repaires sont, par suite, fort difficiles à trouver. Le guide qui vous conduit vers eux marche dans le sentier puis, soudain, il se baisse et ramasse un brin d'herbe piqué dans la terre, et vous le voyez alors franchir, en pleine forêt, dans une direction connue de lui seul, un trajet assez long qui le mène sur une piste insoupçonnée, aboutissant au repaire des pygmées. Les Bambingas habitent les forêts de la Sangha, on les trouve même dans la haute futaie qui règne en souveraine au confluent de la Kadéi et de la Mambéré.

LE BAMBINGA EST ESSENTIELLEMENT CHASSEUR, SA TAILLE N'EXCÈDE PAS 1m45 OU 1m50.

Partie de Brazzaville le 29 septembre, la Mission arrivait à Nola le 28 octobre après un arrêt de douze jours à Ouesso où la Sangha grossie de la N'Goko mesure 1100 mètres environ de largeur. Mais, en amont, elle se rétrécit de plus en plus et s'encombre de bancs de sable et de roches. Elle est d'une navigation difficile aux rapides de Molongoti, de l'S et d'Evo que des vapeurs de vingt tonnes franchissent avec un tirant d'eau d'un mètre en octobre, novembre et décembre. La baisse des eaux limite la circulation aux chaloupes ne calant pas plus de 60 centimètres de mars à septembre et, seules, les pirogues indigènes peuvent naviguer toute l'année, mais souvent au prix de grands efforts. Le terrain s'accidente en amont d'Evo, la rive se relève, la forêt recouvre des mamelons pointus dont l'altitude s'accentue de plus en plus, tandis que par intervalles des savanes et des steppes substituent leur plan de verdure uniforme à l'épais manteau de grands arbres. Matin et soir un brouillard opaque descend sur la vallée. Le voyageur placé au milieu de la rivière ne distingue plus les bords et s'enfonce dans cette vapeur tiède au sein de la grande solitude rarement interrompue par le cri des singes et des oiseaux.

Puis, le soleil répand l'intense chaleur diurne, le voile de gaze disparaît et la tsé-tsé, dont les ailes ne sont plus engourdies par le froid, s'abat comme une flèche sur les êtres vivants. Elle est beaucoup plus abondante vers la basse Sangha que dans le Nord, mais cependant elle se montre encore par 4 degrés de latitude, tout près de Bania. Le rôle néfaste et capital que joue cette mouche dans la plus belle de toutes nos colonies et sur bien des points de notre empire de l'Ouest africain en y répandant la terrible maladie du sommeil, vaut la peine que j'en parle. Je le ferai toutefois avec la réserve et la modestie d'un homme qui n'est point technicien et s'est instruit sur la question au contact de médecins, du docteur Kérandel surtout, dont les travaux se sont portés de ce côté.

Il existe plusieurs espèces de tsé-tsé. La Mission du Haut-Logone n'en a guère rencontré que trois : la *glossina palpalis*

« LA VALÉRIE » QUI A REMORQUÉ LE PERSONNEL DE LA MISSION SUR LE CONGO.

qui s'attaque principalement à l'homme, la *glossina morsitans*
signalée par beaucoup de voyageurs comme l'ennemie du bétail
et la *glossina tachynoïdes* qui pique divers animaux.

La glossina palpalis nous intéresse plus particulièrement par
son action mortelle sur l'humanité. On peut dire que si le Congo
supérieur n'était pas affligé de ce terrible fléau, son altitude,
son climat, beaucoup moins pénible que celui du Soudan et de
la région côtière, lui créeraient une réputation satisfaisante.

Malheureusement la tsé-tsé l'habite presque partout. Ce dip-
tère, cette mouche noire, longue de 11 à 12 millimètres, est re-
connaissable aux stries jaunâtres qu'elle porte sur l'abdomen,
à ses ailes croisées comme des ciseaux lorsqu'elle est au repos
et à leurs nervures. Sa trompe atteint jusqu'à 3 millimètres de
longueur; elle nous a piqués à travers des chaussures en toile
à voile par-dessus la chaussette. La piqûre est douloureuse et
produit la sensation d'une forte épingle plongée dans l'épi-

derme. L'insecte a déjà repris son vol lorsqu'on ressent la douleur. Elle recherche l'ombre des grands bois et vit parmi les feuilles ou dans l'écorce des arbres toujours à proximité des cours d'eau. Nous avons accosté certains points de la rive où nous avions été littéralement assaillis par cette mouche. Celle-ci se reproduit en pondant, à la saison chaude et par intervalles, des pupes qu'elle dépose dans l'ombre tiède des forêts, dont la température constante favorise l'éclosion de la nymphe. La tsé-tsé sort de la forêt pour se jeter sur une proie et prendre son repas à des périodes bien déterminées de la journée; aux heures chaudes principalement. Elle est beaucoup plus agressive dans l'ombre qu'en plein soleil, elle pique beaucoup plus une peau noire qu'une peau blanche, un vêtement noir qu'un vêtement blanc, dont l'éclat la gêne. Comme tous mes compagnons, j'ai remarqué que nous étions beaucoup plus piqués avec des vêtements kakis que vêtus de toile blanche.

Les travaux des savants envoyés en mission au Congo, les docteurs Lebeuf et Martin, le naturaliste Roubaud, pour étudier la maladie du sommeil, ont établi, comme leurs devanciers et leurs maîtres, que cette maladie provenait de l'inoculation dans le sang de l'homme d'un microbe dit *trypanosome*, microbe introduit par la piqûre de la mouche tsé-tsé.

La glossina palpalis puise, dit-on, ce virus nocif sur les grands animaux, éléphant, buffle, crocodile, qui vivent sans inconvénient avec leur sang infecté du trypanosome. C'est ce microbe que la mouche transmet intact, ou modifié, à l'homme et aux animaux qu'elle pique. Supposez qu'une mouche prenne son repas sur un buffle et que l'animal la chasse avant qu'elle soit repue; elle va chercher à le terminer et, dans ce but, plongera sa trompe imprégnée de sang contaminé dans l'épiderme d'un homme ou d'un être animé placé sur son chemin. Il suffit qu'il reste un trypanosome dans sa trompe pour que le sujet piqué se trouve infecté, mais fort heureusement, le fait est rare. La mouche qui vous assaille n'est pas toujours dans ce cas; il arrive la plupart du temps qu'elle pique à jeun, ayant digéré depuis la veille le sang dont elle s'est repue. Comme alors, et fort heureusement, il ne reste plus de trypanosome dans sa trompe, il n'y a plus aucun danger à être piqué par elle.

La tsé-tsé qui devient nocive en portant son virus de la bête à l'homme, peut l'être également en le portant de l'homme à l'homme, lorsque l'un de ceux-ci est contaminé par une précédente piqûre. C'est malheureusement le cas trop fréquent des noirs qui, comme nous l'avons dit, sont plus souvent piqués que les blancs.

La tsé-tsé vit sur les bateaux, elle s'y cache sous les couchettes et parmi les tas de bois dont on alimente la machine. C'est

CASES DE BUCHERONS DANS LA GRANDE FORÊT ÉQUATORIALE.

ainsi que les vapeurs sur lesquels elle se trouve la transportent à de grandes distances, de sorte que la civilisation tend à la propager au loin, tout le long des fleuves navigables.

Nous avons rencontré la tsé-tsé très abondante dans la basse Sangha, et fréquente, à la saison chaude, dans la haute Sangha, dans l'Ouhame et sur le bord de toutes les rivières coulant en des régions bien déterminées. Cette mouche ne semble pas exister sur le Logone, sur la Pénndé, non plus que dans le cours supérieur des artères aquatiques qui sourdent du massif de Yadé. On ne la rencontre pas encore au nord de Carnot, jusqu'à l'Ouhame. Dans la vallée de cette rivière, elle est localisée à son cours supérieur et surtout vers sa confluence avec la Nana Barya dont elle infeste les rives.

Elle n'existe pas dans les régions où l'on voit beaucoup de gibier moyen et petit, antilopes, sangliers, lièvres, outardes, etc... Au contraire, on la trouve dans les futaies où vivent l'éléphant, le buffle et le bœuf sauvage (Bahr-Sara).

Le docteur Kérandel a fait la géographie de la maladie du sommeil sur les régions parcourues par la Mission et ses observations sont très concordantes en ces divers points. Il ajoute, cependant, que les Aoussas de Carnot, parmi lesquels on constate de nombreux cas de maladie du sommeil et qui voyagent beaucoup dans le pays, peuvent fort bien propager ce fléau, car la tsé-tsé n'est pas le seul agent de propagation de la trypanosomiase; les moustiques, les taons et les insectes piqueurs sont capables de la transmettre d'un indigène à l'autre, lorsqu'un même toit abrite un malade et des hommes sains.

Ainsi, les naturels du Congo, à l'existence déjà si précaire, et les Européens en séjour dans la colonie, sont exposés sans trêve à ce redoutable insecte dont les victimes indigènes croissent en nombre tous les jours. La science a fait des progrès sensibles dans l'étude de la maladie du sommeil, elle a déjà permis de déterminer la trypanosomiase par le diagnostic de ses premières manifestations[1], elle se prodigue avec un dévouement et un courage admirables dans la recherche de sa guérison, elle obtient déjà des résultats rassurants, mais la civili-

---

1. Cette maladie débute (en général) par une série d'accès de fièvre irréductible par la quinine. Le malade a les ganglions du cou engorgés; son dos et sa poitrine sont marbrés de vastes plaques violacées très caractéristiques; il éprouve en outre une sensibilité douloureuse spécifique de tous les membres au moindre toucher un peu brusque d'un objet dur ou résistant.

UN MAGNIFIQUE COUCHER DE SOLEIL ÉCLAIRE LES EAUX DE LA SANGHA.

sation et l'humanité ne doivent lui ménager ni leur appui, ni leurs encouragements, ni leurs dons pour la mettre en mesure d'arracher l'homme à ce fléau. C'est par milliers qu'y succombent chaque année les indigènes de nos possessions de l'Afrique occidentale.

Nola se trouve au confluent de la Kadéi et de la Mambéré. En ce point la région s'accidente encore davantage ; le village est dominé par un pic de verdure où règne l'intense forêt ; on l'appelle la Montagne des Singes et son aspect des plus caractérisés en fait le repère fidèle de la jonction de ces rivières. Nous y trouvâmes un troupeau de bœufs du Logone destiné aux Européens de Brazzaville et que le sergent-major Sagnes venait de conduire en belle performance de Laï à Carnot, mais ces animaux furent condamnés à mort du fait même de leur séjour en forêt, car la tsé-tsé les avait de suite attaqués. Et le

3

spectacle était navrant de ces superbes bêtes aux cornes d'auroch dont l'œil anéanti reflétait la fin prochaine, victimes de l'immense forêt aux arbres géants, devant laquelle tout être animé doit s'incliner ou mourir.

Les indigènes de Nola sont des Goundis. Cette tribu paraît être de même race que les riverains de la moyenne Sangha. Bons piroguiers, mais exigeants et capricieux, ce sont d'assez beaux hommes dont l'existence paresseuse et misérable n'est point faite pour les préserver des effluves malsaines du pays qu'ils habitent. Leurs villages, fort sales, sont bâtis à la mode pahouine; ce sont deux longues cases cloisonnées, suivant le besoin de chaque famille, disposées parallèlement de chaque côté de la route et que domine, au centre du chemin, une hutte occupée elle-même par un corps de garde où les guerriers fument tout le jour, lorsqu'ils ne dorment point. Les Goundis pêchent et chassent, c'est là leur principale occupation, mais ils cultivent fort peu quelques champs de manioc et de grosses bananes. Ce sont des cannibales comme il en est d'ailleurs de la majorité des races du Congo.

La Mission a rencontré, sur la plus grande partie de son parcours, des tribus anthropophages, chez lesquelles cette pratique odieuse est invétérée. Bien des personnes se sont demandé si le cannibalisme est l'effet de rites et de coutumes fétichistes, si la religion de céans n'a pas une influence prépondérante sur la consommation de chair humaine. En un mot, la majorité de nos compatriotes tend, je l'ai vu, à rechercher les causes du cannibalisme dans le culte pratiqué par les indigènes.

Nous avons rencontré tant de tribus anthropophages, diverses et variées, que j'ai pu me faire une idée personnelle sur cette question, aussi je crois bon de l'expliquer ici, afin que le lecteur, connaissant mon état d'âme, soit en mesure de nous mieux suivre au cours de nos voyages.

En principe, tous les noirs de la Sangha sont cannibales. Il en est de même au centre, à l'est et au sud du nœud orographique de Yadé. Goundis, Kakas, Bonkongos, Yanghérés, Bayas,

Talas, M'bakas et Dagbas pratiquent cette coutume. Rien n'est plus alléchant, plus délicat, plus réconfortant et plus agréable à leur goût que la chair humaine. Et cependant, ils font tous une distinction fort nette qui se retrouve tout entière dans l'explication que me fournit mon boy, certain jour, en réponse à ma question : « Lé biann, lé noir ça y a bon, mais lé biann, lé blanc y bon trop! » Ce qui veut dire : « La chair du noir est bonne, mais la chair de l'Européen lui est bien supérieure. » Pourquoi cette pré

LE VILLAGE DE NOLA EST DOMINÉ PAR UN PIC DE VERDURE QU'ON APPELLE LA « MONTAGNE DES SINGES ».

férence en notre faveur? Pourquoi cette distinction? La raison en est simple. Notre chair blanche renferme, paraît-il, beaucoup plus de sel que celle du bon nègre et comme l'indigène est extrêmement friand de salure, nous comprenons fort bien qu'il nous préfère à son semblable. A vrai dire, nous n'avons jamais vu d'indigènes manger de chair humaine, et l'on pourrait nous dire bien hardis d'accuser nos sujets congolais de cannibalisme; nous avons tout simplement trouvé, dans un village, une marmite fumante dans laquelle cuisaient, au court-bouillon, un avant-bras et des morceaux de poitrine féminine. En sorte que nous ne pouvons pas dire : les indigènes de la Sangha sont cannibales, mais nous pouvons avancer qu'ils font, tout au moins, cuire de la chair humaine. En général, les indigènes que l'on « invite à déjeuner » sont des prisonniers de guerre, des ennemis tués par la tribu ou des femmes du pays, désignées pour le sacrifice.

Jamais un tel repas n'est spontanément décidé, mais il est toujours précédé d'une fête ; il suit presque toujours une orgie de village, une cérémonie mortuaire, il procède parfois d'une éclipse de lune, d'une prédication des sorciers. Si le chef vient à mourir, on décide que ses femmes seront égorgées sur sa tombe pour que leur esprit accompagne le sien dans l'ombre des forêts. La récolte est-elle mauvaise, la chasse infructueuse ou bien la guerre désastreuse, le sorcier prédit une meilleure culture, un gibier plus abondant, des ennemis moins redoutables si l'on immole des vierges sur l'autel consacré.

Alors la tribu se rassemble, les jeunes filles sont enduites d'huile et de graisse parfumées, ornées de colliers et de bracelets de cuivre ou de perles, puis lancées dans une ronde étourdissante, échevelée, frémissante où les tam-tams retentissent au milieu des feux de joie. Soudain, sur un signal donné, les victimes, désignées d'avance, sont saisies, renversées, égorgées, les cris et les chants redoublent, tandis qu'on se les partage ; puis, la fête terminée, chacun regagne sa case et compose sans peine le menu du festin en faisant « œuvre de chair ». Mais cela ne prouve point que les scènes de cannibalisme soient forcément l'effet d'un fétichisme ou d'un culte. Il existe à coup sûr, dans toute tribu, des fêtes, des coutumes, des événements précis, déterminatifs de cette pratique, mais dans la plupart des cas, la fête et l'événement sont fortuits et simplement provoqués soit par l'impérieux besoin de consommer de la chair, soit par l'occasion inattendue qui vient de jeter une victime entre les mains, et sous la dent, des féroces cannibales.

DE JEUNES PANNDÉS SE PROMENANT AU BORD D'UN RAPIDE.

Ainsi, l'un de nos porteurs eut l'imprudence de s'enfuir de la colonne de l'Est et fut pris par les indigènes de Bouar qui le mangèrent après de joyeux ébats. De même, dans la Sangha certaine tribu baya livra bataille chez une autre et tous ses prisonniers subirent le même sort. Il n'y avait en ces deux circonstances aucune fête religieuse prévue dans la contrée, mais elles en provoquèrent de fort joyeuses, il n'en faut pas douter. Je suis, pour ma part, assuré que le besoin de consommer la chair crée le cannibalisme, car les indigènes ne se trouvent pas réconfortés par les rats, les singes et les serpents qu'ils tuent dans la forêt. De même, le cannibalisme crée la fête, cultuelle ou non, car des gens dont la satisfaction suprême est celle de l'estomac ne sauraient le contenter sans de grandes réjouissances.

Les sorciers règlent, d'ailleurs, eux-mêmes la consommation, en décidant que les sacrifices n'auront lieu qu'en certaines saisons, lorsque le gros gibier disparaît ou se déplace, lorsque certaine lunaison doit se produire. C'est ainsi que le culte intervient, apportant avec lui ses coutumes, ses réjouissances et ses fêtes, subissant les raisons et les besoins du cannibalisme.

Le cannibalisme serait donc plutôt le fils du besoin que le résultat du fétichisme. On le rencontre, au Congo, parmi les races « à manioc » ou plus exactement dans les tribus chez lesquelles cette euphorbiacée a fait depuis plusieurs années son apparition, où il est l'objet d'une culture de plus en plus intense, concurremment avec la cueillette des grosses bananes, l'unique nourriture de jadis, qu'il tend à remplacer. On le trouve aussi chez les Bayas du Nord, races qui se nourrissent d'un quart de mil et de trois quarts de manioc; dans la zone de savanes où l'indigène M'baka, Tala ou Dagba cultive médiocrement du mil, insuffisamment du manioc, très peu de bananes et se nourrit bien souvent de farine de nété, de graminées sauvages, de chloridées au grain rouge. Dans toutes ces tribus, l'anthropophagie est le palliatif des chasses infructueuses, du

PIROGUE DE GOUNDIS POUR FRANCHIR LES RAPIDES.

bétail absent et de ce que les indigènes appellent le « mauvais goût dans la bouche[1] »...

Le vapeur *de Brazza* nous débarquait à Nola le 28 octobre, mais trop chargé pour franchir les rapides et gagner Bania sans encombre, nous dûmes le soulager de la moitié de son chargement, pour diminuer son tirant d'eau. En effet la Mambéré devient moins navigable en amont de Nola, dès qu'elle n'est plus grossie des eaux de la Kadéi. A Mokélo se trouve un rapide entre deux roches resserrées, puis, en amont, des bancs granitiques encombrent le chenal en produisant l'accélération du courant. Mais le coup d'œil est superbe de cette rivière sauvage et silencieuse au milieu d'un pays des plus accidentés que dominent les crêtes et les pitons chevelus, assombris par l'épaisse forêt si riche en caoutchouc. Et cette richesse se montre jusqu'au 5e degré de latitude nord, vers Carnot, bien

1. Cette expression est à retenir, je l'ai entendue chez presque toutes les tribus cannibales qui venaient nous demander de la viande et je pourrais presque affirmer que le fait de la prononcer caractérise, à mon avis, l'anthropophagie dans une région.

que depuis Bania la savane aux hautes herbes occupe de grands espaces de verdure pâle, offrant un gai contraste avec le vert sombre des arbres gigantesques dont elle a pris la place.

La grande forêt s'arrête pour ainsi dire à hauteur de Bania, elle étend encore des ramifications et des nappes de son vaste manteau sur les régions de Gwachobo, Berberati, Batouri, Bô et Carnot, mais on peut dire que ce sont là ses derniers rejets de quelque envergure. Très riche dans le sud et dans la moyenne Sangha, elle renferme des quantités considérables de produits industriels : caoutchouc (Kikxia, ireh ou fontumia), kolatiers, palmiers, bananiers, lammbous, sangokoulas, bois de toutes espèces donnant, comme ces deux derniers, des résines, des gommes et des latex connus et inconnus, précieux et inutilisés, dont le colon de l'avenir tirera sûrement profit.

Je ne doute pas un seul instant que les coloniaux du Congo utilisent, un jour, ces richesses latentes, mais nos successeurs devront s'adonner avec science, avec méthode, et surtout avec persévérance et connaissance parfaite du pays, à ces utiles recherches, à ces fructueuses études qui demanderont le travail assidu de missions spéciales pour révéler les richesses de cette belle colonie.

CHAPITRE II

L'INDIGÈNE SE DÉPEINT LUI-MÊME PAR SES MŒURS ET COUTUMES

Influence du milieu sur les mœurs des indigènes. — La maison à toiture plate due à la vie groupée dans la clairière. — Le pays Bonkongo. — Nous débarquons à Bania. — Constitution de notre escorte. — Les deux Samba. — Comment dirige-t-on une colonne? — Avec énergie et humanité! — Comment pénètre-t-on des races inconnues? — Comment se comporte l'indigène surpris dans son village. — Le dompteur frappe avant d'entrer dans la cage du lion. — Constitution de nos colonnes. — La variole apparaît. — Étude de la race baya. — Bayas du sud et Bayas du nord. — Bayas Talas et M'bakas. — Mœurs, coutumes, sorcellerie. — D'où viennent les Bayas? — Ne seraient-ce point des familles issues de la race des Sanndés?

L A savane, répartie par places vers Bania, s'élargit de plus en plus vers le nord et règne en souveraine maîtresse à l'exception de quelques zones de brousse claire aux arbres grêles, périodiquement atrophiées par les incendies. Elle est infiniment moins riche que l'ombreuse forêt, mais on y respire plus à l'aise et l'homme ne s'y trouve pas étouffé comme sous la voûte épaisse qui tend à le supprimer. Cependant, sur de grands espaces, la région des hautes herbes laisse croître avec vigueur ce que l'on appelle communément le caoutchouc des herbes (*landolphia tollonii*) tandis que toutes les rivières s'abritent sous un épais rideau de verdure où pousse la liane à caoutchouc, à l'écorce grise, mouchetée de points blancs (*landolphia owariensis*); dont le latex est si précieux et la reproduction si lente et si difficile.

Comme je l'ai dit précédemment, la tsé-tsé recherche le

bord des rivières, elle s'abrite sous les grands arbres qui masquent les cours d'eau, mais on ne la retrouve guère dans la région proprement dite des savanes, lorsque la grande forêt a presque totalement disparu. C'est pourquoi la maladie du sommeil n'a point dépassé Carnot du fait même de la mouche, mais le terrible fléau s'étendra bientôt de tous côtés si l'on ne veut y mettre bon ordre, car les Aoussas et les indigènes contaminés, dont l'état d'incubation ou de stagnation n'empêche point les déplacements, peuvent fort bien transmettre le trypanosome par la piqûre des moustiques et

FEMME PANNDÉ DEVANT SA CASE.

probablement d'autres insectes piqueurs, très abondants d'ailleurs le long des rivières et des zones inondées.

L'homme renaît à l'air pur, à la liberté, dans la région des savanes. Il place ses villages sur les éminences au milieu de ses cultures que la position culminante des cases permet de surveiller. Mais l'habitation des noirs change presque radicalement d'architecture lorsqu'on passe de la forêt à la savane. Nous allons, d'ailleurs, expliquer la nature et les causes de ces modifications. Les Pahouins, les Sanga-Sangas, et les Bayas de la forêt vivent sous les longues cases que je viens de décrire au pays des Goundis. En habitant la case longue au toit plat, formé de deux pans presque égaux, il semble que ces tribus aient voulu se grouper sur le plus faible espace possible, soit pour se défendre, soit pour se rassembler avec

VILLAGE BAYA, RACES ANTHROPOPHAGES HABITANT DES HUTTES A TOIT CONIQUE.

célérité contre un ennemi probable, soit pour protéger leurs plantations et leurs cultures, soit pour courir sus en grand nombre à l'éléphant ou bien au gros gibier qu'on vient de signaler.

Dans ce but, elles ont élargi la maison, elles l'ont recouverte en guise d'ardoises de feuilles de palmier disposées en pente douce sur les deux pans de la toiture. La surface de celle-ci se trouvant augmentée, l'abri qu'elle offre est plus large et permet un groupement plus dense. Voyez ce qui se passe en France dans la région des cultures intenses et des nombreuses familles, dans la Brie, dans le Poitou. Ce sont de grandes fermes, des maisons à toiture aplatie où peuvent loger tous les travailleurs, tout un groupe, toute une famille vouée à la surveillance, à la récolte des moissons. Transportez-vous au contraire dans la montagne, dans la région des cultures et des travaux morcelés, vous y trouverez le paysan logé dans son chalet, à distance parfois grande du voisin.

Les constructions longues à toiture aplatie disparaissent à 50 kilomètres au nord de Bania, pour faire place à la case conique. Ici l'agglomération dense disparaît, le village de savane n'est plus comprimé par la clairière, on a de l'air et de l'espace à volonté. Ce n'est plus l'unique alimentation par la banane et le manioc. Il n'est plus besoin de défricher la forêt pour cultiver; l'indigène plante où bon lui semble et, pour ainsi dire, ce qu'il veut. Point n'est utile de surveiller des fruits qui seront mûrs bientôt : alors à quoi bon s'enfouir tous, côte à côte, sous une large toiture. De plus la terre est moins fertile que l'humus des forêts, il faut donc songer à déplacer fréquemment les cultures et, dans ce but, prévoir de grands espaces à côté des maisons. Aussi la tribu, divisée en familles, forme-t-elle encore des villages, mais ceux-ci comprennent une série de groupes de 8, 10 ou 20 cases, groupes dispersés sur des étendues considérables de 4, 5 et 8 kilomètres de diamètre, chacun d'eux portant le nom du village ou plutôt le nom du chef qu'ils ont reconnu, élu ou choisi. L'homme qui commande un groupe est le Kaïgama[1], c'est-à-dire le vassal du chef de village auquel il montre d'ailleurs une obéissance relative, car tous ces groupements isolés tendent de plus en plus à se diviser et à se rendre indépendants les uns des autres et du chef, pour former une infinité de villages minuscules.

Ce phénomène saute aux yeux du voyageur qui, perché sur les montagnes du nœud orographique secondaire de Bouar et des bords de la Nana, contemple le superbe coup d'œil qui s'offre à sa vue. Il aperçoit à ses pieds de grandes plaines ondulées, coupées de nombreux cours d'eau et dominées par des mamelons aux formes arrondies; puis, de distance en dis-

---

1. Le mot *Kaïgama* vient de la langue peule. Les Foulbés ont jadis opprimé les Bayas de la Mambéré sous le joug de leurs chefs de guerre (**Kaïgamas**).

PANORAMA DE GAZA.

tance, il distingue nettement, éloignées de 2 ou 3 kilomètres
et disposées au sommet d'un vaste polygone, des esplanades
sans ombrage, sur lesquelles s'élèvent une douzaine de cases
rondes, exiguës, aux toits pointus. Non loin de celles-ci des
champs de manioc et de soundou posent la note adoucie de
leur claire verdure au milieu de la savane, et les sentiers étroits
serpentent dans la brousse, qu'ils rougissent de leur ruban
d'argile ou de sable ferrugineux.

Cette division et cette dispersion des peuplades semblent, à
mon avis, provenir de la maigre fertilité du sol occupé par la
race baya : les indigènes se sont étendus en surface pour
vivre plus à l'aise, pour déplacer plus souvent leurs cultures
lorsque la terre s'est par trop appauvrie. Elles peuvent également résulter de la rareté du gibier. Tous les Bayas sont
chasseurs, ils se groupent par tribus pour traquer les antilopes
entre la savane qu'ils incendient dès la saison sèche (janvier-
février), et les barrages de bois qu'ils érigent sur des kilomètres
d'étendue. Nous ne serions pas éloignés de croire que cette

manière de chasser contribue de même à fractionner leurs villages, puisque la période de la chasse dure peu de temps et revient toujours à la même saison sèche.

Avec la toiture conique sur la terre maigre au gibier rare, apparaît donc l'agglomération réduite. On se trouve peu nombreux à loger, alors on se contente d'une case étroite dont l'abri sera d'autant plus sûr contre les pluies que son toit sera plus élevé, plus en pente, c'est-à-dire plus pointu. Mais dans l'un et l'autre cas, toiture à deux pans ou toit conique, on se trouve soit dans le pays des tsé-tsés, soit sur le cours moyen très mouvementé des rivières tumultueuses, c'est-à-dire en des régions à gibier rare, sans prairies, sans fourrage et sans culture; le sel marin est inconnu (sauf depuis la pénétration européenne), vu la grande distance de la côte, donc besoin de viande et besoin de sel, c'est-à-dire anthropophagie de toutes parts. Toutes ces tribus élèvent des chiens de très vilain aspect pour les manger[1].

Et nous ne verrons des non-cannibales que dans la vallée du Logone ou dans la plaine du Tchad prolongée, jusqu'au pied du massif montagneux de Yadé, chez les races agricoles, races à mil, pratiquant l'élevage du cabri, du bœuf et du cheval. C'est alors que nous retrouverons la case conique, ou la case ronde à toiture ovoïde; mais non plus cette fois par groupes de dix ou douze largement distantes les unes des autres; au contraire, nous rencontrerons des villes de 1 000 à 6 000 habitants, composées de familles groupées à 15 ou 20 mètres de distance, tout près les unes des autres, pour se mieux prêter un mutuel concours dans le travail ardu de la grande et intensive culture; nous verrons les Lakkas, les Saras, les M'baïs vivant dans leurs fermes composées de quatre à cinq toits (case d'habitation, case des femmes, case de cuisine, grenier pour la récolte, écurie pour les animaux), soigneuse-

---

1. Ceci est encore une caractéristique des tribus cannibales. Leurs chiens sont maigres et galeux, elles s'en nourrissent. Au contraire les Lakkas et les Saras, non cannibales, élèvent de superbes chiens pour la chasse à courre.

ment entourées d'une palissade en gros rondins de bois ou de paille tressée, à laquelle on accède par une porte ornée d'une clochette. Ici, la viande ne manque plus, l'indigène fabrique du sel d'un goût à peu près passable en lavant des cendres de karité ou de nété, la culture est intense, la récolte abonde, on s'enivre d'une bière de dourah réconfortante et nourrissante, la tsé-tsé disparaît et le gibier de toute espèce pullule dans la région. Le noir élève de superbes chiens en belle forme, non plus pour s'en nourrir, mais pour les conduire sur la piste des antilopes et des sangliers. Dès lors, la chasse à l'homme devient inutile et le naturel des noirs s'adoucit.

J'ai tenu, lecteur, à vous tracer une esquisse rapide du rôle considérable que joue l'ambiance du pays sur les mœurs et sur les coutumes, sur les pratiques et sur l'habitation. De la sorte je vous éviterai des interrogations fréquentes et sans réponse de ma part. Lorsque nous traverserons ensemble la région forestière vous vous imaginerez sans difficulté des villages à deux rangs de cases parallèles, aux toitures aplaties, dominés par un corps de garde élevé sur une butte centrale; au contraire, si nous pénétrons dans une région de savanes, de forêts minuscules entourées de hautes herbes, vous saurez, si l'indigène mange du manioc, qu'il habite des cases rondes, à toiture ovoïde ou conique, groupées en petit nombre. D'autre part, si la tribu n'est pas anthropophage et cultive le mil avec intensité, vous saurez que l'indigène vit en vastes communautés, dans ses fermes composées de plusieurs cases rondes affectées à ses divers besoins...

Le 1er novembre, à la faveur d'une crue très propice de la Mambéré, le *Brazza* quittait Nola chargé de dix tonnes de bagages pour monter directement, sans incident, jusqu'au port de Bania.

Accompagné du capitaine Périquet et du maréchal des logis Psichari, j'effectuai la route par terre, viâ M'Gombo et Barondo, et traversai le pays Bonkongo avec quelques miliciens. Le terrain, très accidenté, rend la marche fort pénible, mais on est sérieusement, dédommagé de la fatigue lorsque, parvenu au sommet des crêtes, on domine les vallées sombres enfouies dans le brouillard, tandis que, sur le versant opposé, la grande forêt s'estompe d'une buée violette répandue comme un léger voile de gaze sur son front.

Le grand village de Barondo, chef des Bonkongos, s'étale sur le faîte d'une longue croupe. Les cannibales du lieu nous firent bon accueil. Mais quelques jours après, ils tuaient et mangeaient, au cours d'un palabre, deux représentants noirs de la force publique. Le spectacle est grandiose de ce beau municipe, allongé sur un mamelon d'hématite, dont la teinte sanguine contraste violemment avec l'ambiance des tons vert et bleu de prusse des savanes et des arbres.

Après une course de 34 kilomètres à travers la forêt dont l'écho répercute le bruit des cascades et des chutes, sous un ciel écrasant qui roulait de gros nuages empalés sur les arbres géants, nous arrivions au sommet d'une croupe allongée, recouverte de tout un lacis de palmiers, immobiles dans l'atmosphère chargée de vapeur et d'électricité. La Mambéré coulait à nos pieds et les cases de Bania s'étageaient sur la pente opposée, jetant subitement la teinte blanche ou dorée de leurs toitures au milieu de ce site sauvage, calme et imposant.

Bania se trouve au nord-ouest de Barondo, sur la rive droite de la Mambéré que nous traversâmes au pied des grands rapides dont la série presque ininterrompue s'élève jusqu'au village de Likaya. Entre ces deux points la rivière décrit une boucle très aplatie au fond de deux lignes de crêtes resserrées, rocheuses et boisées. Le spectacle est charmant de ses cascades écumantes argentées par les rayons du soleil. Nous sommes ici dans le territoire de la Concession de la Haute-Sangha, l'une des plus riches du pays. Bania est le centre administratif de cette Société; sa factorerie concentre toute la production et toute l'activité de la région. Le village est habité par des Panndés et par des Bayas Bouris; quelques

LA BRUYANTE ESCORTE DU ROI DE DJEMBÉ.

familles aoussas sont groupées sur un mamelon et forment une agglomération distincte qui pratique en règle l'exploitation commerciale des indigènes.

M. Guynet, délégué de la colonie du Congo, que nous avions rencontré à Nola, se trouvait à Bania en compagnie de l'administrateur de la région, qui très obligeamment nous seconda beaucoup pour constituer notre escorte et porter son effectif à quarante fusils. Elle comprenait huit Bambaras du Soudan, dix Yakomas, six Panndés, dix Yanghérés et sept Bayas, plus deux Saracolès du Sénégal, qui avaient été autrefois mes compagnons de route. C'étaient les deux Samba. Le premier, Samba Kamara, venait de France avec nous. Il avait goûté toutes les douceurs de la capitale et s'était promptement accoutumé à nos us et coutumes. Mais en revanche il avait contracté la fâcheuse habitude de porter des souliers et perdait de la sorte cette admirable faculté qu'ont les noirs de passer sans encombre à travers les plus désagréables accidents de terrain. Non seulement Kamara ne marchait plus nu-pieds, mais chose bien plus regrettable encore, il avait emporté tout un stock de souliers blancs ou vernis, étroits et pointus, qui lui tenaient les pieds comme dans un étau. Il prenait donc d'infinies précautions pour franchir les marécages et les ruisseaux où nous-mêmes passions franchement dans la fange jusqu'aux genoux. Parfois, son appui manquant, il tombait tout habillé dans la vase et s'empressait, l'œil contrit, d'essuyer ses chaussures avec le pan de son vêtement.

Le second, Samba Doukouré, rentrait au Sénégal lorsque nous le rencontrâmes à Nola. Ce brave garçon m'avait servi pour la première fois en 1903 dans le Toubouri, comme escorte du sergent Dumons. Sans hésitation il fit demi-tour et repartit en colonne avec nous. Son inintelligence était égale à son dévouement, mais il me fut précieux grâce à sa force musculaire. Un cuisinier et neuf boys loangos complétaient notre personnel. Le chef d'escorte s'appelait Irba Koné, caporal bambara, vigoureux, sympathique et dévoué. Son instruction militaire n'était guère plus brillante que celle de ses hommes, mais je dois dire que ceux-ci furent progressivement aguerris par l'existence mouvementée de nos diverses colonnes.

Le 1er décembre, après une série de travaux et de prospections dans les territoires de la Haute-Sangha, la Mission se trouvait concentrée à Carnot, poste commandé par le lieutenant d'infanterie coloniale Ravignon, et je m'occupai du recrutement des porteurs dont nous avions besoin pour explorer le nœud orographique de Yadé ainsi que les régions entre Ouhame et Logone. Je décidai de profiter de la saison sèche pour effectuer ce travail, et je résolus de former plusieurs colonnes confiées à mes dévoués collaborateurs, pour étudier

LE SORCIER DE DJEMUÉ.

et pacifier au besoin les vastes territoires dont je viens de parler.

Quelques personnes se demanderont peut-être comment un officier français conduit sa colonne, comment le voyageur peut passer d'un pays dans l'autre sans connaître la route, les habitants et leur langage.

Il y a deux façons d'entrer dans un pays : par la guerre ou pacifiquement. La guerre n'est pas le procédé que je recommande, elle rase tout devant soi, les villages sont déserts, les hommes muets, les greniers vides, les richesses et les productions cachées dans la brousse. C'est la plus mauvaise façon d'agir pour celui qui vient dans le pays dans le but d'y récolter des documents, des idées ou des amitiés.

L'action armée ne doit jamais être qu'une nécessité, comme

cela s'est produit pour nous dans le pays des M'bakas dont nous avons dû repousser l'agression ; elle peut aussi être le résultat d'un état politique, d'une effervescence, d'une rébellion de l'indigène, mais, dans ce cas, ce n'est plus une colonne d'exploration qui l'exerce, c'est le corps d'occupation de la colonie. Il faut, en effet, un effectif sérieux pour imposer, par la force, le respect de notre influence, de nos droits et de notre civilisation. Lorsque les troupes dont il s'agit ont soumis les rebelles, on s'installe à demeure au sein de leurs tribus ; ensuite on s'efforce de mettre en valeur le territoire qui a été successivement pacifié et occupé.

Une colonne mobile, comme était la nôtre, ne peut produire de travail utile qu'en s'armant de patience, en montrant de l'énergie, en usant de procédés pacifiques, sans jamais méconnaître les lois de l'humanité ni le principe de sa dignité. Le voyageur part toujours d'un centre déterminé. Ainsi, c'est à Carnot que se sont constituées nos colonnes. La Mission s'y est acquis une réputation d'humanité, de richesse appréciable et de moyens d'existence. Cette réputation s'est propagée dans les environs immédiats de Carnot, puis, de proche en proche, elle a gagné tout le pays baya jusqu'à la frontière du Cameroun. En pays noir, les nouvelles et les bruits se transmettent avec une rapidité surprenante. Le jour où je demandai trois cents porteurs, des hommes vinrent à nous de bonne volonté. Dès que nous entrâmes dans la vallée de la Nana, nos porteurs prirent contact avec le premier village rencontré ; ses habitants, voisins de Carnot, étaient de la même race, nos gens les édifièrent sur notre compte, en bons termes sans doute, car ils se montrèrent aussitôt décidés à nous suivre jusqu'au bout.

Notre direction de marche n'étant point tenue secrète, le jour même un habitant de ce village se rendit tranquillement au municipe prochain pour rassurer ses hôtes ou pour les avertir, tout au moins, de notre arrivée prochaine. C'est ainsi que notre renommée nous précédait sur la route qu'elle rendait singulièrement plus facile. Lorsque nous arrivâmes dans les tribus

LA MISSION S'OCCUPA DU RECRUTEMENT DES PORTEURS.

hostiles de la Haute-Nana, l'accueil fut tout à coup sournois et méfiant avec une forte tendance à l'agression impulsive, par crainte, sans doute, d'une punition méritée par des méfaits antérieurs. Cependant notre attitude générale ne motivait point de luttes, car nous cherchions simplement à effectuer nos travaux. Le lendemain de notre arrivée dans un centre nous avions donc toujours, à défaut de porteurs auxiliaires pour soulager les nôtres, tout au moins un guide pour nous montrer le chemin.

Ceci posé, comment passerons-nous dans la tribu voisine, différente de race, de mœurs et de coutumes, bien souvent en guerre ou jadis en lutte avec nos hôtes d'hier? On peut dire qu'il existe, en général, une zone inhabitée, un espace désert, un pays tampon entre les races différentes. Mais, chose curieuse, on trouve presque toujours un homme en bons termes avec la tribu voisine, une sorte d'agent de liaison qui peut aller d'une race à l'autre sans avoir à craindre pour sa vie. Bien souvent, le chef de village me montrait la route menant au pays adverse et s'esquivait à mi-chemin, nous laissant sous la conduite d'un de ses hommes. Celui-ci nous conduisait au but, recevait sa récompense, couchait dans les cases ennemies et repartait le matin sans la moindre inquiétude.

La veille, il nous avait servi d'interprète; le lendemain nous devions employer les quelques mots que nous avions pu saisir au vol jusqu'à ce qu'un séjour suffisant nous eût permis d'en savoir davantage. Quelquefois l'un de nos porteurs connaissait la langue des nouveaux venus, ou bien il se trouvait parmi ceux-ci un individu parlant le dialecte des pays d'où nous venions. C'est là le cas général. D'ailleurs, dans le centre de l'Afrique, une circonstance particulière favorise beaucoup la marche des colonnes. Il s'y parle, en effet, une langue internationale, idiome absolument spécial, que connaissent les hommes éminents des villages. C'est le labi, dont je parlerai plus loin. C'est donc avec la connaissance de cet

« esperanto » centre-africain que l'on peut à coup sûr passer
d'une tribu dans l'autre, sans l'obligation d'apprendre des dialectes divers et variés et, par suite, sans perdre un temps précieux en stations inutiles.

Comme on le voit par ce qui précède, les indigènes sont
presque toujours avisés de la venue d'une colonne, et leur
accueil dépend souvent de la réputation qu'elle possède.
Cependant, en maintes circonstances, nous avons surpris des
villages à l'improviste. C'est alors une mobilisation générale
devant laquelle il s'agit de rester très calme. Les indigènes étant
des impulsifs, une sagaie peut être lancée qui vous traverse de
part en part, c'est un événement très rare contre lequel on
ne peut rien. C'est la roue du canon passant sur le pied du
pointeur, c'est un accident en service commandé. C'est la
fatalité... Mais le plus souvent, voici comment les choses se
passent : les indigènes s'avancent tout en armes, affolés,
apeurés, gesticulant et hurlant. Quand ils ne sont pas
surexcités par la lutte, ou pris individuellement, tous ont
peur de la mort. Arrivés à quelques mètres de vous, ils
s'arrêtent pour parler, ils parlent pour se renseigner, ils se
renseignent pour tâcher de se rassurer. On ne court donc pas
plus de risques lorsqu'on est sans armes que si on a le fusil à la
main, c'est pourquoi la position « des deux mains dans les
poches » est constamment la mienne, sauf lorsque j'ai reconnu
nécessaire de prendre une attitude menaçante.

Tandis que la conversation s'engage, les bagages détournent
l'attention des indigènes et attirent leur convoitise. Il n'y a pas
eu conflit dès l'abord, se disent ces hommes, le blanc n'a
encore tué personne, attendons! De son côté l'Européen leur
dit : « Rentrez vos sagaies, vous êtes des sots (et leur montrant
son fusil qu'ils ignorent) : voilà de quoi vous mettre à la raison,
mais je ne vous veux point de mal; je camperai ici, sous cet
arbre, apportez-moi de quoi manger et vous en serez payés. »

Le camp s'installe sous les regards inquiets. Les lèvres chu-
chotent : « Il a la peau blanche. — As-tu vu ce qu'il y a dans

ses boîtes ? — On pourrait peut-être le voler pendant son sommeil. — Tiens ! il lui faut un peigne en fer pour manger, il ne sait pas se servir de ses doigts. — Il n'ose pas s'asseoir par terre. — Regardez, il se lève et s'en va tout seul avec son morceau de fer troué attaché sur un morceau de bois... » En effet, armé de son fusil, l'homme blanc se dirige vers les cases... Un oiseau passe... Négligemment, le fusil l'ajuste, un coup de feu l'abat sur le sol, brisant, en plus, une grosse branche d'arbre. Toute la bande, assise ironique devant le camp, se sauve en hurlant. Le blanc revient s'asseoir tranquillement sous son arbre comme si rien ne s'était passé. Au bout de quelques instants, quelques têtes font de nouveau leur apparition derrière les cases, puis les corps se démasquent et dix minutes après deux cents hommes sans armes, calmes et placides, sont installés autour de vous, poussant de formidables éclats de rire si vous leur montrez votre fusil, mais, néanmoins, dissimulant avec peine leur angoisse et leur crainte. L'effet produit est encore plus intense et beaucoup plus magique si vous avez la chance de tuer un gros gibier ; en deux heures tout le pays en est informé, atterré, pacifié.

En somme, dans la plupart des cas, c'est par peur d'une attaque subite que l'indigène se précipite sur ses armes. Il faut donc agir avec lui comme le dompteur qui frappe toujours à la porte avant d'entrer dans la cage du lion. Cette peur conjurée, l'indigène se montre prudent et réservé, sans toutefois abandonner la perspective de vous dévaliser. Le coup de fusil qui jette à terre un gibier le met sans doute sur ses gardes, mais néanmoins il ne dispense ni des factionnaires, ni de la prudence.

Une fois que le contact est pris, il faut se procurer des vivres, il faut désaltérer les porteurs et l'escorte. C'est une question de vie ou de mort, de succès ou d'échec pour la colonne. Ici l'énergie est souvent nécessaire. Si la mauvaise volonté est seulement apparente, on se sert et l'on paie ; si elle est tangible, on attend, puis finalement on prend et l'on donne, à titre de punition, le prix strict des denrées sans le moindre cadeau. S'il y a refus et résistance par les armes, il ne faut pas oublier que la vie de la colonne est en jeu, alors on se sert et

l'on riposte; en ce cas la colonne reçoit plus de vivres qu'elle n'en pourra consommer. Mais si, au contraire, on rencontre le bon vouloir et la générosité, ils doivent être largement récompensés. Les combats sont rarement le résultat de l'arrivée subite, imprévue d'une troupe ennemie; celle-ci est presque toujours signalée. En outre, l'esprit d'hostilité se manifeste préalablement de mille manières

IRBA KONÉ, NOTRE CAPORAL BAMBARA ET SON ÉPOUSE.

chez les indigènes. Ils le montrent en refusant obstinément de l'eau et des vivres, en tendant un piège, ou bien en attaquant de nuit, pendant le sommeil. Mais on s'y trompe rarement : l'accueil qui vous est fait révèle toujours quelque indice, il éveille vos soupçons soit par son trop grand empressement, soit par son allure taciturne et moqueuse. Il importe donc de toujours se garder et de ne point oublier qu'une défaite expose vos porteurs et vos soldats à un massacre sans pitié et vous-même aux plus affreuses tortures. Car le noir de ces régions est extrêmement féroce et brutal. Dans la vie privée, il ne connaît que la force et les coups pour régner en maître dans sa case. En guerre il pratique la barbarie pour châtier ses adversaires et venger ses morts. Excité par le carnage, enivré par le tumulte et les cris de guerre, il peut se battre avec courage, fureur et même opiniâtreté; mais les coups de feu, les pertes, les blessures ont raison de son audace, et la fuite est son dernier retranchement.

Je crois avoir suffisamment montré comment doit être entreprise la direction morale d'une colonne. L'Européen doit pénétrer dans l'inconnu avec une sérénité d'âme absolue, sans idée préconçue, sans plans arrêtés d'avance vis-à-vis de l'indigène. Et pour remplir la tâche qui lui est confiée, son caractère généreux, sa valeur personnelle, son énergie, ses principes d'humanité vaudront mieux que tout.

Au voyageur qui s'avance un cadeau d'une main pour récompenser les bonnes volontés, son fusil de l'autre pour protéger sa colonne, sans savoir jamais lequel des deux il utilisera, la route est singulièrement plus facile lorsque son cœur ne connaît ni la faiblesse, ni la cruauté. Toute punition doit être mûrement réfléchie; en outre, elle doit être conforme aux lois de la plus large humanité : le sang des noirs est du sang d'hommes, comme le nôtre. L'indigène, justement puni, vient se courber avec respect, souvent même avec amitié, sous la main qui l'a frappé; mais il n'oublie jamais les procédés déloyaux, les mensongères paroles pour l'attirer vers un piège et les brutalités indignes du blanc dont il reconnaît, d'avance et d'instinct, la supériorité. Ces façons d'agir sont, d'ailleurs, indignes d'un cœur brave et d'un esprit élevé, tous les hommes loyaux les considèrent avec le dégoût qu'elles méritent. Un Français qui s'honore ne les pratique jamais.

Le lecteur connaît maintenant l'esprit qui nous animait, nos dispositions conciliantes envers l'indigène; il comprendra mieux nos relations avec les différentes races que nous eûmes à rencontrer...

Pour les opérations du début, je trouvai suffisant de constituer deux colonnes avec nos trois cents charges. L'une lourde, avec deux cents porteurs, devait partir de Carnot, se diriger en droite ligne vers le nord et déposer à Laï tout le matériel nécessaire à la seconde partie de nos opérations. Elle était placée sous les ordres du capitaine Joannard, assisté du docteur Kérandel, des sous-officiers Bougon et Delacroix et de l'ingénieur Bastet. La seconde, plus légère, comprenait cent-vingt porteurs, le chef de mission la dirigeait, accompagné du capitaine Périquet et dès sous-officiers de Montmort et Psichari. Elle devait longer la rivière Nana, autrefois appelée la Nana Poundé sur la rive droite, jusqu'à sa

LE FRÈRE DU ROI DE GAZA.

source, étudier la haute Ouhame, puis explorer le nœud orographique de Yadé. Nous devions aviser pour les travaux ultérieurs.

Il nous fallut tout l'appui de M. Gentil et toute l'obligeance des fonctionnaires du pays pour recruter les trois cents porteurs dont nous avions besoin, et je suis heureux de rendre hommage à l'activité que déployèrent le lieutenant Ravignon et les fonctionnaires de la région pour nous satisfaire de leur mieux. Les Bayas ne se firent point trop prier pour venir à notre appel. Conduits par leurs chefs de groupe, ils étaient alléchés par la perspective de recevoir une rétribution consciencieuse, qui d'ailleurs ne leur fit point défaut. Nous avions acquis, je le crois, une bonne réputation dans le pays depuis notre arrivée et cela nous permit de franchir le point mort, c'est-à-dire le démarrage des colonnes, sans désertions ni révoltes.

Un danger d'un autre ordre nous menaçait; la variole avait décimé le village de Boumandori et semblait se propager le long de notre parcours, mais fort heureusement nous avions pris d'utiles précautions. Dès que nos porteurs furent tous rassemblés, le docteur Kérandel les vaccina sans retard et cette mesure produisit chez eux un grand soulagement, car la plupart de nos miliciens antérieurement vaccinés à Brazzaville leur expliquèrent, en montrant les cicatrices de leurs bras, les effets bienfaisants des trois coups de lancette. En outre, je fis remettre à chaque porteur un tricot confortable pour préserver tous ces braves gens des pneumonies et des bronchites mortelles dont les menaçaient les fraîcheurs nocturnes de ces mois d'hiver, véritablement pénibles pour eux.

Notre départ fut donc des plus faciles, les charges réduites à 23 kilos ne produisirent point l'impression pénible des fardeaux accablants. Le troisième jour quelques hommes se sauvèrent, mais loin de les poursuivre, j'eus recours aux villages rencontrés sur la route, décidé à revenir à Carnot, pour y demander d'autres porteurs, plutôt que de réquisitionner de force, ce qui n'eût point manqué de jeter le trouble dans le pays. Aussi les bonnes volontés ne firent-elles point défaut; chaque matin, je suis heureux de le dire, les indigènes venaient se joindre à la colonne et, bien récompensés, secondaient nos porteurs. Il en résulta que ceux-ci purent effectuer, pour ainsi dire sans pertes, les trois trimestres d'étapes successives que dura cette première partie de la Mission.

Pendant de longs mois, nous allons cheminer dans l'empire baya. Il est donc utile de faire connaître ses habitants au lecteur. En latitude il s'étend depuis Bania jusqu'au Lim, non loin du Boumbabal; en longitude il est bordé à l'ouest par la Kadéi et vers l'est par une ligne irrégulière constituée par la Mambéré jusqu'à Carnot, par la route Carnot-Ouagga; puis par le pays des M'bakas jusqu'à la Penndé.

La race baya fait avec les Yanghérés, les Kakas, les Paundés,

GROUPE DE BAYAS DES BORDS DE LA HAUTE NANA.

partie du groupe des *races à manioc* rencontrées par la Mission. Elle se divise en plusieurs groupements parlant une même langue que l'on trouve déformée en trois dialectes différents.

Au sud ce sont les Bayas Bouris qui parlent un dialecte à peu près unique depuis Bania jusqu'à la haute Mambéré. Au centre, sur la Nana, les Bayas Poundés et les Bayas Bouars, au nord les Bayas Kayas et les Bayas Bayas parlent le dialecte du massif de Yadé. Enfin à l'est, les Bayas Talas et les Bayas M'Bakas parlent un langage très peu différent de ce dernier.

Comme les Kakas et les Yanghérés, tous ces indigènes ont une langue populaire poétique où les élisions sont permises et que des préfixes, des suffixes ou des interjections euphoniques altèrent de façon à la rendre harmonieuse, voire même esthétique. Ces langues sont de syntaxe et de grammaire faciles, variables suivant les localités et parfois difficiles à bien apprendre, parce que complexes et nuancées.

Le système de numération est quinaire; le mot *bouco* signifie cinq, il désigne aussi la femme. Ce phénomène n'existe ni dans le Pandé, ni dans le Yanghéré. La chanson, fort simple, est prosaïque, c'est presque toujours la fantaisie de chacun.

Une chose à remarquer dans la langue baya c'est qu'on y rencontre les mots *yanga* (cheval) et *n'daye* (bœuf). Ces termes sont différents de ceux de la langue peule (*poutiou* et *naghé*). Les Bayas auraient donc jadis connu ou pratiqué l'élevage du bétail; alors ils auraient habité des régions de pâturages d'où les guerres les ont expulsés. C'est une simple hypothèse. Beaucoup de mots bayas ont la sonorité, voire même la prononciation des nôtres. Ainsi le verbe ôter, retirer, se dit *bour*. Et cela rappelle l'histoire piquante de cet Européen qui, voulant faire boucher un trou par ses tâcherons bayas, avec de la terre, leur disait : « bourre, bourre! » et les malheureux entendant leur mot *bour* s'évertuaient à retirer du trou toute la terre qu'ils y avaient mise. Ils s'y employaient même avec une ardeur d'autant plus grande que l'Européen irrité les injuriait de toute la force de ses poumons en répétant sans cesse : « Mais bourre, bourre donc, animal! » De même que leur langage, la stature des Bayas varie suivant les régions; tous sont dolichocéphales (tête allongée) et platyrhiniens (nez épatés); leurs incisives sont taillées en pointe. Les hommes sont tous circoncis et cette pratique leur doit venir des Foulbés de N'Gaoundéré et des Aoussas; leurs tatouages, peu nombreux, se composent surtout de mouchetures. Le Baya du Sud est petit, peu musclé, fragile et sans vigueur; celui du Nord, au contraire, est plus robuste et plus grand, la forêt ne l'opprime point; en outre il se nourrit beaucoup mieux et cultive du mil pour préparer de la bière, comme il l'a vu faire par les indigènes du Logone, les M'boums, ses voisins. Le Baya

du Sud, au contraire, se nourrit exclusivement de manioc et
boit du *dokko,* boisson de
maïs fermenté qui lui procure des ivresses malsaines·

Je ne retracerai pas ici
l'histoire déjà contée maintes
fois du peuple baya; ses luttes et ses alliances avec les

LA MÊME, VUE DE DOS.

TYPE D'UNE MATRONE BAYA
VUE DE FACE.

Foulbés, ses guerres avec
les M'Boums, ses contacts
avec les Aoussas, ses que-
relles intestines et les riva-
lités entre tribus. C'est plutôt à l'homme que je m'intéresse, ainsi qu'à ses
mœurs et coutumes. Les
Bayas sont généralement cannibales, et les tribus qui le
sont ne s'en cachent point. Excellents chasseurs dans un
pays à gibier rare, ils sont fort habiles à dresser des pièges de

toutes sortes, fort ingénieux d'ailleurs, où le menu gibier vient se faire prendre. Malgré cela leur nourriture est précaire, ils s'alimentent avec des chenilles et des termites. — Tous les ans, à l'époque où les nymphes ailées sortent de terre, les femmes bayas les récoltent sur des bouquets d'herbes folles où leurs ailes s'embarrassent et tombent. Elles secouent le bouquet sur un panier de vannerie et rapportent leur butin au maître du logis.

Le Baya mange toutes sortes de choses, il consomme la viande dans un état de putréfaction avancée sans en éprouver le moindre malaise ; en outre, pour avoir meilleure part, il a dissuadé la femme, sa bête de somme coutumière, de manger de la viande, en lui faisant entrevoir, par l'intermédiaire du sorcier, les maléfices auxquels cette nourriture l'exposerait. Outre le manioc, ces indigènes consomment le maïs, la patate douce, le taro, le sésame et fort peu de mil. Le *ziga* est une boule de farine de manioc à l'étuvée, fort appétissante, peu nutritive, mais cependant assez agréable au goût. C'est le plat national, on l'assaisonne avec des piments et du sel de potasse provenant des cendres lavées de certains arbres, on verse sur le tout un potage herbacé, et l'on ajoute quelques filaments de viande, plus ou moins pourrie, de rat ou de chien.

Les Bayas conservent la viande par le boucanage, procédé très simple, qui consiste à dresser un gril en branchages porté par des piquets et sous lequel un feu de bois vert dégage une abondante et chaude fumée. Les Bayas, comme presque tous les cannibales, élèvent pour les manger, d'horribles chiens étiques, galeux, sournois et poltrons, au jappement aigu, le plus désagréable qui soit. Ces indigènes ont la vue perçante et l'ouïe très fine, chez l'homme surtout — Dans la Mambéré, le costume aoussa s'est propagé quelque peu : turban, boubou, large pantalon et bottes en cuir rouge font l'ornement des riches, mais partout ailleurs les Bayas portent à la ceinture une bande en écorce battue, souple et spongieuse, et se coiffent avec la même substance d'une calotte sphérique rougie à la teinture et d'autant plus sale et graisseuse qu'elle a servi plus longtemps. Les Bayas ne se mutilent pas, leur visage est balafré de la tempe au menton par trois cicatrices légères semblables à celles des Bambaras. Ceux du Nord et de l'Est se perforent les narines soit pour y piquer une penne de porc-épic (Bayas Talas et Bayas Kayas), soit pour y encastrer des rondelles de pierre blanche, de bois ou des culots de cartouches (Bayas Bouars). Les cils et les sourcils sont généralement arrachés et cette coutume, que l'on retrouve dans la basse Sangha, donne à l'individu un aspect farouche.

La coiffure varie à l'infini chez l'homme qui se rase la tête en secteurs, en couronnes ou bien par fuseaux, mais il laisse toujours croître sur le sommet du crâne une touffe nationale qu'il natte en pointe verticale.

Quelques femmes sont fort jolies lorsqu'elles sont toutes jeunes. Elles réunissent à la sveltesse et à la gracilité de leurs formes un physique harmonieux, de très beaux yeux, un nez droit, une bouche fine et de très belles dents, mais on ne les voit guère, car les hommes les cachent avec un soin jaloux. Elles se coiffent de différentes façons, soit de trois houppes pointues comme les clowns, soit d'un bourrelet médian formant cimier et renforcé par des faux cheveux. Véritables bêtes de somme, elles sont vieilles à vingt-cinq ans et leur physique prend un aspect anguleux et sournois. Elles se perforent la lèvre inférieure et les narines pour les orner de clous en cuivre ou de petites rondelles en bois blanc. Leurs jambes, depuis la cheville jusqu'au jarret, et leurs poignets sont ornés d'une série de ressorts ou de cercles de laiton tellement lourds parfois, que leur marche est pénible et produit la sonorité d'une chaîne. Cette coutume est déjà très ancienne, il est probable qu'autrefois les Bayas entravaient leurs femmes par les jambes ou les forçaient à s'orner de masses métalliques beaucoup plus lourdes encore pour empêcher leur fuite. Quant au costume féminin, j'aurai moins de peine à le décrire que celui de nos charmantes compatriotes. Il se compose de deux paquets de feuilles retenues à la ceinture par une liane et l'un d'eux sert de tabouret ambulant. Parfois cependant, ce vêtement est formé de feuilles larges savamment juxtaposées en forme de coussin et dont les longues tiges se prolongent dans le dos, jusque sous la nuque. Cet accoutrement primitif est d'un aspect singulier, il laisse rêveur lorsqu'on se retrouve brusquement, à Brazzaville, plongé dans la civilisation européenne et l'on se demande surpris pourquoi nous prenons tant de peine à voiler nos élégances.

La femme baya règle tous les soins ménagers, accomplit toutes les corvées et travaille beaucoup plus que l'homme. — Ses ustensiles de ménage sont rudimentaires, ce sont le traditionnel pilon, les marmites en terre de forme ovoïde à cannelures souvent artistiques, les tamis à farine, les calebasses, les paniers plus ou moins ouvragés selon le soin qu'elle apporte dans leur fabrication. Malgré sa fonction d'asservissement, elle occupe, à coup sûr, une situation très influente dans la famille où son intelligence se donne libre cours. — Elle prend part aux fêtes des villages et si le chef baya cache avec soin ses femmes les plus jeunes et les plus jolies, il sait fort bien envoyer au-devant du visiteur sa conseillère la plus avisée qui se mêle à la délégation en poussant des cris de joie stridents, sonnant faux, des hurlements aigus, de désagréables trémolos en frappant ses lèvres avec sa main droite. Aux tam-tams des grands jours, aux danses de guerre ou de festin succèdent les tam-tams de femme dont le cachet ne manque pas d'originalité; j'ai vu des boucos danser des pas fort gracieux sous la direction d'une matrone vigoureuse qui, enivrée, exaltée, exténuée, venait, pour terminer, s'abattre aux pieds du chef en baisant ses orteils.

Toutes ces tribus s'accompagnent de chants, en chœur à l'unisson, et de tambours de toutes formes creusés dans les troncs d'arbres recouverts de peaux d'antilope ou de cabri (bahio) de balafons rudimentaires; de hochets en paille (kékaï) renfermant des grelots; de petites calebasses (ghérès) conte-

TROIS BEAUX SPÉCIMENS DE LA RACE BAYA.

nant des haricots ou des cailloux, de clochettes jumelées (gounghés) et d'instruments à cordes tendues sur des calebasses. Ils ont aussi des cornes de chasse, des sifflets et des flûtiaux dont l'ensemble est une cacophonie véritable. Ils chantent en s'excitant à la guerre, en proclamant leur bravoure, mais cette vertu s'éclipse bien vite en face du danger pour faire place à la ruse, à l'embuscade et au guet-apens lorsqu'on n'est pas assuré de vaincre par la puissance du nombre.

Les Bayas sont armés de flèches, de sagaies en forme de harpon, de boucliers en lianes tressées et de couteaux de jet. Ces armes sont empoisonnées avec le suc de l'euphorbe-chandelier cuit avec un mélange d'autres sucs vénéneux pour former une pâte noire dont les effets mortels sont d'une grande rapidité comme stupéfiants du cœur. — Pour la chasse et la danse, les Bayas se servent d'armes inoffensives. Beaucoup d'entre eux reçoivent l'éducation labi dont nous parlerons ailleurs; mais cela ne les empêche point d'être déloyaux et menteurs. Dans la langue baya, le mot vérité n'existe pas — ces indigènes ne disent jamais « c'est vrai » mais ils disent toujours «. ce n'est pas faux » (daro bouna), le mensonge est pour eux un acte très naturel.

Néanmoins, s'ils ne pratiquent ni la reconnaissance, ni l'amitié, on trouve chez eux des groupements sympathiques au sein desquels le dévouement et la générosité sont parfois en honneur. La morale et la religion sont absentes du pays; un vague fétichisme élève sur les routes, aux abords des villages, de petits tas de bois surmontés d'une perche où pendent des ossements d'antilope, des paquets de feuilles séchées et des morceaux de calebasses. Ils conjurent les maléfices, l'apparition de la variole, l'intrusion d'un ennemi ou d'un étranger redouté !

La femme est très bonne mère et chérit toujours le petit être issu de l'amour brutal de son mari, mais cela ne l'empêche point d'absorber le hinna ou henné, ou parfois même d'étrangler le nouveau-né, de relations inavouables surtout s'il est du sexe

masculin. Les Bayas sont polygames, ils se débarrassent volon-
tiers des enfants mâles parce qu'il faut les doter pour les marier, tandis que les filles leur sont d'un réel profit. — Le fiancé donne de fréquents cadeaux et l'union ne peut

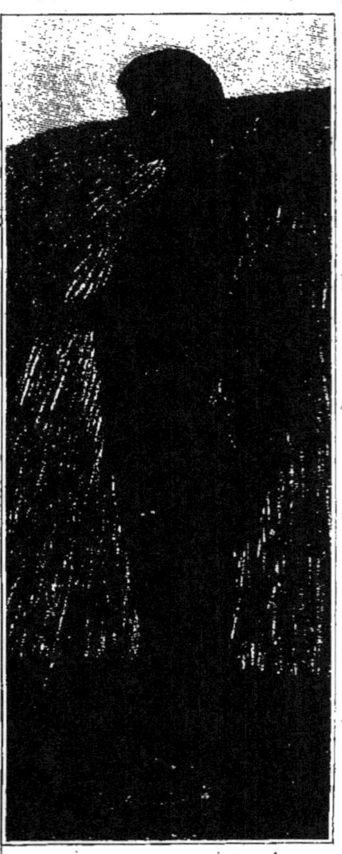

LE MÊME, DE PROFIL.

TYPE DE BAYA TALA.

être consommée que s'il verse une dot suffisamment avantageuse et d'autant plus élevée que la jeune vierge d'ébène est plus belle et plus séduisante. L'apport fondamental du mari comprend en général un chien, le témoin indiscutable de son cannibalisme, plus cinq, six ou dix cabris selon les conventions ; il y ajoute des perles, étoffes, victuailles de toutes sortes et dons aux parents directs de l'épousée.

Si le mariage est rompu, soit par adultère, soit par une faute de la femme, le père de celle-ci doit restituer la dot, mais cette opération ne s'effectue jamais sans que la divorcée soit accablée des coups et des mauvais-traitements paternels ; car les Bayas sont extrêmement cruels dans leurs châtiments et ne connaissent entre eux que la contrainte corporelle et la plus grande violence.

Les Bayas dorment presque toujours les genoux repliés, ceci explique les lits d'argile construits dans le fond des cases et beaucoup plus courts que la taille moyenne des individus. Les morts sont ensevelis accroupis de la sorte, empaquetés dans une natte, ficelés sur des branchages et placés debout ou couchés, selon les régions, dans le retrait d'une fosse, sorte de niche, où le corps est pour ainsi dire encastré, non loin de son habitation coutumière. Pour les chefs, la tombe est recouverte de piquets, de cailloux ou de branchages ; souvent on laisse la brousse étendre son épais manteau sur ces sépultures que le passant foulera bientôt de son pied insouciant.

Les Bayas croient à la survivance des morts. Leur seule religion attribue des significations et des maléfices à la foudre, aux vents, aux tornades. Leur justice est des plus rudimentaires. Tout homme convaincu de vol doit payer une amende au chef de tribu. Dans le cas d'un meurtre, si les coupables ou présumés tels sont d'une famille assez puissante pour que l'on redoute des luttes et des récriminations, on arrête en même temps un pauvre diable sans défense, le sorcier présente aux accusés des calebasses dont l'une renferme un breuvage empoisonné. C'est, naturellement, le plébéien sans famille et sans appui qui reçoit la coupe fatale et, victime expiatoire, souvent innocente, va rouler sur le sol, dans les plus atroces convulsions. Dès lors, le crime est vengé, la justice immanente a puni le coupable, tout le monde est satisfait.

UN RENDEZ-VOUS DE CHASSE EN PAYS BAYA.

Avant de partir pour la guerre, la chasse ou la pêche, les hommes offrent des calebasses de farine ou de bière au génie de leur village et la nuit venue, le sorcier recueille précieusement ces offrandes qu'il a suggérées. C'est lui qui pratique la médecine avec des simples, des paroles incohérentes et des invocations fatidiques. Il n'est point de fête sans lui, cet homme a le monopole des louanges et des flatteries pour exalter les guerriers illustres ou ses congénères enrichis. Inutile de dire qu'il se fait largement payer et que la fable du Renard et du Corbeau trouve là, comme partout ailleurs, de fréquentes applications. Les Bayas fabriquent eux-mêmes leurs armes. Ils exploitent le minerai de fer (hématite ou limonite) en des hauts fourneaux de terre cuite tronconiques, où les couches de minerai alternent avec celles de charbon de bois. Des tuyères donnent accès, par la base, à des souffleries en peaux de bouc, alternativement dégonflées par pression déterminant la fusion du métal qui s'écoule par un orifice pratiqué à la partie inférieure. On rencontre parfois d'habiles ouvriers ciselant et taillant des armes d'une coupe très gracieuse. Le forgeron a pour enclume un tronc d'arbre recouvert de plaques en fer, et pour marteau des masses de fonte qu'il manie et soulève avec une poignée.

Comme les noirs du Soudan, les Bayas emportent généralement du feu dans leurs mains calleuses, on les voit se passer des charbons ardents qu'ils prennent entre leurs doigts sans manifester la moindre douleur; ils ont en outre de l'amadou végétal pour allumer leurs pipes dans lesquelles ils fument un tabac de médiocre qualité.

Les Bayas sont pourvus de sérieuses aptitudes commerciales et s'adonnent volontiers à la récolte du caoutchouc, s'ils ont la conviction d'en être suffisamment rétribués. Ils se rendent alors dans les factoreries avec le fruit de leur travail, contemplent d'un œil avide tout ce qui les tente, puis après des réflexions et des marchandages interminables, portent leur choix décisif sur l'objet qu'ils désirent et s'en retournent impassibles sans qu'une lueur de satisfaction, de joie ou de reconnaissance traverse leur regard.

La joie, la stupeur et l'intelligence se manifestent surtout chez les enfants jusqu'à l'âge nubile. Plus tard

LE MÊME, VU DE PROFIL.

UN BAYA BOUAR, AVEC SON BATONNET DANS LA LÈVRE SUPÉRIEURE.

l'homme s'endurcit dans la ruse et le mensonge, dans l'ingratitude et la cupidité. Mais j'ai rencontré, malgré cela, beaucoup de Bayas fort intelligents, rusés et serviables, et je considère ces indigènes comme tout à fait capables de se rapprocher de nous et d'emprunter à notre civilisation la majeure partie du bien-être et de l'amélioration qu'elle peut leur procurer. Ces noirs du Centre africain et de la Sangha souffrent beaucoup du climat, de leur état misérable et de leurs institutions primitives. La maladie du sommeil, la lèpre, la variole, la tuberculose, le paludisme, les pneumonies, les rhumatismes, les ulcères, les déformations congénitales les assaillent de toutes parts et les déciment sans qu'ils puissent leur opposer des remèdes efficaces[1]. Aussi les Bayas les plus civilisés recourent-ils sans hésitation aux soins de l'Européen pour lui demander la guérison de leurs maux. Puis, lorsqu'ils sont rétablis, ils disparaissent sans prononcer une parole, sans esquisser un geste de reconnaissance. Nous nous sommes même accoutumés à les voir nous demander un cadeau parce qu'ils avaient absorbé sans dégoût et sans protestation les médicaments que nous ne leur avons jamais ménagés.

On ne s'étonnera donc point si je déclare ouvertement que ces individus ne sont pas sympathiques et si nous avions tous l'intuition très nette de la haine qu'ils éprouvent envers l'Européen, quelles que soient sa bonté, sa mansuétude et sa générosité. Nos porteurs sont restés huit mois avec nous, vaccinés, habillés, bien nourris, bien soignés, bien payés, objets des plus grands soins et de tous les ménagements qu'il a fallu leur prodiguer pour les ramener au foyer; nous avons entretenu avec eux, tout le long du chemin, des relations amicales et bienveillantes; nos conversations leur témoignaient du constant intérêt de leur famille et de leur personne, nous avons même offert des cadeaux à leurs femmes, à leurs enfants et nous n'en avons jamais reçu le moindre remerciement. Dans certains villages, où nous logeâmes plus tard, nos anciens compagnons de route nous ont regardé passer sans se rapprocher

1. Lorsqu'un de leurs congénères est atteint de la maladie du sommeil, ils l'expulsent dans la forêt, au bord de la rivière; on lui dresse une hutte en feuillage où le malheureux ne tarde pas à succomber sous les effluves pestilentielles et la privation de nourriture, car tous les indigènes savent fort bien que le fléau se propage au contact des malades en pleine virulence.

de nous, s'esquivant plutôt pour n'être point dans l'obligation de nous apporter un poulet ou des vivres. Cependant nous n'avons pas oublié que ces hommes nous avaient suivis avec confiance et qu'ils ont participé au succès de la Mission.

A quelle famille noire appartiennent les Bayas? Sont-ils venus de l'ouest, du sud ou de l'est? Ils sont groupés en tout petits villages, sous des toits coniques; ils chassent tous les gibiers depuis le rat jusqu'à l'éléphant; leurs cultures sont restreintes, en outre ils semblent avoir connu le bétail.

Ne seraient-ce point plutôt là des mœurs analogues à celle des Sanndés? Les Bayas comme les Yanghérés, les Kakas et les Panndés font partie de la grande famille Mandjia, voisine elle-même de la ligne de partage des eaux du Tchad, du Nil et du Congo. Ils n'ont aucun des caractères physiques et ethnologiques particuliers aux races à mil, comme nous le verrons bientôt. En outre, ils n'habitent pas la case plate, le village condensé des races de forêt. Je sais bien que vers Bania, au milieu des arbres géants, certaines tribus adoptent cette architecture, mais les villages sont quand même morcelés et les chefs ont des kaïgamas.

Les peuples d'Afrique n'ont pas d'histoire, c'est pourquoi mes hypothèses doivent s'arrêter ici, sans que je puisse affirmer si les Bayas, comme les Yanghérés, les Kakas et les Panndés, fils également de la famille Mandjia et voisins d'eux, en vérité, par les mœurs et par les coutumes, sont réellement issus des Sanndés.

Ce sont là des mystères d'une révélation difficile, des ténèbres épaisses dont le voile recouvrira longtemps encore ces régions du continent noir.

CHAPITRE III

LA MAMELLE NOURRICIÈRE DES RACES
CENTRE-AFRICAINES

Colonne de la Nana. — Traversée du Morvan congolais. — Le contremaître de
Gaza et sa famille en colonne. — Coup d'œil sur l'ancien pays des Poundés. —
Nous découvrons les sources de la Sangha et de l'Ouhame. — Rencontre de la
colonne lourde à Bouala. — Bougon et Delacroix sont envoyés en mission périlleuse. — Nous arrivons à Yadé, centre du nœud orographique. — Accueil
hostile des habitants. — Les terminaisons *wo* et *yé*. — L'oiseau de guerre et
la pierre d'amitié. — Nos angoisses au sujet de nos deux compagnons. — Nous
allons à leur rencontre. — Le pays des M'boums et leurs nids d'aigle. — La
vallée du Lim. — Une étape fièvreuse pour ravitailler le capitaine Périquet.
— Espoir déçu. — Le camp de Baïbokoun. — Nos porteurs veulent nous
quitter, mais nous restons.

MA colonne traversait la Nana le 11 décembre 1906 au pied
du grand rapide que domine une belle factorerie de la
Cᶦᵉ commerciale du Congo Français. Après le meilleur accueil
de M. Valentin, directeur de la concession, nous prenions la
route de Binghé. Notre effectif comprenait 146 indigènes porteurs, miliciens, boys, auxiliaires et suiveurs. Le village de
Gaza nous avait fourni 25 hommes. Pour augmenter le bien-être
de tous ces braves gens, j'avais acheté à Carnot un troupeau
de 45 bœufs, en excellente forme, que nous réduisions d'une
tête tous les deux jours pour distribuer la ration de viande à
nos gens. Le pays que l'on traverse depuis Bakissa jusqu'au
village de Sanda est un Morvan déboisé dont les nappes de
verdure sont reposantes à l'œil fatigué par l'éblouissante
clarté du soleil. Le terrain s'accidente et s'élève graduellement ; nous notons déjà 800 mètres d'altitude, l'air est vif, la
fraîcheur des nuits procure un sommeil réparateur.

TOUTES LES HEURES LA COLONNE SE REPOSE DIX MINUTES AU BORD DU SENTIER.

A Sanda, la Nana franchit d'un seul bond un seuil de quatre
mètres. Un pont de lianes, gracieux et fragile, la traverse d'une
rive à l'autre de ses mailles élargies. La colonne s'engage
ensuite dans une vaste futaie aux arbres clairsemés dont le
feuillage donne l'illusion du karité, entourés de hautes herbes,
le *landolphia tolloni* disparaît de plus en plus ; la route escalade
de longs et vastes plis de terrain et débouche soudain sur la
vallée de la Limba, tributaire de la Mambéré. Elle nous fait
passer devant une grotte féliche, étroite et profonde où bruit
un clair ruisseau sorti de ses parois, tandis que des fleurs lie
de vin et des fougères aux feuilles délicates tressent un tapis
enchanteur aux prêtres de l'endroit. Cette grotte s'appelle
Ouro-Ouro, j'ai bien tenté de rendre, solitaire, une visite
intéressée aux génies qui l'habitent, j'ai voulu connaître le
chant des indigènes rendant visite aux esprits qui la hantent,
mais à peine m'étais-je introduit sous la voûte froide et
moussue, que je me vis harcelé par les essaims d'abeilles
dont je foulais les fleurs parfumées. J'eus donc vite pris la
résolution de m'enfuir.

A peu de distance se trouve sur le versant septentrional de
la vallée le joli village de Boudo. Nos porteurs, contents de
leur sort et rassurés par nos procédés à leur égard, commencent à s'y récréer par des tam-tams nocturnes, où se
révèlent à la fois leur bonne humeur et leur quiétude de
l'estomac satisfait, suprême jouissance de tous ces braves
gens.

L'accueil des indigènes, cordial au départ et correct à Boudo,
devient froid à Banghérem et sournois plus au nord. Chaque
fois que nous demandons les routes conduisant à la Nana,
nous recevons cette réponse énervante : Il n'y a pas de chemin
pour aller voir le fleuve, tous les sentiers que tu vois ici vont
se perdre dans les champs de manioc. Il faut donc beaucoup de
patience et de ténacité pour ne point effectuer une étape sans
raccorder entre eux les biefs déjà reconnus de la rivière.

Au village d'Antighirem, en pays Boudowi, les hostilités

faillirent éclater; les Bayas armés de leurs sagaies se montrèrent agressifs à ma vue et je dus les apaiser par ces mots « casi a toua, Yonmo bouna wo » « rentrez les sagaies dans vos cases, on ne vous mangera pas » pour éviter toute agression contre la colonne qui me suivait à distance. Malgré cela, Périquet put reconnaître la rivière et le mont Kawam, dont l'éperon, en saillie vers le nord, lui fait décrire un coude accentué.

.. La variole décimait le pays, mais nos porteurs rassurés par la vaccine ne manifestèrent aucune inquiétude et nous amenaient grand nombre d'habitants désireux de se faire immuniser contre le fléau. C'est ainsi que l'accueil des gens de Bingué fut rendu très cordial. Une foule compacte vint pour nous saluer, le chef en tête, tandis que ses femmes maigres et flétries poussaient leur cri strident, mélangé de joie fausse et de stupeur mal contenue. Dans ce pays le salut ne manque pas d'originalité, il consiste à lever le bras droit verticalement et à frapper les mains violemment l'une contre l'autre en poussant le traditionnel Ourmo (bonjour).

A partir de Bongo la route se rapproche de la Nana qui, sur une centaine de kilomètres de son cours, circule au pied d'une chaine granitique, dont le faîte est par mille mètres d'altitude. Les villages perchés entre les cols dissimulent déjà leurs cases pointues au milieu des grands rocs, sous l'ombre d'arbres tutélaires, sous l'abri des grands fromagers.

Le chef de nos porteurs de Gaza n'avait point voulu se séparer de sa femme et l'avait emmenée en colonne. Elle allaitait une fillette de dix mois qui fit d'ailleurs ses premiers pas sous nos yeux. Son mari la surchargeait de tous ses ustensiles de campement et de ménage; beaucoup plus âgé qu'elle, et naturellement très jaloux, il la surveillait, cependant, de façon si distraite que cet Arnolphe noir nous attira toutes sortes de soucis. Les indigènes de Bongo, profitant du profond sommeil de notre homme, l'avaient promptement séparé de son épouse et ce fut une véritable alerte lorsqu'il fallut la délivrer. Le brave homme, immobilisé par le désespoir portait, fort à propos, les mains à son front et tentait de s'arracher les cheveux.

A partir de Boudo la Nana descend très nettement du nord vers le sud, depuis sa source jusqu'à Bongo. Ses eaux sont calmes depuis Ganghéné jusqu'à faible distance de Sanda. Tous les matins nous effectuons des étapes de 22 à 25 kilomètres et nous pénétrons dans le Boudawa. Toutes les tribus diverses descendent de la tribu des Bayas Poundés, progressivement morcelée pour en former toute une série d'autres portant le nom des chefs qu'elles se sont donnés. Nous traversons de la sorte Bouya, Nakounda, Zaourou-N'Bolé ou Boudaï qui se trouve dans une boucle de la Sabi; le pays est découpé par une multitude de rivières torrentueuses, aux ondes claires et limpides, bordées de rideaux forestiers, parfois larges et profondes.

Une multitude d'oiseaux chante à gorge déployée, l'un d'eux répète lentement un fragment de notre charge au clairon : « Il y a la goutte à boire là-haut »; d'autres posent une interrogation sonore à la Nature et semblent lui demander si la douceur du climat lui convient. De tendres liserons violets, des œillets sauvages d'un rose pâle, de toutes petites fleurs rouges comme le sang, des gueules-de-loup bleu de ciel, des glycines écarlates, des aubépines de neige, des volubilis jaunes, roses, bleu passé, rouge tendre ornent les buissons, auprès des grands ombrages et des tapis de verdure, tandis que de merveilleux papillons volettent sous les bois, complétant par leurs tonalités exquises l'harmonie de cette nature attrayante. Dans le sous-bois, sur la liane enlaçant le gros arbre, sur la branche noueuse et tordue, sous les feuilles et parmi les racines, de délicieux insectes bleus comme des turquoises, verts et cristallins comme des émeraudes, coccinelles rouges et bleues, longicornes gris et roses, cigales vertes comme l'herbe naissante, coléoptères de toutes sortes, entonnent un concert délicieux, un hymne d'allégresse et semblent offrir à la saison nouvelle l'hommage de leur exubérante vitalité!

LES BORDS DE LA MAMBÉRÉ AVEC LA PIROGUE DU PASSEUR, LA RIVIÈRE A 250 MÈTRES DE LARGEUR.

Boudaï est au centre du rejet le plus septentrional de la grande forêt. A partir de ce point, le pays change d'aspect. Ce n'est plus le grand parc anglais que nous traversons depuis Bakissa, ce ne sont plus les faux karités, les grandes savanes et l'herbe à caoutchouc; le pays devient là plus âpre, plus rude et plus stérile.

Zaourou N'Bolé, chef et roi de Boudaï nous ayant mal reçu, je lui impose la corvée de nous guider en personne sur la route jusqu'à Ganghéné. Nous arrivons de la sorte sur une crête et devant nous se dessine la vallée de la Sabi. Les deux versants se déploient sous nos yeux comme les feuillets d'un livre gigantesque, ouvert en son milieu, les lignes sont formées par les multiples rivières qui dévalent les pentes pour rejoindre la Sabi dont le cours tumultueux se calme dans la plaine pour faire sa jonction avec celui de la Nana. Celle-ci passe auprès d'un éperon rocheux, monolithe de cent mètres de hauteur taillé comme un immense crochet, qui la domine vers le Nord. C'est un bloc granitique formidable, sur le sommet duquel, en plein roc, un arbre gigantesque a plongé ses racines. Et l'on comprend à peine comment son feuillage peut être aussi verdoyant sous un ciel aussi sec, sur une roche aussi dure. C'est à Ganghéné que recommencent les rapides; le bief calme de la Nana succède à la rivière torrentueuse de plus en plus bruyante à mesure qu'on s'élève vers le Nord. Elle mugit entre deux lignes de hauteurs resserrées au pied desquelles règnent de belles cultures sur un sol fertile et sans cesse enrichi d'humus, dont la population trop faible ne peut exploiter le rendement.

Tout le pays que nous avons traversé depuis la Sangha frappe l'imagination et la porte au rêve. La morne forêt aux piliers de cathédrale; la Mambéré encaissée dans ses crêtes boisées; ce pays découvert sillonné de clairs ruisseaux; cette vallée de la Nana qui coule tumultueuse dans le pays le plus sauvage du monde, tous ces paysages sont d'une féerique beauté.

LA COLONNE DANS LES HAUTES HERBES VERS BONGO, AU PIED DES FALAISES
QUI BORDENT LA NANA.

Nous stationnons à Ganghéné le jour de Noël, car le chef
Baboua doit nous rendre visite le lendemain et nous amener
des porteurs de renfort. Le 25 décembre au soir, après une
journée laborieuse, réunis tous à la table familiale, par un
clair de lune radieux, sous un ciel étincelant d'étoiles et
d'astres, nous portons la santé de ceux qui nous sont chers.
La température est si fraîche que nous songeons un moment
à mettre nos souliers dans l'âtre, mais la cheminée n'existe
pas et les termites auraient vite dévoré nos uniques chaussures. Périquet nous quitte de temps en temps pour surveiller
l'occultation qui fixera Ganghéné sur la carte, tandis que l'astro-
labe à prisme détermine la latitude par l'observation des étoiles
mobiles dans son champ.

Le lendemain 26, des fifres et des tam-tams annoncent
l'arrivée de Baboua suivi d'une troupe nombreuse. C'est un

des chefs bayas les plus influents de la Mambéré, il est accompagné de douze de ses femmes, de ses quatre fils, de parents et d'amis. Je fais abattre un bœuf en signe de réjouissance; des cadeaux sont échangés, Baboua se fait vacciner ainsi que toute sa suite. Puis tout le monde se met à danser et la petite fête se prolonge jusqu'à la nuit au milieu des chants et des cris d'allégresse. Après s'être repus de viande, nos invités mangent jusqu'à la peau du bœuf que je leur ai donnée; cependant, je dois avouer qu'ils ont eu la précaution de la débarrasser de son poil.

Dans le Nord, le pays devient de plus en plus sauvage et désert. Wonogalé, Bawar et Laouane-Bougouta sont des villages aux cases mal bâties respirant le provisoire et l'inachevé de tribus turbulentes en guerres continuelles, mal assurées de leur tranquillité. En ce dernier point surtout, l'accueil est très froid, et nous devons patienter quarante-huit heures avant de voir les habitants et d'obtenir des vivres. Cela ne fait point l'affaire de nos gens; ils veulent descendre dans les champs de manioc et se servir eux-mêmes à la mode des Bayas de passage, c'est-à-dire en détruisant tout sous leurs pieds. Mais nous les en empêchons et les indigènes, rassurés par notre patience et nos dispositions pacifiques, viennent enfin nous apporter eux-mêmes la farine de manioc et les vivres dont nous avons besoin.

Les lignes de faîte sont très accusées dans cette région dont l'altitude est voisine de 1 000 mètres. Les rivières que nous traversons, la Moddé, la Yibi et la Nana, offrent une succession de biefs rapides et de cataractes imposantes. On distingue nettement, en étudiant leurs cours, la constitution du nœud orographique de Yadé sur lequel nous montons sans répit; on perçoit les divers plans inclinés, les couronnes circulaires qui le composent. C'est une série de troncs de cône inégalement inclinés et superposés. Nos recherches furent vaines pour trouver le chef Laouane dont nous attendions des porteurs et des guides. Seul, un vieillard aveugle et paralytique était

LES GRANDS RAPIDES DE LA NANA EN AVAL DE BOUGOUTA,
DANS LE COURS SUPÉRIEUR DE LA RIVIÈRE.

resté calme et résolu dans le village, comme s'il eût été besoin de sa faiblesse et de son grand âge pour nous inciter au respect de ces pauvres cases désertées. Cependant le 31 janvier, au matin, Laouane consentait à nous joindre et, rassuré par notre bienveillance et notre générosité, nous amenait des guides pour nous conduire à Zaourou-Karet, sur la rive gauche de la rivière. Le passage de la Nana rapide, tumultueuse et très encaissée, nous demanda trois heures d'efforts continus et si nous pûmes la franchir sans perdre et sans abîmer nos charges et nos instruments de précision, nous le devons au canot démontable que nous avions emporté. Cette embarcation portée par deux hommes se composait d'un cadre en bois pliant, coiffé d'une toile imperméable ficelée sur le bordage. Elle pouvait porter en lourd 200 kilos de bagages et deux rameurs. Le courant trop vif pour traverser à l'aviron nous imposa le transbordement par va-et-vient au moyen d'une cinquenelle.

Le 1er janvier 1907, j'avais pris les dispositions suivantes :

les sous-officiers de Montmort et Psichari devaient, avec la colonne, se diriger franchement vers l'est, rejoindre le cours supérieur de l'Ouhame et nous attendre à Bouala. Pendant ce temps, Périquet et moi, nous devions remonter jusqu'à la source de la Nana (*Zou*[1]-*Nana*). Le pays nous étant dépeint sous un jour déplorable de solitude, de stérilité et d'absence de ressources, nous emportions, pour ces six jours de route, nos couvertures et quelques provisions de légumes secs.

Zaourou Karet nous ayant annoncé qu'il n'y avait pas une seule route pour aller à Zou Nana, je lui demandai un guide. Celui-ci vint s'accroupir devant nous, attendant patiemment la fin de nos préparatifs; puis, lorsque nous eûmes serré la main de nos deux sous-officiers, il se déploya en trois parties, torse, cuisses et jambes, comme ces albums de photographies que vendent les camelots. C'était un grand diable, long comme un jour sans pain, anguleux, sec et agile comme une antilope. Nous le suivions donc, tous deux, dans le sentier étroit et sinueux où nos pieds glissaient sur les boules d'argile et les touffes d'herbes sèches, tandis que les siens se posaient aisément, faisant ventouse sur le sol argileux. Ici la race baya devient plus robuste et plus grande, les hommes vivent au grand air sur les pentes des montagnes et se nourrissent beaucoup mieux. Le soir, après 34 kilomètres de marche, nous campions en pleine brousse par 1 100 mètres d'altitude. Le pays était sauvage à l'extrême : nous avions cheminé parmi les rochers, tantôt sur une piste de chasse, tantôt à travers les hautes herbes, avançant toujours vers le nord, franchissant des croupes, des vallons et des crêtes au sommet desquelles la vallée de la Nana se dessinait sous nos yeux. Durant quatre jours nous ne devions rencontrer que des antilopes apeurées, quelques outardes, des ruisseaux près de leur source à l'onde pure et claire, mais pas âme qui vive, aucune révélation de l'existence humaine sauf les herbes brûlées et le gibier en

1. *Zou* signifie « tête » en baya.

PASSAGE DE LA LIMBA SUR LES ROCHES D'UN RAPIDE, EN DESSOUS D'UNE LIANE
TROP FRÊLE POUR PORTER DES HOMMES.

frayeur. Le mont Gaou s'élevait dans le nord-ouest par
1 400 mètres d'altitude environ, dominant le nœud orographique de ses roches granitiques, brûlées par le soleil ; c'est
le point le plus élevé que nous ayons observé.

Puis le lendemain vers midi, après une nuit d'orage troublée
par les moustiques, nous atteignions, montant toujours, une
longue crête aplatie, sorte d'étroit plateau à bordure dentelée,
ligne de partage des eaux de la Nana, de l'Ouhame et du
Logone ; sur les pentes de ce plateau la Nana (ou Sangha) prend
sa source par 1 200 mètres d'altitude.

Autour de nous, sur le versant occidental, une foule de
rivières sortaient également de terre, recueillies plus bas par la
Nana ; tandis que sur les bords septentrional et oriental du
plateau, des cours d'eau rejoignaient l'Ouhame ou le Lim, ce
bel et grand affluent du Logone. Nous cherchâmes en vain les

traces d'un campement, les vestiges d'une installation anté-rieure pour y trouver abri. Cependant, il y a beaucoup de terre végétale le long de ce massif, les cultures pourraient s'y développer, l'air pur et la brise qui vous enveloppent sont favo-rables à l'existence humaine, les eaux sont abondantes et claires. Est-ce la guerre qui fait ce pays désert ou plutôt ces solitudes ne forment-elles pas, de par la volonté de l'homme, un obstacle invincible à l'agression des Foulbés du Cameroun dans le pays de Yadé? Je penche plutôt pour cette dernière hypothèse et considère volontiers ces vastes solitudes comme un désert-tampon séparant les différentes races du pays. Ainsi, nous venons de découvrir les sources de la Sangha.

Nous revenons à Zaourou Nyem par un itinéraire différent, exactement nord-sud. Nos yeux se posent volontiers sur les fleurs du plateau, mufliers violets, marguerites blanches comme la neige, buissons ardents de glycines sanglantes, bambous pal-mistes, etc.

Samba Kamara qui nous suit allègrement avec ses souliers fins, tout ragaillardis de se poser sur un terrain sec, s'engage sur une piste d'antilopes et nous perd. Nos appels restent vains et je laisse deux hommes pour le rechercher et lui montrer la trace de nos pas. En outre, j'allume de place en place les savanes herbeuses pour lui jalonner notre itinéraire. Le guide nous conduit dans une direction tellement invariable, qu'en nous retournant, nous voyons les colonnes de fumée s'élever dans un même plan vertical, sur la pente indéfinie que nous descendons sans répit. Nous déjeunons au bord d'une cascade délicieuse, mais sans pouvoir trouver le moindre arbuste pour nous abriter et Périquet, les yeux malades du soleil, sent les atteintes de la fièvre que sa nature énergique aura bientôt surmontée. Nous campons au bord d'un clair ruis-seau, mais à peine endormis nous sommes envahis par le feu de brousse que le vent changeant a poussé contre nous et nous sommes obligés de passer sur l'autre rive à la hâte, pour n'être point grillés.

LE CAPITAINE PÉRIQUET FAIT LE POINT DU MONT LALENGHÉ PRÈS DES SOURCES
DE L'OUHAME INDIQUÉES PAR LES PALMIERS.

Le 5 janvier, nous quittons Zaourou Nyem avec un autre guide. Il marche en sautillant comme une balle élastique et nous fait gravir une ligne de faîte très étroite séparant le bassin de la Nana de celui de l'Ouhame. A tout moment, en nous donnant le nom des cours d'eau, le guide ajoute : *Bimcô Nana* (fils, affluent de la Nana), puis tout à coup il change et nous dit : *Bimcô Ouhame* (fils de l'Ouhame). Nous avions changé de bassin fluvial presque sans nous en douter.

Ce renseignement, joint à notre observation du terrain, nous confirme dans notre idée. A n'en pas douter, un tout petit col que nous venons de franchir nous a fait passer du bassin du Congo dans celui du Chari. Cet exemple montre combien il faut être attentif au moindre geste, aux moindres paroles du guide. Alors nous insistons pour que celui-ci nous dirige vers la source même de l'Ouhame. Le terrain est tellement difficile pour la marche qu'il paraît hésiter, mais notre allure décidée lui montre que nous voulons arriver au but et le détermine à poursuivre avec nous.

Il nous engage dans une grande plaine ondulée dont les herbes sont rudes, hautes et serrées. A chaque pas il nous faut lever les jambes pour écraser la brousse; le soleil est de plomb, nous soulevons une abondante poussière en agitant la steppe et notre respiration devient pénible et haletante. Cependant, vers onze heures du matin, nous cheminons dans un cirque franchement ouvert au midi et nous distinguons au loin des rochers rougeâtres et calcinés dominant la contrée. C'est le mont Lalenghé, dont le relief est d'une trentaine de mètres au-dessus de la crête et dont le bloc granitique, sorte de monolithe arrondi, domine immédiatement les trois filets d'eau dont les sources de l'Ouhame sont formées. Nous traversons la rivière, elle mesure à peine 50 centimètres de largeur à sa sortie de terre, dans une forêt minuscule d'arbres superbes, enlacés de lianes et de glycines. Périquet fait le point sur le mont Lalenghé, d'où nous contemplons le spectacle grandiose des vastes étendues. Leur morne silence est troublé par le grand incendie qui, rapide comme le vent, dévore les herbes hautes, tord les arbres géants et propage, comme un glas mortuaire, l'immense clameur de son crépitement. Devant lui tout s'efface, la forêt gémit et s'endeuille de ses troncs calcinés, la trombe d'air qu'il dégage soulève dans le ciel des brindilles enflammées et des flammes sanglantes qui s'élancent vers lui comme pour le poignarder; tandis qu'au sein de la steppe le gibier s'enfuit épouvanté dans un galop furieux et que les aigles, planant au zénith, s'abattent comme des bolides sur les petits animaux terrifiés.

A la nuit tombante, nous débouchons parmi les cases de Zaourou Kafa, c'est-à-dire sur l'Ouhame, à Boussoum. A partir de sa source, la rivière descend au sud-ouest, puis décrit un vaste crochet et redescend franchement dans la direction nord-est. Au point où nous la retrouvons, elle a déjà 10 mètres de largeur, une profondeur de deux pieds, un courant très rapide.

A LA RECHERCHE DES SOURCES DE L'OUHAME A TRAVERS LES HERBES QUE L'INCENDIE
DÉVORE DEVANT NOUS.

On pressent, à la voir déjà si forte à 60 kilomètres de sa source,
que l'Ouhame doit jouer un grand rôle dans le centre de
l'Afrique. C'est pourquoi la Mission l'a suivie jusqu'à Fort-
Archambault, reliant ainsi les fragments précédemment étudiés
de cette route aquatique afin de juger de son importance et de
pouvoir dire si cette belle rivière est, oui ou non, la branche
maîtresse du Chari.

Les guerriers de Zaourou Kafa, surpris par notre apparition
inattendue, se jettent sur leurs armes, mais je les apaise du
geste et poursuis tranquillement jusqu'au milieu de leur
groupe. Le calme est très efficace devant ces impulsifs et, toujours les mains libres, n'ayant jamais d'arme sur moi, j'ai
constamment observé que l'aspect du blanc les impressionne et
les porte à la crainte. Nous sommes maintenant chez les Bayas

de l'Ouhame, où nous remarquons la coutume invétérée des pennes de porc-épic et des brins de paille piqués dans les narines.

Zaourou Kafa nous fit bon accueil, mais tandis que nous dormions à la belle étoile, satisfaits d'avoir trouvé les sources de la Nana, du Lim, de l'Ouhame et de plusieurs grandes rivières, ses hommes volaient les effets de notre petite colonne et le lendemain au réveil, je dus menacer de sévir pour que ces objets nous fussent restitués.

Comme je l'avais promis à Psichari et Montmort, nous arrivions à Bouala le 6 janvier, après une marche de 32 kilomètres. Une grande surprise nous y était réservée. Le village était désert. Dans un premier groupe de cases nous trouvâmes le camp de ma colonne soigneusement installé par nos deux sous-officiers; les porteurs se reposaient en ordre, la troupe avait été conduite avec une intelligence et un tact parfaits, nos tentes étaient dressées autour de nos chères couleurs. Puis, à quelque distance, j'aperçus un groupe d'indigènes assis auprès d'une pile de bagages; non loin d'eux des prélarts, des tentes étaient montés, et sous l'une de celles-ci plusieurs Européens se trouvaient attablés. Les deux camps étaient séparés, des factionnaires placés auprès du mien veillaient à l'ordre et à la sûreté générale. Nous comprîmes de suite que la colonne lourde avait rencontré la nôtre, et c'était l'exacte réalité des faits. Le tiers de ses porteurs avait pris la fuite.

Je retrouvai là M. Bastet, le docteur Kérandel et le capitaine Joannard. Ce dernier très surmené, exposé à de grandes fatigues, anémié déjà par les rigueurs du climat, dut prendre un repos nécessaire à son état de santé. Deux de nos compagnons, Bougon et Delacroix, manquaient à l'appel. Ils avaient reçu l'ordre de quitter Bouala la veille après-midi; de se rendre sur l'Ouhame inférieur, dans la région de Kouigora; d'explorer la rivière et ce dernier pays; puis, recherchant un itinéraire nouveau, de revenir à travers la brousse impénétrable, à Yadé où l'on devait les attendre. Ils reçurent en consé-

LES BAYAS SUR LES BORDS DE L'OUHAME. TROIS JEUNES GUERRIERS AUX BRAS ORNÉS
DE SPIRALES DE LAITON.

quence dix jours de vivres, de la pacotille, dix porteurs et quatre miliciens d'escorte.

En réfléchissant à leur situation, je vis immédiatement que cette mission dans l'inconnu comportait au moins 450 kilomètres d'itinéraire au sein de peuplades barbares et d'un pays forcément difficile, puisque, seul, le lieutenant Lancrenon l'avait traversé fortement escorté non sans peine, plus à l'est. Je pensai de suite aux difficultés que Bougon et Delacroix devraient surmonter, j'estimai que les indigènes tendraient à les refouler constamment vers le nord et que leur voyage durerait de vingt-cinq à trente jours, tout événement imprévu mis à part. Il fallait donc à tout prix leur épargner de grandes fatigues et de réels dangers ; c'est pourquoi, sans tarder, le capitaine Périquet se mit à leur poursuite, espérant les rejoindre avant qu'ils aient traversé l'Ouhame. Mais, durant trois jours, il les chercha vainement, perdit leurs traces à travers les hautes herbes, passa sur la rive droite qu'ils n'avaient pu gagner comme ils en avaient reçu l'ordre, et revint à Bouala, ayant accompli ce beau raid de 140 kilomètres sans abandonner sa bonne humeur et sa franche gaieté.

C'est réellement à partir de ce moment que le chef de mission connut l'inquiétude. Il ne douta pas un seul instant des aptitudes et des qualités de ses jeunes amis, mais il entrevoyait, par expérience, les difficultés de leur tâche et redoutait pour eux la seule faiblesse de leurs moyens de défense.

La colonne de l'Est, par l'exode de ses porteurs, nous laissait à Bouala de nombreux bagages, 96 charges inertes pour lesquelles il fallait trouver des hommes de bonne volonté, dans un pays désert.

Le docteur Kérandel, dont les travaux nécessitaient le séjour prolongé sur l'Ouhame, attendit l'arrivée des porteurs que je devais m'efforcer de lui envoyer. Le capitaine Joannard et le sous-officier Psichari partirent pour Léré, nous les suivions à vingt-quatre heures de distance, Périquet, M. Bastet, de Montmort et moi, mais nous devions séjourner à Yadé pour y recueillir Bougon et Delacroix.

Toute la région comprise entre l'Ouhame et Yadé est une zone montagneuse et déserte. Elle est traversée par deux routes. La route orientale franchit de jolies rivières : la Losé, la Nioye appelée plus loin la Penndé, la Moumdy et leurs collatéraux. Le terrain s'élève graduellement, les hauteurs sont couvertes de forêts éclaircies, puis le sentier plonge soudain en des gorges rocheuses, profondes, abruptes et désolées où les animaux ont grand'peine à marcher.

Le 14 janvier au matin, comme je progressais seul en avant de la colonne, des voix et des éclats de rire se firent entendre dans

LE MONT LANNDIRI
CENTRE DU MASSIF OROGRAPHIQUE
DE YADÉ.

la haute futaie qui borde la Moumdy; c'étaient de jeunes Bayas partant pour la chasse insouciants et légers. Ils ne se doutaient point de notre présence et donnaient libre cours à leur conversation dans une langue claire et sonore. Tout à coup, m'ayant aperçu, je les vis s'enfuir vers le nord en jetant promptement à terre le manioc et les paniers qu'ils portaient sur la tête. Nos appels furent vains comme nos exhortations, tous disparurent sous bois, la forêt redevint silencieuse et nous continuâmes notre route.

Vers dix heures du matin, je débouchai dans une steppe bordée de hautes crêtes rocheuses vers le nord et vers l'est, mais à ma gauche un dôme granitique s'élevait majestueux dans une buée violette. C'est le mont Lanndiri dont le profil rappelle, à distance, le dôme des Invalides. Non loin de là, nos pas se por-

tèrent sur un grand plan de latérite que dominait au nord-
ouest une montagne d'énormes roches granitiques superpo-
sées, éboulées et crénelées sur le sommet desquelles des silhouettes humaines se tenaient immobiles tout en armes. Sur la
pente, au pied de ce chaos, le village de Gaunhaloukou dressait
le chaume doré de ses toitures en pointe.

Brusquement, des centaines de guerriers dévalant sur les
pentes, le carquois sur l'épaule et la sagaie au poing, surgirent
à nos yeux et d'un ton saccadé, agressif, l'un d'eux se mit à nous
parler. Mais son langage étant différent de celui de la région
Sud, nos indigènes ne le comprirent point. Seule, la femme
d'un bouvier s'offrit comme interprète, mais se garda bien de
nous répéter les paroles de nos hôtes. J'appris seulement plus
tard les menaces que ceux-ci nous avaient adressées, croyant
que nous venions pour les dévaliser et raser leurs villages. Il
nous fallut parlementer durant trois quarts d'heure pour entrer
en relations avec les habitants. Ma patience fut largement mise
à l'épreuve, mais je dois avouer qu'elle ménageait l'avenir, car
Bougon et Delacroix, passant seuls après nous, auraient payé
de leur existence tout acte de violence et de répression de ma
part.

Les Européens qui, plus tard, visiteront ces parages, remar-
queront, à coup sûr, la caractéristique bizarre du langage baya
selon les dispositions et l'état d'esprit où se trouve la population.

Dans ce pays rocheux où les cases dominent les cultures, il y
a toujours un ou plusieurs hommes de garde, dissimulés dans
un arbre ou parmi les granits, prêts à donner l'éveil au moindre
incident. L'apparition d'une colonne étrangère est, pour eux,
l'événement le plus grave, elle est donc signalée dès qu'elle
débouche du bois pour traverser les plantations. L'homme de
veille crie de toutes ses forces : « Voici des étrangers. Ils viennent chez nous. » S'il ajoute : « Ce sont les blancs signalés hier,
ils ne vous mangeront pas (*yonmo bouna wo*) », toutes ses
phrases retentissent paisibles et calmes terminées par le suffixe

LA HALTE PRÈS DE BOUDAI DANS LA BRÓUSSE DE LA HAUTE NANA.

wo. S'il dit au contraire : « Le blanc vient au village, il fait la guerre, sauvez-vous sans essayer de lui résister (*bouité a yé — a dé boulou hé — en yen endé boulou nahé*) », on remarque la terminaison *yé* du langage, la résonnance aiguë de ces paroles attristantes lancées dans l'atmosphère par un être affolé qui, bien souvent se cache et, dans sa crainte stupide, exaspère le voyageur pacifique, navré d'être considéré comme un traitant de chair noire. Ainsi, l'Européen circulant chez les Bayas peut être fixé de loin sur l'état d'esprit des populations sauvages, selon qu'il entend le *wo* pacifique ou le *yé* de la détresse.

Ces indigènes, rebelles au début, nous firent ensuite un accueil satisfaisant. Ils nous offrirent la libre disposition du village de Gannhaloukou tout entier, ils vinrent même *proprio motu* nous offrir leurs services et se rendirent en grand nombre à Bouala pour y prendre nos bagages et guider le docteur

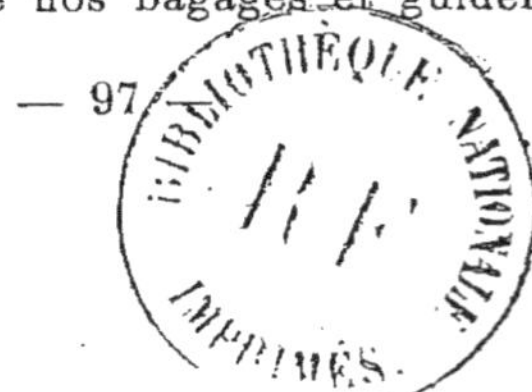

— 97 —

Kérandel jusqu'à nous. Et lorsque Bougon et Delacroix viendront dans ce pays, ils diront eux-mêmes l'hospitalité charmante dont ils furent l'objet.

Arrivée le 14 à Gannhaloukou, la colonne y resta douze jours, utilisant ce long répit pour explorer la région. La saison était délicieuse, les nuits froides et réconfortantes, mais un grand vent s'élevait avec la lune et gênait les observations. Le village de Zaourou Yadé perche sur la montagne dont les crêtes rocheuses dominent la région. Ce sont des amas granitiques formant des voûtes dont les voussoirs énormes sont des monolithes éboulés ou posés les uns sur les autres en manière de grandes cavernes, des *di*[1], où se réfugient les natifs, à proximité de leurs greniers et de jolies sources qui tombent des rochers un peu de toutes parts. Le schiste est rare dans le massif orographique, on en rencontre sur les cataractes de la Penndé, de la Limba et de quelques autres rivières, mais les roches prédominantes sont le granit et la granulite souvent micacée, tandis que les parties en pente douce laissent affleurer de grandes nappes de latérite parsemées d'hématite.

Dans le Sud au contraire, vers le cours moyen de la Mambéré, de la Nana et de leurs affluents, on aperçoit de grandes falaises cannelées, complètement à pic et formées de grès rouge constitutif de la majeure partie du Soudan. Le terrain superficiel présente donc, pour le moment, au point de vue minier, fort peu d'intérêt, à part quelques gisements de cuivre de la Lobaye et de son affluent la M'baéré.

Tandis que je faisais rechercher nos deux compagnons dont l'absence devenait inquiétante, Périquet reconnaissait les sources des rivières, recoupait Zou-Nana et rapportait la carte d'une vaste région. De Montmort relevait le terrain vers l'Est et revenait sans nouvelles de ses deux camarades. Kérandel, pendant ce temps, étudiait la faune très restreinte du pays et dé-

---

1. *Di* signifie « pont » ou « caverne ».

couvrait la trypanosome dans le sang des pintades, fauvettes et guépiers, hôtes de ces rochers.

Il existe dans ces parages un oiseau, blanc et noir sur le dos, rouge du bec, des pattes et des ailes et qui a la taille du corbeau : c'est l'oiseau de guerre des Bayas. Les hommes de condition vulgaire ne peuvent point le tirer ; seul, le chef a le droit de l'abattre et lorsqu'il l'a tué, il

VILLAGE BAYA DE BOUGARNGA AVEC SES CASES ENFOUIES DANS LES GRANDES ROCHES DE GRANIT.

doit de suite se frotter tout le corps avec le sang de cet oiseau et partir en guerre avec sa dépouille. S'il est vainqueur, le chef s'orne la tête avec les plumes rouges. Le gros gibier est très rare sur la montagne, mais les rochers chaotiques sont habités par de nombreux irax, des pintades et des serpents.

Pour saluer un hôte respecté, les Bayas de Yadé ont la coutume de lui présenter une pierre blanche en lui disant : « Les Bayas ne mangent point la pierre et la respectent, toi, l'ami des Bayas, tu seras respecté comme la pierre. » Cette formule n'est pas seulement délicate, elle est aussi rassurante, car, faute d'être traité comme un morceau de granit, on risquerait d'être assimilé à un vulgaire gibier.

Le 25 janvier, les indigènes m'apprirent que deux blancs (deux sergents) étaient signalés dans l'Est, à grande distance, et se dirigeaient sur le Boumbabal. Ce ne pouvaient être que Bougon et Delacroix. J'entrevis de suite la fin de nos angoisses, la liberté reconquise de nos mouvements. Après ces nuits de cauchemars, réveillé en sursaut, courant au bord de l'éperon de Gannhaloukou dès qu'un feu de brousse s'allumait dans le lointain pour tâcher d'y saisir l'apparition prochaine ou le camp de nos chers absents, j'entrevoyais le repos réparateur des fatigues et le travail sans soucis. Il fut donc décidé que nous partirions le lendemain de bonne heure pour Baïbokoun, au pied du Boumbabal. Périquet et de Montmort, avec trois jours de vivres, quelques fusils et sept porteurs, devaient prendre une route déserte, mais plus courte, pour nous devancer dans ce village et prévenir Bougon et Delacroix de notre arrivée prochaine. Les nombreuses charges inertes laissées en souffrance ne me permirent point d'engager la colonne sur ce chemin; il me fallut choisir un itinéraire peuplé, bordé de municipes dont les habitants pouvaient nous seconder. Cette route traverse les grands villages de Yakoundé, Bougarnga en pays baya, puis franchit une zone inhabitée de 35 kilomètres de largeur, sorte de brousse-tampon qui sépare les Bayas du pays des M'boums. On rencontre ensuite Pana et son massif bouleversé, puis Bikélem, la rivière Lim, Dago et Kassala.

Le paysage est superbe entre Yadé, centre du nœud orographique et Yakoundé, le sentier serpente à travers la montagne et gagne les lignes de faîte par 1200 mètres d'altitude. Aux points culminants, l'œil se pose sur un océan de crêtes rocheuses et de mamelons boisés dont le profil s'enveloppe d'une teinte bleue des plus douces. A perte de vue, cette nature grandiose se déploie silencieuse et calme, sauvage et mystérieuse, laissant au cœur une étreinte singulière, faite de doute sur la vie qu'elle dissimule dans ses replis et sur les richesses qui peut-être dorment dans ses replis.

Yakoundé se trouve au sommet d'un chaos rocheux, sorte d'à-pic circulaire dont les gorges entourent le centre beaucoup moins mouvementé du massif de Yadé. L'agglomération de Bougarnga est à coup sûr la plus importante du pays. Ce grand village de sept à huit cents cases est habité comme Yadé, Yakoundé, Gannhaloukou et les autres, par des troglodytes qui perchent leurs habitations au milieu des rochers. La crête gra-

ZAOUROU YADÉ, LE CHEF DE YADÉ (EN COSTUME BLANC) ET SON ÉTAT-MAJOR.

nitique prolonge la précédente et se fractionne en son milieu par une sorte de grande rue aux flancs escarpés, formés de dalles gigantesques surplombées de rochers descendus depuis le faîte des cimes jusqu'à terre. Cette rue traverse la Limba, puis se prolonge par le sentier abrupt aboutissant, à travers une zone inhabitée, au pays des M'boums, au beau village de Pana. De chaque côté de la crevasse, le village de Bougarnga s'étage sur les roches. La partie de droite est commandée par un Baya dont la figure est des plus antipathiques, le regard des plus sournois et le caractère des plus faux. L'autre secteur est sous les ordres d'un grand diable habile et prudent, allié lui-même aux tribus yanghérés des plaines du mont Chikoum.

Je dus allécher ses sauvages habitants par la promesse d'une distribution de viande à Pana pour qu'ils consentissent à nous y conduire; et le 28 janvier, vers quatre heures du soir, après une marche longue et pénible, nous arrivions au pied d'une éminence coiffée d'arbres immobiles sous l'intense chaleur, sans le moindre vestige de l'existence humaine. Après une demi-heure d'ascension par un sentier en corniche, la colonne atteignait un éperon d'où le regard plonge sur la vallée du Lim. Le spectacle était magnifique de ce site grandiose aux montagnes abruptes formées d'immenses roches sanguines avec leurs grands arbres sortis de ce chaos et poussant leurs racines parmi les fissures, jusqu'à la terre végétale, féconde et nourrissante.

Le village de Pana, posé comme un nid d'aigle sur un éperon saillant, dissimule ses cases parmi les rochers. La terre n'entre plus dans leur construction, comme en pays baya; elles se composent d'un enclos cylindrique, en roseaux, soutenu par de hauts et robustes piquets sur lesquels on pose, pour unique toiture, un dôme de paille nattée nettement sphérique et qui tient sans le secours de branchages ou de traverses en bois. Je crois bien que mon admiration devant cette nature impénétrable et fière, qui ne le cède en grandeur et en beauté ni aux paysages du Massif central de la France, ni aux vallées radieuses

RAPIDE DE L'OUHAME EN AMONT DE BOUALA.

de notre Savoie, je crois bien que mon extase résultait autant du site lui-même que de l'impression étrange produite sur nous par ses habitants. Ici, la race baya disparaît, nous sommes chez les M'boums. Ils forment avec les Lakkas, les M'baïs et les Saras le groupement des races à mil[1] rencontrées par la Mission durant de longs mois.

Ces indigènes impressionnent autant que leur pays d'adoption ; leur aspect imposant est dû à leur prestance et leur attitude biblique. Grands, bien musclés et robustes, d'apparence saine comme toutes les races qui se nourrissent de dourah et bien plus majestueux que les races à manioc, ils sont intelligents. Leurs yeux, légèrement obliques, leur nez droit, aplati et leurs lèvres plissées, comme celles de certaines races asiatiques, leur donnent une étrange physionomie. Hommes et femmes portent les cheveux courts ; les premiers s'habillent

- 1. Ce mil est le *dourah* des races du Soudan.

d'une peau d'antilope ou de chèvre, retenue à la ceinture par un mince cordon; en outre, ils se couvrent le chef d'un tout petit chapeau, sorte de calotte en paille comme en portent nos élégantes et qu'ils fixent au moyen de longues épingles de bois dans la houppe de cheveux du sommet de leur tête. Chose curieuse, ce grand diable si calme, à la démarche paisible et mesurée, vêtu et coiffé de la sorte, ne porte pas du tout à la risée, car il est bien plus superbe que ridicule et grotesque.

Les M'boums s'ornent les chevilles et les orteils de bracelets et de bagues en fer ouvragé. Leur sens artistique paraît développé, leurs calebasses, leurs jarres et leurs poteries sont de la plus pure forme antique et l'on en peut voir le profil, plus régulier, il est vrai, parmi les documents de l'ancienne Égypte. Leur musique est sobre, monotone, généralement basée sur le ton majeur pour les couplets, et sur le ton mineur pour les refrains. Les chants mortuaires exécutés par les femmes sont extrêmement tristes; des cris lugubres les interrompent par intervalles à peu près réguliers. Les femmes sont ici, comme partout en Afrique, l'objet de durs traitements : le chef de case est l'objet de leur adoration extérieure, de leur crainte et souvent même de leur épouvante.

Les M'boums ont la coutume du Rhamadan qui leur vient, sans doute, des Foulbés de N'Gaoundéré, par la vallée du Lim. Durant un mois (janvier-février) ils ne mangent que la nuit des boules de mil et des épices, mais une fois la fête terminée, ils s'enivrent de bière de mil et se gorgent de viande de cabri ou de gibier. Leurs sépultures sont fort simples, c'est une fosse où le mort est déposé dans une natte. On le recouvre de branchages et on rebouche le trou avec de la terre, au milieu des hurlements funèbres. Ensuite, on se réunit au milieu du village pour prendre part à de copieuses agapes où les étrangers eux-mêmes sont toujours invités. L'hospitalité des M'boums est des plus variables : bonne et cordiale ici, nous la trouverons avare et méfiante plus loin, sur la Penndé. Elle dépend absolument du chef de village à qui le *vulgum pecus* obéit toujours aveu-

glément et chez lequel il impose sa domination par des sorti-
lèges, par des mensonges qui vantent sa puissance éphémère,
et par des punitions, des privations de parole ou de liberté
qui ne seraient point acceptées si la civilisation primitive et la
crédulité de la race ne lui venaient en aide.

On trouve déjà chez les M'boums une transition très nette
avec les cultures des Bayas; quelques champs de mil, de maïs,
d'arachides et de soundou sont prospères et vastes. Perchés sur
leur nid d'aigle, ils les surveillent à l'aise et voient venir l'ennemi de fort loin sans se douter combien leurs silhouettes déta-
chées sur le ciel forment une cible facile pour les armes à feu.
Ces hommes ont dans le regard ce rayon d'infini qu'ils puisent
dans leurs montagnes, dans la vallée rectiligne et dans l'atmosphère bleue où le Boumbabal (la montagne des M'boums)
plonge ses crêtes boisées. Visibles de toute la race qui les connaît à merveille et les contemple avec amour, elles sont pour
les M'boums ce qu'est le clocher pour l'habitant de nos campagnes.

Le 30 janvier, les indigènes, après nous avoir conduits au village de Bikélem, déposèrent nos colis et se sauvèrent dans la
montagne, au sein de gorges rocheuses où nos Bayas trem-
blaient de frayeur à la vue des guerriers grimpés sur les roches,
tout en armes, et poussant des clameurs de concupiscence à la
vue de nos bœufs. Bikélem est situé tout au bord du massif granitique ou plutôt au pied du second à-pic rocheux, dont les
replis et les ravins entourent le premier à-pic et le noyau central du nœud orographique de Yadé. En regardant en aval de
la vallée du Lim, on pressent que la plaine du Tchad est à
faible distance et que, de ses vagues verdoyantes, elle vient
battre les derniers escarpements de cette région accidentée.
Au sud, c'est la montagne abrupte, le rempart de granit. Au
nord, le Boumbabal et ses avant-monts deviennent plus distincts
à mesure que la distance diminue.

Il est difficile à mon sens de voir un pays où la grandeur du
site soit plus en rapport avec la beauté de l'homme, avec la

richesse des cultures, avec la rudesse du terrain, avec l'ardeur du soleil et la pureté du ciel. Le 31 janvier, à 9 heures du matin, 47 kilomètres me séparaient encore de Périquet et de Montmort; je dus, à regret, laisser M. Bastet et le Dr Kérandel en arrière, à cause de quelques charges restées en souffrance par la mauvaise volonté des naturels et je partis en avant. Vers six heures et demie du soir, à la nuit close, j'eus la joie d'apercevoir au loin la lueur d'un photophore et quelque temps après, j'arrivais au milieu du campement de mes amis. La table était mise, la dernière cartouche de chasse était brûlée, tous deux étaient accoudés sur la nappe devant des assiettes vides attendant la manne providentielle pour se réconforter. Je crois inutile de décrire l'accueil dont furent l'objet mes caisses de provisions.

Bougon et Delacroix n'étaient pas avec eux, les indigènes nous avaient trompés : aussi le repos tant désiré ne vint pas et je m'allongeai sans dormir en proie à l'inquiétude. Trois jours après, Kérandel et M. Bastet nous rejoignaient à Baïbokoun, avec tous nos porteurs. Les indigènes inhospitaliers nous refusaient des vivres. Nous étions à la porte du pays lakka, terreur de nos Bayas. Ces derniers entraient dans la zone où le manioc ne se cultive plus, c'était pour eux la transition brusque du climat, de l'humide forêt à celui de la plaine brûlante, rasée par le vent sec.

L'instant était critique. Tout le jour nos Bayas tenaient conseil à l'extrémité du camp, leurs bagages préparés pour la fuite, sous l'œil vigilant des M'boums perchés sur la montagne. Ils discutèrent longtemps, supputèrent la force de leur effectif et se crurent capables de retourner chez eux en traversant les 400 kilomètres de pays difficile que nous venions de parcourir. Je me gardai de les en dissuader ne voulant pas paraître, plus qu'eux, préoccupé du salut de la Mission; nous en avions d'ailleurs éprouvé de plus cruelles et nous étions capables de nous tirer d'affaire avec de l'énergie, de la patience et le désir d'arriver au but.

La nuit porta conseil; nos Bayas comprirent-ils les périls auxquels leur faute les exposait, ou bien craignaient-ils de se montrer lâches devant le danger? Je n'en sus jamais rien et ne les questionnai point à ce sujet. Cependant, le 5 février, au lever du jour, lorsque nous fîmes l'inspection du camp, nous constatâmes, avec une satisfaction flegmatique, que nos gens n'avaient point pris la fuite et nous jetaient un regard plein de regrets, de confiance et de soumission.

CHAPITRE IV

LA SPLENDEUR DES RACES A MIL
ET DE LEUR PAYS

Le Boumbabal. — Les routes d'invasion des pillards foulbés. — Kérandel descend sur Laï en pirogue. — Je traverse le pays lakka. — Splendeur des hommes, des cultures et beauté des villages. — Mœurs et coutumes des Lakkas. — Les villages déserts. — Difficulté de nous procurer des guides. — La danse épileptique et le chant de réjouissance des Lakkas. — Nous atteignons le pays M'baï. — Arrivée à Laï. — Je vais recouper mon ancienne route de 1903. — Rencontre de la colonne Joannard. — Les indigènes de Tikem me reconnaissent et me font bon accueil. — Je retrouve Bougon et Delacroix à Laï. — Récit de leur beau et périlleux voyage. — Disparition du milicien Seydou Diakite. — Kérandel, Bougon et Delacroix vont à Fort-Archambault. — Formation de la colonne de la Penndé. — Périquet et de Montmort découvrent cette belle rivière dont je mets de suite la belle vallée et la route en pratique.

L E Boumbabal ou montagne des M'boums est le dernier contrefort du nœud orographique de Yadé. Sa couronne rocheuse, aux rudes aspérités, dessine le massif au nord-est et domine la plaine du Logone et des affluents du Chari. Cette montagne imposante s'allonge entre le Lim et la M'Béré comme pour retarder la jonction de ces deux rivières. Trois vallées viennent se rencontrer à son pied, c'est le carrefour où se croisent les grandes routes d'invasion des Foulbés de N'Gaoundéré pour razzier le pays lakka et la région des M'Baïs jusqu'au parallèle de Laï, jusqu'aux abords du Chari.

Que de drames se sont déroulés sous l'horizon dominé par le Boumbabal, que de désespoirs ont dû s'y exprimer, lorsque les Foulbés ramenaient avec eux, comme un troupeau de bétail, les milliers de créatures enchaînées, les hommes superbes aux traits convulsés, les femmes éplorées, courbés sous le fouet en

LA VALLÉE DE LIM, VUE PRISE AU VILLAGE DE BIKÉLEM. AU LOIN SE DRESSE
LE MASSIF DU BOUMBABAL QUI DOMINE TOUTE LA RÉGION.

allaitant leurs enfants, jusqu'au marché d'esclaves de la grande
ville peule, à peu près désert aujourd'hui.

Car la civilisation française a passé par là ; nos modestes
effectifs conduits par des cadres énergiques ont infligé de
rudes leçons aux Foulbés. A deux reprises différentes le capitaine Faure, commandant le poste de Laï, informé des razzias,
s'est porté au-devant d'elles et leur a infligé de sérieuses défaites à Bipia et Péni, détruisant leurs camps enclos de palissades, délivrant les captifs et forçant les Foulbés à s'enfuir en
désordre.

Depuis lors le commerce de chair noire subit une crise profonde, un esclave se vend dix fois plus cher et le marché de
N'Gaoundéré disparaît peu à peu faute d'alimentation. Le
temps passe et nous sommes toujours sans nouvelles de Bougon et Delacroix. Nous décidons, tout en poursuivant nos travaux, de les rechercher encore en formant plusieurs détache-
ments à itinéraires différents. Dans ce but, nous quittons Baï-

bokoum en laissant sur la route des lettres que les habitants doivent leur remettre. Nous avions été volés par les M'Boums chez qui le vol est une sorte de pratique instinctive. Ils prennent tout ce qu'ils voient, même si cela ne peut leur être d'aucune utilité. Je ne pouvais donc laisser ni vivres, ni pacotille pour nos deux jeunes amis, ils ne les eussent point reçus. D'ailleurs les indigènes se gardèrent bien de leur donner nos lettres dont ils ignoraient le contenu et qu'ils ont certainement considéré comme un avis ordonnant le châtiment des vols dont nous venions d'être les victimes.

Tandis que le docteur Kérandel descend le Logone en pirogue avec les bagages supplémentaires, Périquet et de Montmort se dirigent vers le sud par deux routes différentes de manière à circonscrire Bougon et Delacroix dans un vaste périmètre. De son côté, le chef de mission prend la route de Laï avec M. Bastet.

Le 5 février, M. Bastet et moi, nous traversons la M'Béré large, à Baïbokoun, de 400 mètres entre les berges, dans un frêle esquif rapiécé offrant, avec le passage, un bain de siège gratuit.

Sur la rive gauche, les feux de brousse ont tordu et noirci les arbres et leur donnent l'aspect des membrures d'un édifice récemment incendié. De grandes antilopes s'enfuient à notre approche et mettent un peu de vie parmi ces solitudes. Le pays est desséché; nous traversons deux ou trois filets d'eau vaseuse et savonneuse où s'étanche notre soif exaspérée par les ardeurs du soleil, par la sécheresse de l'air et par la réverbération des rochers brûlants que nous côtoyons sur l'ardente route. Vers cinq heures du soir, nous entrons en pays lakka au village de Cao-Ghiem, perché dans un col rocheux, dominé par des montagnes où d'énormes cynocéphales prennent leurs ébats et nous suivent en aboyant. Les greniers du village regorgent de mil; des troupes de cabris sautent sous nos yeux. Je demande au chef des vivres pour la colonne, il me répond en ricanant : « Nous n'avons ici ni mil, ni cabris. »

Cette réponse est pénible, après les 34 kilomètres d'étape que nous venons d'effectuer à pied. Je fais saisir deux cabris, du mil et des arachides, mes hommes vont à la mare pour y puiser de l'eau et je choisis dans ma cantine les objets qui paieront ce que nous avons pris.

Nos lits sont dressés pour la nuit, nos pieds sont délivrés de l'étreinte brûlante du cuir de nos chaussures, nous nous préparons à goûter un repos bien gagné lorsque, soudain, une clameur, accompagnée du cliquetis des armes, retentit devant nous. Trois cents guerriers se jettent sur nos porteurs à 200 mètres du camp. Il faut un quart d'heure pour les repousser, puis, miliciens et Bayas, enhardis par le succès, se lancent à la poursuite. Je garde le chef prisonnier comme otage. Il nous faut veiller toute la nuit, allumer des feux et repousser les indigènes qui s'époumonnent à crier à leur chef : « Cao, es-tu mort? Cao, réponds! les blancs t'ont-ils coupé la tête? » Cao n'était pas mort, c'est lui qui nous montre la route à l'étape suivante, et je le libère après de sévères admonestations.

Le lendemain, nous campions à Boudy, grand village au pied d'une ligne de rochers abrupts et calcinés, occupé par les Lakkas du Boubandjidda. L'accueil est des plus inhospitaliers et j'ai beaucoup de peine à nourrir nos gens en usant de procédés tout à fait pacifiques. Nous n'avons que sept fusils, mais avec de l'énergie ces sauvages s'en laissent imposer. Décidés à rejoindre le Logone, nous repartons le jour suivant vers l'est et trouvons, à perte de vue, la grande plaine argileuse qui s'étend jusqu'au Tchad, tandis que les crêtes rocheuses du Boubandjidda s'enfoncent dans l'atmosphère violette et dans le ciel roux, au coucher du soleil. Cette étape de 38 kilomètres nous conduit à Killo, c'est-à-dire au cœur du pays lakka, tout près du fleuve.

Si les hommes diffèrent, tout au moins par leurs tatouages, les villages lakkas sont à peu près les mêmes sur le Logone et sur la Penndé.

Imaginez, au milieu d'un bois touffu, d'immenses espaces

défrichés où ne subsistent que les arbres utiles : karité, rônier, nété, tamarinier, figuier (*ficus elastica* et *ficus indica*); 1, 2, et même parfois 3 kilomètres de vastes plantations de *soundou* (sésame), maïs, arachides, *dourah* (mil) admirablement cultivées. Pour la récolte, tous les épis ont été cassés à égale distance du sol, rabattus dans le même sens et forment ainsi des alignements réguliers.

Au milieu des cultures, on trouve le village, sans défense, à part deux ou trois que nous avons vus renforcés par des levées de terre sans continuité. Il est disposé de chaque côté de la route; les groupes de cases bâtis perpendiculairement à celle-ci. Auprès de chaque habitation se trouve un arbre magnifique étendant son ombrage séculaire jusqu'à l'arbre voisin. Il y a infiniment de goût dans la disposition de ce décor aux tons : vert des arbres, jaune des cases, rouge de la terre et bleu du ciel; et nous retrouverons partout, chez les Saras, chez les M'Baïs, aussi bien que chez les Lakkas, ce sens inné de l'esthétique et de la beauté qu'on ne rencontre point dans les villages de nos campagnes. On se demande quel maître ou quel instinct les conduit à vivre dans un site aussi reposant, aussi harmonieux. Chaque foyer constitue les fermes dont j'ai précédemment parlé. Les cases n'ont point de murs en terre, elles sont faites comme celles des M'Boums, de voûtes en paille tressée. A la saison des pluies, les Lakkas les recouvrent de toitures coniques pour l'écoulement des eaux. Les murs d'enceinte de ces fermes sont en certaines régions des palissades en bois ou bien, en d'autres contrées, des enclos de paille tressée. La porte est au fond d'un couloir en rondins, elle est surmontée d'une clochette en fer, forgée dans le pays; sur l'un des côtés se trouve l'euphorbe chandelier dont le suc empoisonne les armes, de l'autre côté s'élève un tas de bois très régulièrement et soigneusement arrangé, qui sert aux besoins du ménage.

Ce genre de construction révèle, à coup sûr, des mœurs et des coutumes beaucoup plus anciennes que celles des Bayas et sans aucun doute, son caractère provisoire doit être attribué

UN VILLAGE LAKKA : AU FOND, A DROITE, PALISSADES ENTOURANT LES FERMES. AU MILIEU, IMMENSES CUVES EN PAILLE TRESSÉE QUI REGORGENT DE MIL.

au peu de confiance des Lakkas dans la stabilité de leur vie, jadis si souvent troublée par les razzias des Foulbés.

Toutes les tribus se réunissent en grand nombre pour cultiver leurs champs. Ce sont de vastes collectivités solidaires, qui se partagent le fruit de leur travail. On en peut aisément juger par les greniers à mil érigés au milieu des groupes de cases, à la portée de chacun.

La maison du chef est plus importante, les cases sont plus vastes, un arbre s'élève dans la cour et les palabres se tiennent sous l'ombrage puissant qu'il projette à son pied. En outre, le chef reçoit chaque année, après la récolte, une quantité de grain fixée par la coutume ; elle est sa propriété personnelle. De plus les guerriers lui paient des redevances individuelles. Enrichi de la sorte, il se livre à certains achats de femmes, de cabris, de chevaux ou de verroterie. Le chef détient dans sa ferme de grandes quantités de céréales contenues en de vastes greniers, dont il a seul la libre disposition, et cela lui permet de garder le nécessaire pour parer aux disettes ou pour ensemencer à nouveau. Les Lakkas n'élèvent point de bœufs ; ils ont quelques chevaux de petite taille, dits chevaux saras, et de superbes cabris, mais rien chez eux ne rappelle la vie pastorale et patriarcale. Toute l'agglomération tire sa raison d'être de la culture en commun, et si la terre devient par trop pauvre, le village tout entier se déplace et défriche un autre terrain. Tout porte à croire que ces indigènes se modifieront beaucoup et perfectionneront leurs moyens d'existence lorsqu'ils seront définitivement assurés, par une longue période de tranquillité, que les razzias des Foulbés ne se renouvelleront plus.

Le soir, nous campons sous un tamarinier superbe, comme on n'en rencontre point ailleurs, étendant ses bras gigantesques à quelques pieds du sol et portant l'ombre douce et bienfaisante de son délicat feuillage sur de vastes espaces où nous trouvons un abri salutaire.

Généralement, à notre approche, les villages sont en rumeur ; femmes, enfants, vieillards, cabris, poules, calebasses et paniers à mil sont déménagés et cachés dans la brousse, tandis que les guerriers en armes se rassemblent au loin. Pourquoi toute cette agitation? Pourquoi cet effroi de fauves prêts à jouer des griffes? Pourquoi cette crainte perpétuelle et navrante de notre présence amie? La raison en est simple; noircis par les ardeurs du soleil, et les vêtements déchirés, nous avons l'aspect des pillards foulbés qui, partis de N'Gaoundéré, razziaient la région tous les ans et semaient la terreur dans ces riches contrées. Mais, qu'importe! avançant sans armes, nous poursuivons notre marche sans nous émouvoir de cet état de guerre; puis, à proximité des sagaies tendues vers nous, nous exhortons ces groupes apeurés à rentrer leurs armes dans les cases.

Le soir venu, les Lakkas viennent s'asseoir autour du campement, épiant tous nos gestes. Ils apportent des vivres et reçoivent en échange des perles bleues, genre *bapleross*, des fils de cuivre, des verroteries et du sel.

Les hommes se prêtent volontiers à piler le mil de nos gens, à faire de menues corvées de cuisine, chose que je n'ai jamais vue chez les autres races africaines, humiliées par les soins du ménage. D'ailleurs les Lakkas paraissent plus laborieux et plus travailleurs que les autres indigènes, et leurs belles cultures tendent à le prouver.

A la nuit close tout le monde s'éclipse, les factionnaires veillent, un profond silence descend parmi nous, interrompu par les flûtiaux mélancoliques des habitants de l'endroit, par les signaux de leurs veilleurs disant à tous : « Dormez en paix, le blanc ne vous veut point de mal, » ou bien : « N'attaquez point pour voler, le blanc se garde. »

Le lieutenant Lancrenon a traversé le premier les Lakkas du Logone; ceux de la Penndé et de la Barya n'avaient jamais vu de blancs avant le passage de la Mission. Le pays s'abaisse sur la rive gauche du Logone et, d'une façon générale, s'incline sur le versant des eaux de la Bénoué. La route qui, d'ailleurs, longe sans cesse le Logone, traverse donc de vastes marécages et deux ou trois cours d'eau très profonds en hiver, mais presque à sec en cette saison.

Ici, la zone parcourue décèle la présence d'une troupe d'éléphants et d'un troupeau de buffles, mais je n'y vois point la tsé-tsé. Plus loin, sur la steppe infinie, des troupeaux d'antilopes inquiètes et légères, des vols de pintades, des perdrix, des outardes aux ailes alourdies s'enfuient à notre approche.

Nous déjeunons dans le beau village de Lolo; douze cents yeux sont fixés sur nous; les femmes, sur le seuil de leurs fermes, nous regardent en riant, se passant leurs réflexions de bouche en bouche; leurs enfants sont gentils et mignons, l'un d'eux hurle de frayeur à mon approche et, lorsque je veux le caresser, il lève son petit bras pour me frapper.

Plus loin, sur le chemin, une superbe jeune fille marche insouciante, une calebasse sur la tête, elle ne se doute pas de notre présence et fait à peine un mouvement de surprise en nous voyant. Nous errons sans guide et c'est elle qui va nous montrer le chemin indéchiffrable et sinueux dans la brousse. Elle s'y prête de bonne grâce, répondant par un franc éclat de rire à mes injonctions. A l'étape, elle reçoit des cadeaux dont ses yeux seront étonnés, puis repartira légère et souriante, sans détourner la tête jusqu'à perte de vue.

Parfois les villages sont déserts; seul, un vieillard est resté près d'un foyer fumant, ses membres vacillants ne lui ont point permis de s'enfuir. Il refuse de répondre à nos demandes et son chef branlant semble nous dire : « Prenez, puisque vous êtes les maîtres de céans; mais n'attendez rien de ma bonne volonté. » Son indifférence est navrante, comme la fuite des indigènes est énervante et pénible.

Pourquoi se sauvent-ils? pourquoi nous laissent-ils seuls au milieu de leurs fermes désertées? N'est-il point attristant, lorsqu'on se présente avec des intentions et des procédés aussi pacifiques, de recommencer à se faire connaître dans chaque village où l'on passe? Et cela tient, n'en doutez pas, au manque de communications, aux solitudes séparant ces peuplades en guerres continuelles, en dissensions intestines, alors qu'elles devraient vivre en étroite amitié, réconfortées par la disparition des Foulbés.

Cependant il me faut un guide, nous ignorons le nom de ce village palissadé

INDIGÈNE DE RACE M'BAÏ OU LAKKA.

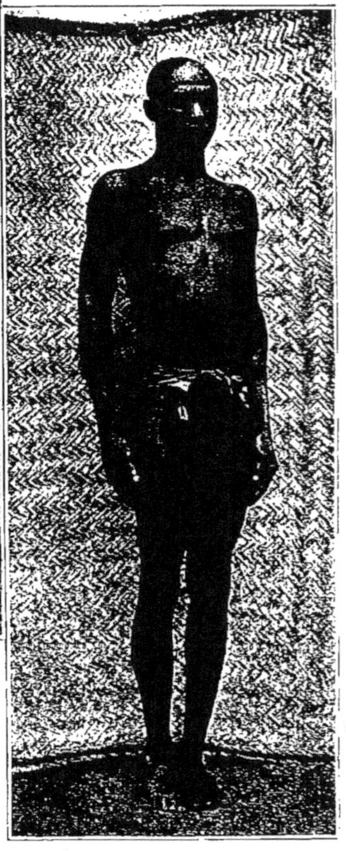

INDIGÈNE DE MÊME RACE. CES HOMMES MESURENT 1m90 ET 1m92 ET LEUR TAILLE EST COMMUNE PARMI LES GENS DE LA TRIBU.

et désert où nous sommes, nous inspectons la brousse environnante où les indigènes sont cachés, l'un de mes hommes évite une sagaie dirigée contre lui et je m'empare de l'agresseur.

C'est un homme de quarante ans, nerveux, d'une stature admirable; ses yeux lancent des éclairs, son visage est farouche. Deux garçonnets de sept à neuf ans sont accrochés à son torse; amoureusement, il les serre contre lui. Pour punition je lui enjoins de me montrer la route de Dok, il s'y résigne contrit et fait signe à ses fils de l'attendre au logis. Il me précède d'un pas rapide, sa démarche est celle d'un homme en caoutchouc tant son pied est léger, tant sa démarche est élastique et souple. De temps en temps, il cherche à m'expliquer son inquiétude au sujet de ses enfants et ne pouvant se faire comprendre, il se frotte le torse pour me montrer la trace des petits bras qui l'enserraient. Je lui rends sa liberté à l'entrée de la grande ville de Dok, il ne regarde même point nos cadeaux et s'en retourne de toute sa vitesse, comme une antilope prise au piège dont le lac se serait défait.

Il nous faut trois quarts d'heure pour traverser Dok; ce grand centre est des plus peuplés, je l'estime à 2 000 feux ou fermes. Nous y déjeunons sous un tamarinier, en quelques minutes, dévorant à pleines dents un superbe poulet et buvant de la bière de tamarin si bienfaisante pour le foie. Nous avons hâte d'arriver à Laï, car Bougon et Delacroix ne nous sont pas signalés, et peut être y seront-ils! Tout au moins nous y trouverons des moyens d'action multiples pour aller à leur recherche. Nous couchons à Koutou, c'est une ville aussi grande que Dok; les chevaux se font de plus en plus nombreux dans le pays; à notre approche, les indigènes s'empressent de les cacher. Je n'ai jamais vu en Afrique de plus beaux hommes, de plus beaux villages, de plus belles cultures et ces trois éléments semblent proportionnés les uns aux autres. Tandis que nous installons le camp sous un tamarinier magnifique, les Lakkas nous apportent des vivres, quelques-uns se sont enivrés de *pypy* (bière de mil). Tous se groupent, assis autour de nous, et l'un d'eux exécute la danse nationale, sorte d'agitation épileptiforme des épaules qui décèle une souplesse, une désarticulation sans égales. Il chante de sa voix rauque et sonore : « Les blancs ont chassé les Foulbés, nous sommes libres, nos femmes et nos enfants ne seront plus vendus, nous pourrons boire et manger à notre aise, les blancs sont les plus forts, les Foulbés sont tout petits auprès d'eux. » Ensuite il esquisse un simulacre de guerre et lance, dans le vide, la sagaie dont il est armé pour frapper d'invisibles pillards.

Tous nos hôtes portent, suspendu à l'épaule par une ganse, le petit sac en cuir destiné à recevoir tout ce que l'on pourra nous voler. Il leur paraît si bon de s'approprier un objet sans avoir le moindre risque à courir!

Les Lakkas ne sont pas anthropophages. Leur face est d'un aspect singulier et farouche; le front (chez les Lakkas du Logone seulement) est divisé par une épaisse scarification sorte de crête de coq qui descend parfois jusqu'au milieu du nez; l'œil est illuminé, féroce, oblique; la lèvre plissée; le brachycéphalisme est assez accentué, les incisives inférieures sont systématiquement arrachées et les incisives supérieures taillées en forme de hache. Les cheveux sont courts ou ramenés sur le milieu de la tête à la mode bambara. Tous sont des hommes superbes, bien musclés, secs, agiles, de haute taille. Ils portent à la hanche la traditionnelle peau de cabri (avec sa queue dans le Penndé), des ceintures en peau de chevreau très joliment tressées, avec ganse et passant. Les poignets et les chevilles sont ornés de bracelets en fer habilement ciselés; aux jambes des molletières en fer protègent les tibias contre les coups de matraque. Chaque homme porte suspendue au cou, une corne de cabri dans laquelle il souffle et produit, en mineur, des sons de convention, des airs de danse, des signaux d'attaque ou de ralliement.

Les armes sont la sagaie barbelée et empoisonnée, le couteau de jet, le poignard de bras, le bouclier de paille noire et blanche, savamment tressée, parfois enduit d'une laque noire ou blanche du plus pur vernis. Les calebasses, chez les Lakkas du Logone, sont gracieusement ornées de dessins au fer rouge et, comme chez les M'Boums, les poteries ne manquent point d'une réelle esthétique, décelant un sens net, quoique primitif, de la forme artistique. Hommes et femmes s'enduisent le corps de pâte rouge ou blanche, le guerrier orne son chef d'un petit chapeau de paille comme celui des M'Boums et le griot se plante des plumes de coq dans les cheveux pour exécuter ses contorsions diaboliques et lancer ses naïves sorcelleries. La femme a la tête rasée, c'est une bête de somme, au vaste bassin, uniquement destinée à la repopulation et aux corvées du ménage.

La langue est presque totalement analogue à celles des Saras et des M'Baïs, ces trois dialectes ont des racines communes avec le langage baghirmien. Le parler est sonore et guttural, les hommes se font entendre à de grandes distances à travers la brousse silencieuse et sauvage.

Ma plume est impuissante à décrire l'étrange impression que l'on éprouve en traversant le pays des Lakkas, à la vue de ces superbes créatures entourées de vastes plantations dont la richesse fortifie la stature; au milieu de ces athlètes aux formes légères qui s'enivrent de bière de mil, et se gorgent de gâteaux d'arachides et de miel.

Nos Bayas sont tout petits à côté d'eux, l'air pur et sec du pays les dessèche comme il dessécherait les plantes de leur grande forêt, ils semblent avoir perdu leur eau de cristallisation, et leur peau gercée par la chaleur, leur épiderme devenu subitement gris et farineux fait croire qu'ils se réduisent en poudre.

A partir de Koutou, la route longe une falaise haute de 15 à 20 mètres à quelques pas du Logone, puis la franchit et s'engage dans une zone déserte. On pressent encore ici la brousse-tampon séparant deux races différentes et l'on n'est point trompé, lorsque six heures après, on entre dans un village m'baï. Ce sont les mêmes hommes, peut-être encore plus robustes, mais à coup sûr moins laborieux et moins intelligents. Ici, la ferme disparaît pour faire place aux cases groupées sans enclos. La richesse est moins grande et l'ordre moins établi. Un vieillard sale, le chef de Diamou, nous refuse des vivres et, nous montrant la direction de Laï, s'écrie : « Nasara, Nasara. » (Le Nasaréen, le blanc est par là.) Samba Kamara va dans une case et nous apporte de l'eau fraîche, mais le propriétaire s'élance sur lui, une grosse matraque dans la main. On pressent que le crâne de notre Sénégalais sera réduit en bouillie, mais Doukouré se précipite à son secours et d'une poussée vigoureuse fait rouler le colosse dans la poussière. Le lendemain, 14 février, nous étions à Laï où Kérandel nous rejoignait le 16. Ses piroguiers l'avaient abandonné, tout près de Baïbokoun ; les Lakkas du fleuve s'étaient montrés hostiles, et, durant plusieurs jours, il avait lutté contre de grosses difficultés avec une énergie tout à son honneur. Descendu de M'baïkikmi en pirogue, j'accostai la berge de Laï où personne ne connaissait notre présence dans le pays, tant notre marche avait été rapide. Un énorme figuier sycomore étendait ses bras de poulpe géant et dressait son tronc caverneux dans la cour du poste sous la chaleur torride. Une équipe de noirs manœuvrait un triqueballe sous les ordres d'un homme barbu, nu-pieds, vêtu d'un pantalon de toile blanche, le torse nu bronzé par le soleil comme celui d'un Foulbé. De ses muscles tendus, il redressait l'attelage, et de la parole exhortait ses gens. Saisissant une tunique il vint à moi d'un mouvement spontané. Deux yeux bleus éclairaient sa face énergique et intelligente de Franc-comtois pur sang. Mon costume, disloqué par les ronces du chemin et donnant de l'air à mes jambes, le mit tout à fait à l'aise et rapprocha nos misères. « Capitaine Faure », dit-il. Tous deux, vieux Africains, nous eûmes vite fait connaissance. Il me fit les honneurs de son poste, assurément l'un des plus beaux de notre colonie du Congo. Bougon et Delacroix n'étaient pas signalés à Laï et je pensai que Périquet les avait retrouvés pour nous rejoindre avec eux.

Le capitaine Faure connaissait depuis neuf ans la région voisine de Laï, et l'avait réédifiée de toutes pièces, ramenant les populations décimées par les traitants baghirmiens, recréant les cultures, rassurant l'indigène en infligeant aux Foulbés les deux désastres de Péni et Bipia.

Fauré mit à notre disposition toutes les ressources locales pour nous réconforter, en sorte que le 24 février je pus me remettre en marche avec M. Bastet vers le lac Toubouri, à la recherche de la colonne Joannard dont nous avions de mauvaises nouvelles. Je la retrouvai à Sulkando, sur le Mayo-Kabi. Ce fut une joie, pour moi sans égale, de revoir ces pays où quatre ans auparavant j'étais passé, naviguant sur ma chaloupe, le *Benoît-Garnier*.

La chaleur torride nous incitait à voyager de nuit, c'est ainsi que nous arrivâmes à Tikem, au bord du lac Toubouri, vers deux heures du matin, par un clair de lune féerique dont la clarté projetait brutalement les ombres des grands arbres et illuminait les toitures rousses des maisons. Une femme sortit de la case voisine. Elle tenait à la main une torche de paille allumée, puis soudain poussa un cri de stupéfaction en me voyant. C'était la femme du chef; son mari me reconnut également, tous deux se rappelaient l'explorateur qui avait sillonné le lac sur le *Benoît-Garnier*. Nos hôtes disparurent quelques instants pour revenir avec de la farine, du miel et du lait fraîchement trait; nous passâmes en ce lieu des heures inoubliables, au milieu du site admirable des villages toubouris tapis sous de grands arbres séculaires, à l'ombrage hospitalier et reposant.

Je ne sais vraiment dire combien le contraste est frappant entre les pays de la Sangha et la plaine du Logone.

A la sombre forêt enveloppée de lourds nuages, à l'atmosphère humide des savanes, à la rudesse des chemins escarpés, aux grandes altitudes succède, tout à coup, l'immense plaine brûlante, embuée de lumière blanche, ou bien la brousse maigre, aux arbustes calcinés agités par le vent d'hermattan, dont le souffle brûlant dessèche les êtres et les objets baisés par son haleine. Entre les deux régions, le nœud orographique de Yadé oppose une zone de transition spéciale. A l'homme étouffé hier

DÉCOR D'UN VILLAGE M'BAI : LES PARLOTES SOUS LES GRANDS ARBRES.

par la forêt géante, au voyageur avide d'espace et de grand air, il offre des alternatives de déception et d'espoir, de pauvreté et de richesse, de lassitude et de repos. On dirait qu'il étend sa masse accidentée pour retarder l'entrée dans la plaine libre, aux contours sans limites, étincelante de lumière, haletante de brise et de chaleur saine. Les chemins serpentent sur les montagnes, le long des pentes abruptes où le corps ruisselle d'une sueur abondante. Parfois ils vous mènent entre deux parois de granit rouge et l'on monte sans cesse, oppressé, enscrré avec, au cœur, la lassitude énervante de l'obstacle sans cesse renaissant, du rocher de Tantale vers lequel on marche et qui, toujours, s'éloigne désespérément. Sur les crêtes, la vue se pose dans l'infini du ciel, la pupille se dilate sur l'immensité d'azur blanchâtre et les poumons s'élargissent pour respirer plus d'espace et plus d'air.

C'en est peut-être fini des ravins escarpés, des horizons limités, des indigènes perchés sur les roches immenses! Hélas non, il faut souffrir encore, jusqu'au moment où le voyageur, grimpé sur le second à-pic, domine, de ces rudes contreforts, l'inoubliable spectacle de la plaine infinie.

A cette vue ses idées se font indécises et pressantes, les impressions esthétiques de splendeur et d'inconnu qu'il éprouve, se ruent en son cerveau, tout son moi pensant, tout son être enthousiasmé vibre d'une extase infinie. La lumière ardente; les vagues lointaines de verdure; le ciel bleuté, fondu dans un horizon roux à la limite des steppes; les roches voisines roses, noires et brûlantes; les arbustes accrochés désespérément à leurs flancs, plongeant leurs racines crochues dans le granit, comme dans le flanc de Prométhée le vautour vorace; les cases dissimulées près des cavernes jetant à ses pieds la note auresque de leurs toitures, signes indiscutables de l'humaine vie; puis, plus loin, çà et là, entre deux plis de la futaie ondoyante, nouvelle manifestation de la présence de l'homme, une fumée bleue qui s'élève verticale au zénith, vers le firmament sans souffle et sans nuage; des lignes de verdure intense où brille le diamant pur des cascades, le bouillonnement des rivières qui chantent leur dernière escapade avant de s'endormir dans la plaine accueillante; des troupeaux d'antilopes, buvant près des rives, l'oreille aux écoutes; l'oiseau de proie, aéroplane vivant, aux ailes étendues, décrivant au ciel des spirales lentes et hardies; le ramier volant à tire d'aile pour lui échapper; les fauvettes, les merles et les perruches chantant à gorge déployée; la multitude géante des infiniment petits, des cigales et des grillons, des coccinelles bleues, rouges ou noires intégrant leur concert mélodieux pour l'associer à l'insurmontable et divine harmonie de l'ensemble; tout cela donne au spectateur un indescriptible désir d'épancher son cœur, d'élever son âme vers l'Éternel, d'exprimer son extase, de fixer, par le pinceau, l'éblouissement de ses yeux; sur la portée, le bourdonnement symphonique de ses oreilles. Oui, ce sont là de beaux spectacles, bien faits pour tenter le peintre et charmer l'artiste.

Le 14 mars nous étions de retour à Laï. Le capitaine Joan-

FIGUIERS SYCOMORES DU POSTE DE LAÏ, ENTRE LEURS RACINES NOUS AVONS INSTALLÉ
NOS PETITS CHEVAUX SARAS.

nard, très fatigué, dut rentrer de suite en France pour y
prendre les soins qu'exigeait son état. Psichari se remettait
bientôt d'un grave accès de fièvre qui l'avait terrassé durant
plusieurs jours. Quant aux porteurs de cette colonne, c'était
une troupe de Bayas découragés, affolés par la pneumonie, la
dysenterie, sans compter les difficultés de la route au bord de
laquelle plusieurs des leurs dormaient pour toujours. Il fallut
rassurer tous ces braves gens dont l'esprit revint au calme à
la perspective d'un prochain retour au foyer.

Cependant, une joyeuse et réconfortante nouvelle nous
attendait aux portes de Laï. Bougon et Delacroix s'y trouvaient
depuis plusieurs jours. Un beau matin, Faure stupéfait aperçut deux jeunes gens en loques, brûlés par le soleil, à l'attitude militaire et correcte. « Qui êtes-vous? leur dit-il. — Bougon et Delacroix. — Comment, c'est vous que l'on cherche
depuis deux mois, mais vous devez être exténués? — Non, mon
capitaine, nous sommes en parfaite santé, nullement éprouvés

et prêts à continuer, mais nous ferons volontiers honneur au déjeuner. — Qu'à cela ne tienne, dit Faure, ravi de leur bonne humeur et de leur gaîté, venez à ma table et vous me conterez vos aventures en attendant le retour de votre chef de mission. »

C'est leur odyssée que je vais exposer au lecteur.

Partis de Bouala, le 5 janvier, sous la conduite du chef de village, Bougon et Delacroix longèrent la rive gauche de l'Ouhame, dont le cours torrentueux est semé d'écueils. La rivière est large, profonde et rapide et pendant longtemps il leur fut impossible de la traverser. Aujourd'hui, devant eux, ce sont des villages déserts; demain, ils trouveront sous leurs pas des maisons incendiées, des populations affolées par leur état de guerre avec les Yanghérés. Ceux-ci ont emmené femmes, enfants et vieillards enchaînés, capturé les cabris et les volailles, dévasté les plantations et les réserves.

Plus loin, c'est le village de Bakara dont l'accueil est cordial et permet au chef de Bouala de retourner à son foyer. Le gibier pullule dans la brousse et, grâce à cela, nos amis peuvent économiser leurs modestes provisions.

Près du village de Zagon, la variole leur est signalée. Ils rencontrent sur le chemin, isolée parmi les roches et les herbes brûlées, une femme tenant son enfant serré contre son sein ; la mort se lit sur son visage, un panier de manioc est à ses pieds; c'est sans doute une malheureuse condamnée par la variole ou par la maladie du sommeil que ses concitoyens ont reléguée là, jusqu'à son heure dernière, de peur de contracter son mal. Et leur pitié s'éveille devant cette infortune qu'ils ne peuvent soulager.

La petite colonne côtoie l'Ouhame, mais devant elle le pays se fait montagneux et très accidenté. Ce sont des chaos de granites, d'énormes roches bouleversées. Un éperon s'avance et fait décrire un coude à la rivière, vers le sud. C'est un des contreforts du mont Karé. Cette montagne dit à elle seule l'affaissement géologique, les ruptures, les bouleversements du

LE CAPITAINE PÉRIQUET DISTRIBUE DES TABLETTES DE SEL AUX GENS DE YADÉ QUI NOUS ONT OBLIGEAMMENT AIDÉS.

massif montagneux. Enfin, non loin de Kassala, nos amis parviennent à franchir l'Ouhame dont le cours a repris sa direction première parce que, maintenant, le mont Karé projette luimême ses contreforts vers l'est et le nord-est.

Bougon et Delacroix traversent la Bolé, un des plus beaux affluents de la rive droite de l'Ouhame, et bientôt ils atteignent Zonkora. Le chef a le faciès d'un vieux bandit, son accueil est trop sympathique pour être sincère. Le camp est installé sur la montagne, au milieu des cases du village abritées par les roches. La nuit vient, mais nos deux camarades ne sont pas satisfaits de l'atmosphère dans laquelle ils vivent, ils pressentent un événement fâcheux et le lendemain matin ils s'apercevront, avec angoisse mais sans trop de surprise, que le chef de Zonkora vient de favoriser la fuite de presque tous leurs porteurs. Et cela fait dire à leur milicien Namory Keïta : « Tout Baya lui partir, rester seulement ine ». En effet, un seul leur reste, c'est un indigène du village de Bassobo et tout le long de la route, cet homme ne leur ménagera pas son dévouement. Bougon et Delacroix n'ont plus comme serviteurs que deux boys, un porteur et quatre miliciens bambaras. Ils n'ont plus que deux jours de vivres, leur plus grande richesse est une pacotille heureusement assez bien composée; leurs bagages sont là, devant leurs pieds, le village de Zonkora est désert, ils ne peuvent compter sur aucune bonne volonté pour continuer leur route. Cependant, ils ne perdent pas courage un seul instant. Deux solutions se présentent à eux : retourner en arrière pour chercher des porteurs à Carnot; c'est une perte de temps, c'est un mouvement de retraite qu'ils rejettent loin d'eux comme indigne de leur caractère. Continuer leur route, aller de l'avant, s'armer de patience, persuader les indigènes et gagner leur bonne volonté, c'est à cette dernière solution qu'ils s'arrêtent comme plus conforme au devoir. Il faut d'abord démarrer de Zonkora; tout le monde explore et fouille les replis de la montagne. La fumée qui sort entre les roches leur décèle un repaire d'indigènes.

Ils s'y rendent; des sagaies leur sont lancées, mais cela ne les décourage pas, ils entrent de force dans la caverne et ramènent au campement des gens qui demain les conduiront à Kouigoré. Sur ce piton rocheux, un pavillon tricolore planté là, jadis, par une colonne de passage et noirci par les intempéries, flotte à l'extrémité d'une longue perche. Bougon et Delacroix saluent cet emblème de la patrie, il leur fait oublier l'hostilité qui les entoure, le village désert, le pays montueux et rocheux, cachant jalousement tout symptôme de vie humaine dans ses replis. C'est le 15 janvier. Il y a déjà dix jours que les dix jours de vivres sont sérieusement entamés; et, pour le leur

UN HAUT FOURNEAU DES BAYAS M'BAKAS.

rappeler, la hyène affamée vient la nuit troubler leur sommeil de son lugubre ricanement. Dans les cases, tout a été enlevé, ils ne trouvent qu'une sorte de tuyau conique dont les deux ouvertures sont bouchées avec de la résine. Les indigènes s'en servent pour poser des ventouses; dans ce but ils percent la résine avec leurs dents, aspirent avec leurs lèvres puis rebouchent l'orifice. Voilà tout ce qui leur est laissé pour se nourrir : une ventouse.

Cependant au bout de deux jours, voyant que nos camarades sont déterminés à lasser leur mauvaise volonté, les indigènes, désireux de reprendre possession de leur village, viennent enlever les bagages, et durant trois jours la petite colonne est obligée de côtoyer l'Ouhame qu'elle cherche en vain à traverser. C'est un véritable fleuve, encaissé, profond et rapide, qui ne se laisse point franchir. Nulle pirogue, nulle embarcation

9

ne se trouve à la rive, et c'est seulement le 19 janvier, après quatorze jours de route depuis Bouala, que la petite colonne se retrouve sur la rive gauche de l'Ouhame à proximité de Dorkoé pour continuer sa route sur Yadé. C'est alors que commence l'escalade du massif de Karé dans sa plus grande largeur. Les villages sont enfouis dans les roches, dissimulés par une triple barrière de ronces et d'euphorbes épineux, rendant l'ascension pénible et l'escalade périlleuse. Les indigènes sortent d'immenses cavernes tout en armes, dès que nos amis essaient d'entrer en relations avec eux. Des sagaies et des flèches leur sont lancées, auxquelles Bougon et Delacroix ont le sang-froid de ne pas répondre. Les vivres et les munitions se font de plus en plus rares, les routes de plus en plus difficiles, les étapes de plus en plus pénibles et fatigantes. Il faut ménager les forces et les ressources pour parer aux éventualités graves.

Les sauvages ont un aspect repoussant, ce sont des Bayas Talas; leurs narines déformées par de larges rondelles de bois ou de pierre, leurs lèvres traversées par des roseaux, leur tête coiffée d'une calotte de paille surmontée d'un bouquet de plumes, les cheveux nattés et tombant sur le front et la nuque; pour vêtement un morceau d'écorce; pour bijoux des bracelets de fer ou de cuivre, pour armes des sagaies, des flèches et des couteaux de jet; tels sont les antipathiques cannibales au milieu desquels passent nos amis. Ceux-ci traversent la Barya dont ils contournent les sources et avancent dans ce pays hostile grâce à leur ténacité, à leur froide énergie. C'est ainsi qu'ils dépassent les villages de Dewin, Yangdaï, Loao, Daïghéné, puis franchissent la Penndé, large de 60 mètres, calme et peu profonde en ce point. Ils atteignent ainsi le village de Béloum où passa le lieutenant Lancrenon, et le mont Sikoum (ou Chikoum) au pied duquel serpente la route de Yadé. C'est à Yadé qu'ils ont reçu l'ordre de se rendre, ils y trouvent la lettre que je leur ai laissée. Là, les indigènes les comblent d'attentions et de victuailles, ils leur montrent la route du Boumbabal et de Baïbokoun, mais ils leur font prendre un itinéraire diffé-

UN VILLAGE DES BAYAS TALAS RENCONTRÉ PAR BOUGON ET DELACROIX DANS LES MONTS KARÉ.

UN DES BIEFS DE L'OUHAME PRÈS DU MONT KARÉ.

rent du mien en sorte qu'ils ne rencontreront ni la colonne Périquet, ni la colonne de Montmort parties à leur recherche. Ils sont un peu désillusionnés de n'avoir point trouvé nos caisses de conserves à Yadé, mais, ménagers de nos provisions restreintes, nous les leur apportions en marchant à leur rencontre. D'autre part, les M'Boums de Baïbokoun, voleurs de profession, les en eussent dépouillés, c'est pourquoi Périquet et de Montmort aimaient mieux les leur convoyer que de les laisser dans les cases de ce village inhospitalier. D'ailleurs Baïbokoun est abandonné, la petite colonne n'y trouve pas âme qui vive, la brousse est déserte. Sans nouvelles, puisque nos lettres ne leur sont pas remises, Bougon et Delacroix ne sont néanmoins pas déconcertés. Leurs âmes bien trempées ignorent le découragement. Ils vont au Logone et contemplent cette large route silencieuse et mobile qui descend vers Laï; leur résolution est prise, ils s'y rendront.

Comme interprète ils ont leur boy qui, durant des heures, parlotte avec les naturels pour se renseigner, et lorsqu'on lui

LES BAYAS TALAS, TROGLODYTES DE LOAO, GRIMPENT COMME DES ÉCUREUILS SUR LES ROCHES.

demande : « Eh bien, as-tu quelque nouvelle, que te disent ces gens-là ? » il condense sa conversation longue en cette courte phrase : « Il mé dit lé chémin », ou bien il dit : « les nhommes sont vient. »

Bougon et Delacroix sont en loques, ils n'ont plus rien, ni pacotille, ni vivres, mais leur moral énergique est là pour les soutenir. Pas un instant leurs travaux ne sont interrompus.

Le 14 février, après deux jours de patiente et longue attente, épiant et scrutant sans répit le moindre signe de vie dans le village, ils y voient des silhouettes humaines; ici encore les indigènes sont désireux de rentrer en possession de leurs cases et se décident, à contre-cœur, à convoyer les bagages. Alors commence une série d'étapes variables, longues ou courtes, sur la rive du Logone. Parfois la petite colonne relève mes traces alors que j'ai forcé de vitesse pour aller à son secours jusqu'à Laï.

C'est tout le pays lakka qui se déroule devant elle. Sur la rive droite, Bougon et Delacroix remarquent, comme nous, l'immense désert de hautes herbes qui s'étend sur la rive droite du fleuve, et sépare la Penndé de celui-ci. C'est dans cette vaste étendue que Périquet, à la même époque, pousse une pointe hardie, à 200 kilomètres en amont de Laï. Il y rencontre une ligne de villages, une seule zone d'habitations s'étendant en oblique depuis Goré, sur la Penndé, jusqu'à la région de Bakassi sur le Logone, jusqu'au grand village de Kagopal qui compte plus de 2000 feux, plus de 6000 habitants. Hormis cela, point d'autres populations, point d'autres êtres vivants que des troupeaux d'éléphants dont les traces profondes et larges, dans la terre amollie par les pluies, rendent la circulation difficile en saison sèche, sur l'argile durcie, ravinée par leurs monumentales pantoufles.

Au confluent de la Nya, non loin de Gorr, Bougon et Delacroix, fatigués par les incessantes défections de leurs porteurs éphémères, s'emparent de quatre pirogues minuscules pour continuer vers Laï. Les Lakkas les ont déjà abandonnés dans la brousse avec leurs charges. Sur un signal convenu, sur un lugubre coup de sifflet toute l'équipe s'est envolée les laissant sans ressources, obligés de chercher de l'aide dans le prochain village. Aussi, la petite colonne s'embarque-t-elle sans hésitation, et la navigation commence. Personne ne sait pagayer, les pirogues mal conduites pivotent comme des toupies, l'une d'elles coule faisant prendre un bain aux hommes, aux armes, aux bagages.

A force d'énergie et de volonté, tout le monde se mettant de la partie, cette flottille lilliputienne descend au fil de l'eau, s'échouant sur les bancs de sable d'une rivière en mal de saison sèche, se déséchouant aussitôt, côtoyant des villages de pêche promptement désertés, des campements où tous les Lakkas sont en armes et leur lancent des couteaux de jet pour les empêcher d'atterrir.

Au soir, vers cinq heures, nos amis abordent un campement de pêcheurs, deux pirogues les suivent à distance, la quatrième

BAYAS DE SIBBÉ DESCENDUS DE LEURS CAVERNES POUR VENIR NOUS REGARDER.

ne doit pas être bien loin, puisqu'on la voyait encore au dernier tournant. C'est même un Lakka qui la dirige, elle porte le milicien Seydou Diakité ainsi que des bagages. En l'attendant, tout le monde s'installe près des cases promptement évacuées. Deux sarcelles ont été tuées parmi les vols innombrables d'oiseaux aquatiques; elles feront les honneurs du frugal souper. Le jour baisse, mais la pirogue n'est point encore là; la nuit vient, elle n'est pas seulement signalée. Il est difficile d'aller à sa recherche, car on n'y voit goutte; de plus, les Lakkas sont cachés dans les hautes herbes; ils lanceront des sagaies à ceux qui vont s'écarter du camp. Nuit d'angoisse et d'inquiétude! cris, signaux, appels, flambeaux restent vains : personne ne répond. Le lendemain, au petit jour, la colonne remonte le Logone et se divise pour fouiller les îles, les berges, les culs-de-sac, les abords du fleuve; vaines recherches, infructueux efforts prolongés durant deux jours, la pirogue a disparu, le Lakka pagayeur s'est sauvé, Seydou Diakité, poignardé sans doute ou prisonnier, a dû subir les plus affreuses tortures et jamais plus nous ne reverrons ce brave et courageux compagnon de nos luttes et de nos alertes. Il faut se résigner à continuer sans lui, tout en le cherchant encore à la descente, dans l'espoir qu'il ait pu s'échapper et gagner un refuge; mais ce sont encore là de vaines illusions.

Enfin, Bougon et Delacroix parviennent dans une contrée moins sauvage, ils voient des villages paisibles, des populations rassurées qui leur crient comme à nous, le bras tendu vers l'aval : « Nasara, Nasara Laï. Le blanc est à Laï. » Le 3 mars, sous un ciel d'ardente lumière embrasé par un soleil de feu, les cases du poste se dessinent tout à coup dans le lointain, dégagées par un tournant du fleuve. C'est le salut, c'est le retour à la vie, à l'espoir, c'est la fin de l'angoisse de ces deux braves cœurs dont l'unique souci fut de savoir ce que nous pensions d'eux, dont la seule crainte était la réprimande d'une promenade trop longue. En débarquant à Laï, Bougon et Delacroix terminaient une mission héroïque. Ils l'ont accomplie avec une grandeur d'âme et une simplicité, avec des qualités d'initiative, avec une humanité, une bravoure et une intelligence dont peut s'honorer l'armée tout entière. C'est, en effet, dans son sein, dans ses rangs, sous l'égide de ses chefs et de ses éducateurs que se sont formés ces deux remarquables serviteurs du pays.

Ils rapportaient avec eux des cantines vides de tout moyen de subsistance, mais contenant des documents précieux, une carte sérieusement établie, de superbes photographies; ils revenaient en outre parmi nous, avec la parfaite conscience du devoir accompli...

Le Dr Kérandel, durant un séjour de cinq semaines à Laï, avait eu le temps d'étudier la trypanosomiase bovine, les maladies indigènes et les questions diverses confiées à son savoir. Il

LES BAYAS TALAS (CANNIBALES) CONSIDÈRENT LES MAIGRES BAGAGES DE BOUGON ET DELACROIX ET SEMBLENT INDÉCIS
ENTRE LA RÉSOLUTION DE LES PORTER OU DE LES VOLER.

possédait une moisson de documents tout à fait utiles pour la science.

M. Bastet, chargé de l'étude économique et des possibilités commerciales de la région du Logone, nous quittait le 22 mars pour se rendre à Yola. Le lendemain, le docteur, Bougon et Delacroix, à peu près remis de leurs fatigues, se dirigeaient sur Fort-Archambault avec de nombreux porteurs et des vivres. Ils y étudièrent les débits respectifs de l'Ouhame-Bahr-Sara et du Gribingui; puis, quittant ce poste vers la fin d'avril, ils recevaient l'ordre de faire leur jonction avec Périquet et de Montmort près de Daï, sur le Bahr-Sara, pour former ensuite trois colonnes d'exploration de la Barya, de l'Ouhame et de l'hinterland de ces deux rivières. Pendant ce temps je devais remonter depuis Laï toute la vallée de la Penndé, en compagnie de Psichari, dans la ferme intention de mettre immédiatement en pratique cette route découverte par la Mission et de conduire dans la Sangha un troupeau de 500 animaux, destinés à ravitailler cette partie de notre belle colonie du Congo.

Cette tâche de colonisation pratique me fut imposée par la réduction subite de notre effectif, due au retour en France de l'un de mes officiers à qui devait échoir l'honneur de l'entreprendre. Nous verrons combien cette colonne offrait d'intérêt, remontait d'obstacles sur sa route et développait d'appétits parmi les indigènes. Sa préparation nécessita un long mois de travail. Le capitaine Faure, en vrai colonial dévoué à l'essor économique du Congo, nous seconda de toutes ses forces pour la constituer.

Nous emmenions 43 chevaux saras et 40 bœufs porteurs, soit 83 animaux de bât qui devaient soulager considérablement la corvée du portage à tête d'homme dans la Sangha; en outre nous apportions des animaux d'élevage et des petites génisses pour favoriser la propagation de la vaccine dans ce pays où la variole décime des villages tout entiers. Enfin, je désirais indiquer, par l'expérience, une route facile pour relier Carnot au Logone, à l'abri des tsé-tsés ou des difficultés du terrain.

LES BORDS DU CHARI A FORT-ARCHAMBAULT. L'EMBARQUEMENT DES PASSAGERS
EUROPÉENS VERS LE TCHAD.

Le 7 avril, Périquet vint nous rejoindre à Laï; à la même
époque, de Montmort se dirigeait sur Fort-Archambault, par
Péni, dans le but d'assigner un point de concentration et une
date de rendez-vous précis au docteur Kérandel. L'un et l'autre
savaient depuis longtemps l'heureuse issue du voyage de
Bougon et Delacroix dont la colonne passait bien à l'ouest des
leurs et, rassurés à leur sujet par les indigènes de Yadé, ils
avaient consciencieusement et hardiment poursuivi leurs travaux dans le nœud orographique de Yadé, puis, dans la vallée
de la Penndé dont la découverte est le fruit de leurs labeurs et
de leur courageuse volonté.

CHAPITRE V

OU L'HOMME PACIFIQUE EST OBLIGÉ
DE S'ARMER

Psichari part de Laï avec le convoi de bétail et s'engage sur la route de la Penndé.
— Je rejoins Périquet à Bangoul. — L'attirail modeste du capitaine Faure. —
Mœurs particulières aux M'baïs et aux Lakkas de la Penndé. — Tumulus égyp-
tiens. — Origine probable des races à mil. — Périquet explore l'Ouhame et la
Barya. — Il rejoint de Montmort à Kotoko. — Tous deux pénètrent dans le
pays des M'bakas. — Durant cinq jours ils sont attaqués onze fois. — Barbarie
des M'bakas. — Périquet retrouve la baleinière avec Kérandel et Bougon. —
Les trois colonnes se rejoignent à Ouagga. — Réponse caractéristique d'un chef
de tribu.

PÉRIQUET partit de Laï le 12 avril pour reconnaître la basse
Penndé, la zone désertique située entre cette rivière et le
Logone, et rallier Bangoul le 23, où je devais le rejoindre en
compagnie du capitaine Faure désireux de prospecter les zones
inconnues de son commandement; celui-ci voulut bien faire
cette exploration de concert avec moi, sur un itinéraire mi-
distant de la Barya et de la Penndé, jusqu'à la Nya. La colonne
de la Penndé se mit en route le 16 pour rejoindre la Sangha.
J'en donnai, pour quatorze jours, la direction au maréchal des
logis Psichari auquel le sergent Rocca fut adjoint. Elle comprenait 500 animaux, 146 indigènes porteurs et bouviers;
quinze fusils la défendaient. C'étaient des miliciens du pays,
dirigés par le caporal Ladou Mané, un brave Sénégalais tout à
fait sympathique et dévoué qui paya de sa vie les rudes fatigues
de la Mission. Cette colonne s'étendait en général sur 3 kilomètres de longueur. Les bœufs s'étaient groupés d'eux-mêmes
en deux clans. Le premier comprenait les animaux les plus

LA SPLENDEUR DU VILLAGE M'BAI DE BI-DIONGO NE LE CÈDE EN RIEN A CELLE
DES MUNICIPES LAKKAS.

jeunes et les plus robustes, et le chef bouvier en désignait un tous les matins dont le pas ferme et régulier modérait la marche du troupeau. Tous ces animaux répondaient parfaitement au nom que les bouviers leur avaient choisi : Alaghiri, Bassamko, Malamdjigha, etc... Dès le départ, l'animal désigné prenait la tête et la gardait durant toute l'étape. Le second clan se composait des bêtes plus calmes, des individus âgés ou fatigués; il suivait le premier à plusieurs centaines de mètres de distance.

L'escorte, répartie sur ce long ruban, surveillait les flancs de la colonne et l'arrière du troupeau, cela correspondait à l'effectif d'un homme pour 200 mètres. Ce furent donc les vingt-deux ans du jeune Psichari qui dirigèrent ce convoi jusqu'au 30 avril, à 150 kilomètres de Laï le long de la Penndé où je lui avais donné rendez-vous au village de Dokoula. Le petit-fils de l'illustre Renan s'acquitta de sa mission avec le calme d'un vieux soldat, avec l'entrain des jeunes recrues, avec une simplicité remarquable. Quand je le retrouvai, il était assis sous un arbre, rédigeant un vocabulaire m'baï pour occuper ses heures de sieste, au milieu d'un camp fort bien ordonné, confiant et surveillé; puis nous nous disposâmes à continuer vers Yadé.

Partis de Laï le 18 avril, Faure et le chef de mission atteignaient Bangoul à la date prescrite. Périquet s'y trouvait depuis la veille. Nous avons suivi au cours de ce voyage l'itinéraire de M. l'administrateur Bruel, avec de petites variantes et presque sans incident, à travers le pays des M'baïs.

A vrai dire, tout ce peuple n'est pas des plus sympathiques à notre influence. Ce sont des impulsifs, des demi-fauves prêts à sortir leurs griffes à la moindre occasion. Ainsi, non loin de Bi-Diongo[1], nous arrivions près d'une mare où les indigènes s'étaient réunis pour cerner le poisson. Saisis par notre arrivée, tous se précipitèrent, en vociférant, sur leurs sagaies et leurs boucliers et se portèrent menaçants au-devant du capitaine Faure. Brusquement surpris par les hurlements de guerre et le cliquetis des armes, je m'apprêtais à faire feu, lorsqu'un homme reconnut le capitaine et rassura les guerriers sur ses intentions pacifiques.

Après avoir réglé avec Périquet toutes les dispositions à prendre pour terminer cette colonne de huit mois, nous quittons Bangoul le 25 avril et cheminons vers le sud-sud-ouest. Les Européens ne sont jamais passés dans la région, aussi le village de Niomi est-il tout en armes. Vers onze heures du matin nous traversons Bi-Penn durant une heure; c'est un village de 2 000 cases, c'est-à-dire de 6 à 7 000 habitants. Les toitures sont finement ouvragées; ce sont des pailles tressées, enrubannées de bandes coloriées et soignées comme des chapeaux de luxe. Devant notre petite colonne, défendue par cinq

---

1. *Bi* signifie « le village de » en m'baï-sara-lakka.

fusils, tout le monde s'est caché. Des traces fraîches de chevaux au galop décèlent une fuite éperdue.

Nous stationnons sous un arbre magnifique; les indigènes se rapprochent, un par un, et nous finissons par être entourés d'une foule compacte. On nous apporte de la bière pour étancher notre soif, puis nous repartons. Faure marche pieds nus; il ne lui reste plus à Laï qu'une paire de souliers, et il la garde pour le retour en France; il se heurte parfois aux souches cachées dans les herbes et cependant il ne manifeste ni impatience, ni douleur. Son bagage se compose d'un panier indigène où la batterie de cuisine est empilée avec sa natte, sa couver

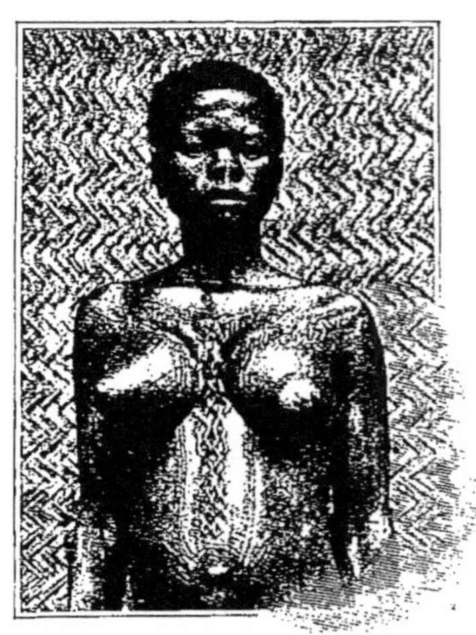

FEMME M'BAI AVEC SES TATOUAGES SCARIFIÉS.

ture, sa moustiquaire et quelques onces de sucre et de café. Son vêtement est fait d'une veste, d'un pantalon de calicot et d'une ceinture en toile, sorte de drap coupé dans sa longueur, dont il se sert comme d'une serviette en sortant du bain ou comme d'un protecteur contre les intempéries. Le soir, à l'étape, son boy dresse la moustiquaire, place la natte sur un paillon tressé fourni par l'habitant, plie la couverture sur la natte, pose le fusil près de celle-ci, puis prend un pilon à mil en guise d'oreiller. Mon camarade peut effectuer ainsi des étapes énormes et prolongées sans recourir aux indigènes, sans fatiguer de porteurs, sans alourdir sa colonne, sans imposer d'inutiles soucis à ses tirailleurs.

Et, si j'ai beaucoup admiré son organisation de route facile et pratique, j'ai souvent regretté de ne pouvoir faire de même, ayant pour coutume de voyager avec un stock d'instruments, de vivres et de munitions nécessaires aux colonnes de longue durée comme la nôtre.

Nous formons le camp à Bi-Diongo où la couleur de notre épiderme surexcite la curiosité des indigènes. Je suis émerveillé par le décor féerique de ces beaux villages, disséminés sur ce plan indéfini, prolongement du pays lakka. Dès les premières cases on rencontre un puits, large de trois mètres environ et profond de dix-huit à vingt. Il en est de même dans toute la contrée ; cela donne à penser que la nappe d'eau souterraine est alimentée par les infiltrations horizontales des rivières Penndé, Babo ou Barya. En effet, lorsqu'elle quitte la Penndé, la route escalade une falaise ou plutôt un plateau de latérite de 12 à 14 mètres d'altitude, dont le plan indéfini, sans variations appréciables de niveau, renferme les beaux villages rencontrés depuis six jours, et présente par endroits des affleurements plats de cette pierre noirâtre.

D'ailleurs tous les arbres sont à racine pivotante, solidement étayés dans le sol et bien encastrés pour résister aux tornades. Ces deux raisons pourraient expliquer comment on ne rencontre jamais d'arbres renversés en travers du chemin, ni même dans la brousse.

Nous déjeunons sous un superbe *nété*[1] tout à proximité d'une ferme. Derrière nous s'élève la case du forgeron, il souffle dans ses tuyères en agitant des peaux de bouc en guise de soufflets. Peu à peu les naturels se rassemblent chez lui, nous les voyons discuter, la conversation paraît très animée, le bêlement d'un cabri se fait entendre au milieu de leur groupe et tous nous regardent à la dérobée. Ils portent à la taille la traditionnelle peau de cabri, retenue par une ganse, mais ce vêtement, au lieu d'être comme ailleurs simplement enroulé, est ici coupé suivant les contours du bassin et conserve la queue de l'animal.

---

1. De la famille des légumineuses. Il donne une gousse dont la pâte est réduite en farine. Cette farine est toxique et doit être judicieusement étuvée pour ne point provoquer d'accidents.

Une délégation s'approche de nous et le chef nous salue en
déposant à nos pieds des
vivres abondants. Il nous
demande si les indigènes
doivent nous craindre et s'il
peut faire revenir les femmes enfuies dans la brousse

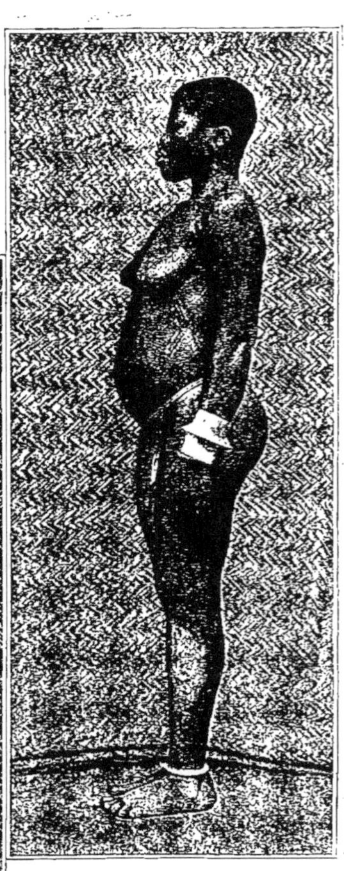

FEMME M'BAI (PROFIL).

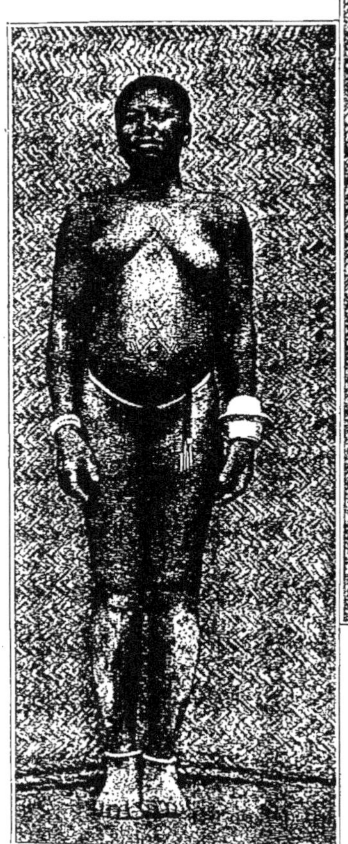

FEMME M'BAI DU BAHR SARA (FACE).

au signal de notre arrivée.
Quelques instants après ces
dames passent devant nous
et vaquent à leurs occupa-
tions ménagères; elles vont
au puits, l'amphore sur l'é-
paule, et là, sous le grand arbre abritant la margelle, nous

verrons leurs ombres silencieuses se dresser sous le feuillage et rappeler à nos esprits de pures images bibliques. Les fermes existent encore dans la région, comme chez les Lakkas, à proximité d'un arbre géant. Et le spectacle est ravissant de ces paysages ensoleillés. C'est une adorable composition de terre rouge, d'arbres verts, de troncs gris, de cases dorées et de ciel bleu au milieu de laquelle l'homme noir déambule d'un pas lent mais assuré, au sein de la large futaie, en jouant un air mélancolique et doux sur un flûtiau. Cette race des M'baïs, que nous rencontrons depuis sept jours, est presque en tous points semblable aux Lakkas. Partout les morts sont inhumés couchés sur le côté, les mains rapprochées. Les chefs sont enterrés avec leurs armes. En signe de deuil le village tout entier se prive de nourriture et pousse des cris de douleur. Le jeûne dure vingt-quatre heures, et les jours suivants on ne consommera que les mets préparés dans un village ami. La religion semble inexistante et le fétichisme restreint. Parfois, sur les tombes des Lakkas on aperçoit des colonnettes en bois, cannelées ou striées à leur partie supérieure, peintes en blanc et en rouge et dont le nombre peut atteindre une cinquantaine.

Les Lakkas de la Penndé les placent souvent au croisement des routes ou bien en quinconce à proximité de leurs villages. Leurs tombes sont encore plus curieuses; le mort est enseveli la face vers le ciel sous un cône en argile durcie par un feu de paille, entouré lui-même de baguettes cannelées, peintes en rouge et serrées les unes contre les autres, comme dans l'ancienne Égypte, au temps des Pharaons. Les femmes sont enterrées de même; cependant le tumulus est recouvert d'une poterie ouvragée, retournée sur la tombe, le fond en haut comme si le contenu avait été versé sur le corps pour le laver.

Le chef conduit ses guerriers au combat, sans armes et sans bouclier, mais il a soin de se tenir dissimulé derrière eux, les exhortant de ses encouragements rauques et prêt à s'enfuir le premier en cas d'insuccès. Son influence est très grande, il règle lui-même les mariages et les fêtes, les tam-tams et les

danses. Tout homme en rébellion ouverte contre lui est impi-
toyablement chassé du village et doit chercher gite ailleurs.
C'en est fait alors de son existence ou de sa liberté!

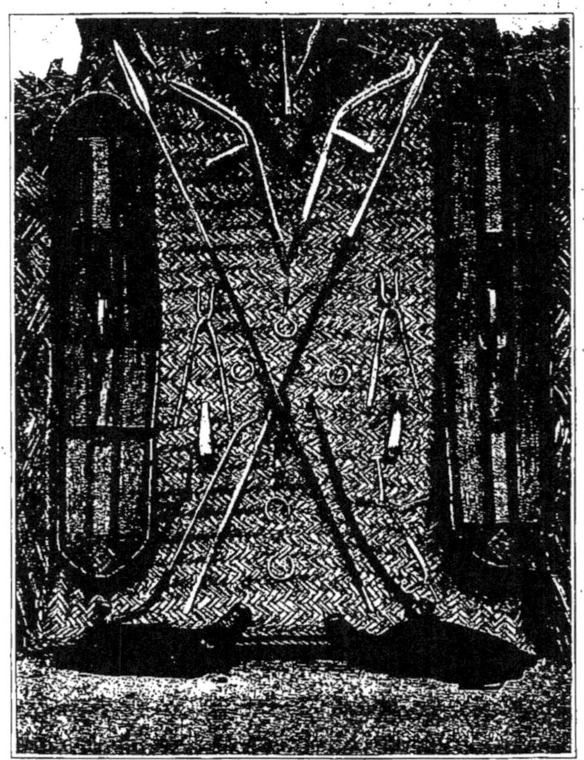

ARMES ET USTENSILES DES M'BAIS, BOUCLIERS, MASSUES, COUTEAUX DE JET,
SAGAIES, PINCES ET SOUFFLETS DE FORGERON.

La danse épileptique est encore la seule du pays; mais ici les
chants ne sont pas les mêmes; le danseur seul débite le couplet
jusqu'à ce qu'il soit exténué de fatigue, et les assistants
reprennent le refrain à l'unisson sur un ton monotone, les
basses prononçant un « soum » sonore répété en cadence à
l'octave.

Il y a plusieurs fêtes régulières : fête des semailles, fête dés pluies, fête de la récolte, et d'autres réjouissances ou tam-tams donnés pour conjurer une épidémie, pour faire cesser la sécheresse ou pour dissiper les éclipses de lune.

Les Lakkas frappent sur leurs tam-tams avec des baguettes munies de boules de caoutchouc. La liane *landolphia owariensis* est, en effet, plus abondante ici que sur la rive gauche du Logone. Entre la Penndé et Bangoul, entre Bi-Diongo et Bi-Kobou nous en avons rencontré de superbes buissons. Les indigènes pratiquent une légère incision de la liane et, sur un latex déjà coagulé, dévident le frais latex qui se coagule rapidement et s'enroule sur une baguette de bois. Le pays est propice à cette liane, il semble que des plantations réussiraient bien dans toute cette région, pourvu qu'on ne s'écarte pas d'une zone bien définie, jalonnée par Bi-Koleu et Péni. Les ficus prennent un beau développement dans ce pays ; nous avons observé trois espèces de ces arbres : *ficus elastica, vogeli* et *indica*. Leurs boutures sont vivaces et reproductives, mais on ne semble pas encore attribuer une valeur sérieuse au latex.

Les karités des pays m'baï et lakka sont de toute beauté, leurs fruits atteignent la grosseur d'une pêche de Montreuil et leur saveur est des plus agréables. Les indigènes utilisent uniquement la graisse végétale de cet arbre pour s'oindre le corps et le soustraire aux ardeurs du soleil. Le palmier à huile et le rônier donnent de beaux spécimens dans la plaine des Lakkas. Nous avons vu de même des plants de coton indigène auprès de maintes cases. M'baïs et Lakkas préparent leur sel en lavant des cendres de nété. A côté des cases, on voit de gros tas coniques de cendres grises destinées aux besoins du ménage, pour saler les aliments qui prennent alors une saveur caustique.

Les M'baïs fument de longues pipes à fourneau de fer et à tige de roseau. L'un des hommes tire seul la fumée du tuyau et la projette dans le coin de la bouche de son voisin assis tout près de lui qui la repasse à ses camarades, de bouche

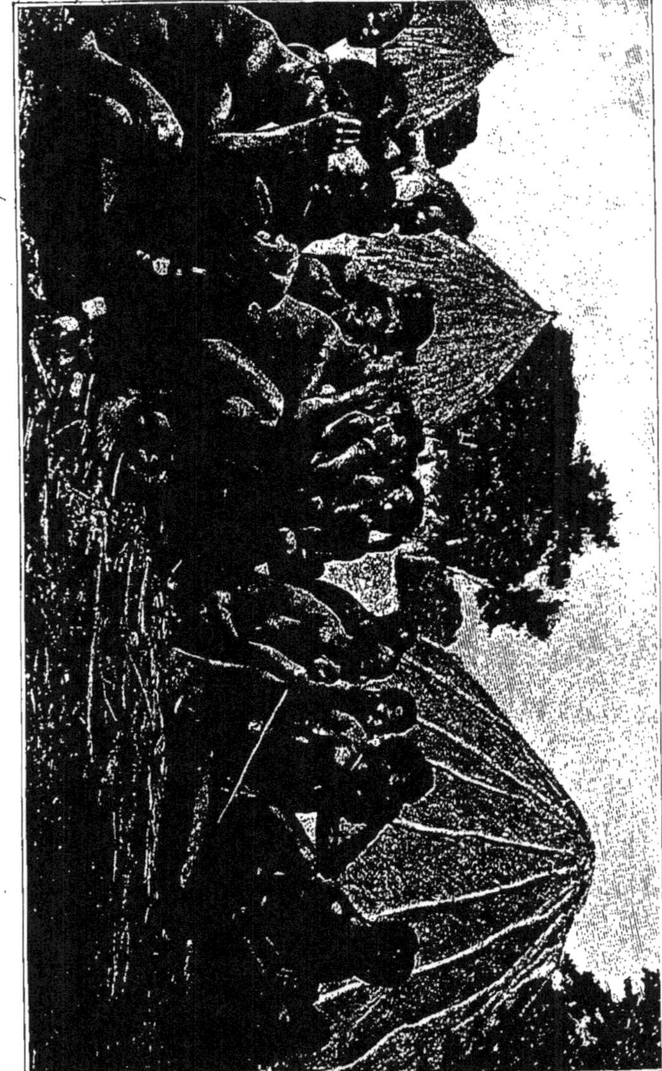

LES INDIGÈNES LAKKAS DE BI-KOLEU SONT ASSIS PRÈS DE NOUS.

en bouche. Cette coutume se pratique entre proches parents. Le tabac n'est pas mauvais du tout, mais les feuilles ne sont point sélectionnées en sorte que les nervures forment, une fois sèches, des feuilles très épaisses. La majorité de ces tribus préparent des poisons violents qui, versés dans un breuvage, produisent d'atroces convulsions suivies bientôt d'une mort affreuse. Généralement l'indigène, en vous apportant de la bière ou des aliments, les goûte d'abord pour vous rassurer et vous dire qu'il n'y a point de danger à devenir son hôte.

Durant des mois nous parcourrons la grande plaine des pays m'baï et lakka, l'immense océan de verdure et de steppes jadis occupé par le Tchad et dominé par les monts Di; durant des mois nous entendrons chaque jour le refrain lugubre où s'exhale la terreur inspirée par les razzias des Foulbés. Depuis Ghili sur la Penndé, depuis Ouantounou sur la M'béré, tout le long du Logone jusqu'au parallèle de Laï, c'est une plainte universelle, une crainte générale, un effroi constant des Foulbés de N'gaoundéré.

La pérennité des cases, l'instabilité des villages, l'impulsivité des Lakkas et des M'baïs, sont l'œuvre des rapts de chair vive, le souvenir des sinistres convois d'esclaves; et l'on peut dire hautement le service immense rendu à des centaines de milliers d'indigènes par les répressions sévères que nos colonnes ont infligées aux Foulbés. D'ailleurs la Mission a continué cette œuvre de haute humanité : ses nombreuses colonnes actives et légères, ses itinéraires investigateurs et variés, ont prolongé dans ce beau pays, la juste frayeur dont les Foulbés, par deux fois, se sont épouvantés à la présence des Européens. Je souhaite que notre occupation se développe, qu'elle étende ses bienfaits sur ces pays alarmés et le jour sera prochain de leur progrès sensible et de leur plus grande extension économique.

De même que pour les Bayas, je me suis posé la question suivante : Quelle est l'origine des Saras-Lakkas-M'baïs? Ce sont des races à mil ou dourah; elles élèvent des chevaux, des

GROUPE DE LAKKAS DE LA PENNDÉ AU VILLAGE DE BAKÉ. CES INDIGÈNES SONT MOINS ROBUSTES QUE LES LAKKAS DU LOGONE.

chèvres, des chiens de chasse et des volailles, mais point de bétail. Cependant elles vivent à proximité des races nègres pastorales du lac Toubouri et le fait qu'elles n'ont point de troupeaux tient, à coup sûr, aux tsé-tsés rencontrées par places restreintes le long de certaines rivières. La présence de ces mouches a certainement fait naître la nécessité de la chasse incertaine dans la forêt maigre, sur les plateaux arides.

A l'encontre des Mandjias, les Saras-Lakkas-M'baïs ne sont pas anthropophages, ils vivent en collectivités, le chef est le régulateur de la consommation commune, le conservateur des semences, et tous ses administrés cultivent ensemble les terres de la localité pour les besoins de la communauté.

Les indigènes forgent une série d'instruments aratoires développant ainsi chez eux l'industrie du fer ; ils fertilisent la terre en brûlant la steppe et la forêt autour de leurs villages. Ces municipes collectivistes isolés, en guerre continuelle, et sans lien national de race, sont aussi peuplés que possible, sans relation aucune avec la cité voisine, dont un grand espace inhabité les sépare. Dès lors, ils ne peuvent se prêter appui, et les pirates baghirmiens ou foulbés les razziaient à l'aise pour les livrer sans défense au traitant d'esclaves.

Cependant les Saras-Lakkas-M'baïs ont dû progresser vers l'ouest, bien au nord de la grande forêt dont leurs coutumes ne portent pas l'empreinte. Et s'ils sont cousins des races pastorales du lac Toubouri, s'ils élèvent des chevaux, s'ils ont le sentiment des soins délicats que nécessite cet animal, de l'attention que demandent leurs superbes cabris, c'est qu'ils ont connu jadis les terrains d'élevage. Le couteau plat de bois courbé placé sur leur épaule se retrouve sur les bas-reliefs des monuments de l'Égypte ancienne ; leurs armes de jet, leurs calebasses ouvragées de dessins linéaires, les pieux dont ils ornent les sépultures, leurs cases sphériques et leurs fermes individuelles n'ont-elles rien de commun, aucun lien d'origine avec celles des Chillouks du Nil ou les Dinka ? *Chi lo sa ?* Cependant tout ce que je viens de dire permet un rapproche-

COMMENT LES INDIGÈNES BRULENT LE TRONC DES GROS ARBRES POUR LES ABATTRE, LEURS OUTILS ÉTANT TROP FAIBLES.

ment, une comparaison et peut-être un soupçon de la vérité...

Maintenant, reprenons notre course à mi-distance entre la Barya et la belle Penndé. Au village de Bédeu nous n'apercevons plus de fermes, il y a là deux mille cases isolées, situées et dissimulées en pleine brousse par crainte des Foulbés. Le fer y est inconnu, toutes les armes sont en bois, dont la pointe est durcie par le feu. Nous avons quitté le pays m'baï pour rencontrer des Saras jusqu'à Bi-Kobo! Les hommes sont moins forts, cependant ils sont tous armés de solides matraques bien faites pour assommer un bœuf.

Ils nous font la conduite par centaines jusqu'à Dobada.

Devant nous le terrain s'est plissé, ce n'est plus la vaste plaine uniformément horizontale, aux affleurements de latérite. De grandes vagues ascendantes nous dominent au loin à mesure que nous remontons la vallée de la Penndé. La brousse maigre fait place à de hautes futaies, semblables aux chênaies de Fontainebleau ; de nombreuses traces d'éléphants et de buffles me donnent l'impression des pays à tsé-tsé où d'ailleurs le petit gibier ne vit point. Nous circulons dans cette colonnade grandiose où les replis du sol se lisent à première vue, sans qu'on puisse deviner le cours d'une rivière, sans distinguer autre chose que de longues pentes adoucies se succédant sans répit. La petite colonne campe à Bi-Koleu sous un ficus ombreux tout bourdonnant d'abeilles. Cet arbre est l'abri coutumier d'un vieillard dont les yeux ne nous quittent point. Je tire un coup de fusil qui brise le bout d'une branche, et cet homme me dit : « Pourquoi fais-tu du mal à mon arbre? il m'a vu tout petit. »... Combien il a raison! n'est-ce pas le compagnon de sa vie, le gardien vigilant de ses siestes et de ses quiétudes que je viens de blesser?

Bi-Yang, Bakassi, Baki, Bi-Kobé sont autant de villages en guerre, aux chefs courbés par les ans, dépourvus de toute autorité. Les chevaux se font de plus en plus rares vers le sud ; le fer est toujours inconnu. Les indigènes nous en montrent un morceau long de 6 centimètres et large de 3 millimètres en disant : « Donne-m'en cent pareils à celui-ci et je te donne une femme ». Leur accueil est parfois acceptable, mais plus souvent inhospitalier et sournois. De beaux caïlcédras projettent leur ombre au sein des villages ; dans la brousse, les buissons de *landolphia owariensis* se font superbes et nombreux.

Partout on nous regarde comme des bêtes curieuses, sauf dans les villages de Baké, Bi-Kobé et Goré, déjà traversés par Périquet et de Montmort ; leurs chefs sont d'ailleurs reconnaissables aux mograbies, aux étoffes et aux chaînes en cuivre dont ils ont été comblés.

A Bi-Kobo nous sommes chez les Lakkas au front pur de toute cicatrice ; le fer renaît, la sagaie barbelée fait son apparition, mais la race est moins belle, les maisons moins bien faites, la culture moins soignée que sur la rive gauche du Logone. Le terrain s'élève de plus en plus, nous traversons la Nya, affluent de la Penndé, puis le lendemain nous rejoignons Psi-chari à Dokoula, où Faure nous fait ses adieux pour retourner à Laï avec le sergent Rocca.

Pendant ce temps mes collaborateurs déployaient une activité constante sur des territoires différents. Tandis que Périquet nous rejoignait à Laï, le sergent de Montmort effectuait une superbe reconnaissance vers la Nana Barya. Très bien reçu au village de Bédou peuplé de 7 000 âmes, il en décrit l'hospitalité grandiose avec l'enthousiasme de son ardente jeunesse. Partout les indigènes lui font bon accueil et le suivent sur le sentier en s'abritant du soleil sous le feuillage vert d'un rameau. En agitant ce feuillage à l'approche d'un municipe, le nouveau venu le donne à l'habitant qu'il rencontre et celui-ci le saisit pour l'agiter à son tour en signe de parfaite amitié.

Les bonnes volontés se font pressantes pour le guider; il arrive ainsi sur les bords de la Man Daïa, chapelet de poches d'eau, rivière qui stagne plutôt qu'elle ne coule, et descend lentement vers le nord. Par endroits son lit mesure encore 100 mètres de largeur et cela donne à penser aux masses d'eau qu'il débite en hivernage. De Montmort suit cette rivière durant de longues journées encore, traverse, dans la boue, les marécages de ses rives, s'étonne de son demi-kilomètre de largeur au sud de Bangoul, recoupe l'itinéraire Lœfler à Bi-Bouna, traverse la Man Daïa, puis rejoint, par Bangoul, le poste de Fort-Archambault où ses camarades, heureux de le revoir, allaient se remettre en marche. Durant tout ce voyage, le sergent de Montmort fait des observations fort justes et précises; il remarque aussi la profondeur constante des puits et la présence probable d'une nappe sensiblement horizontale d'eau souterraine. Devenu très habile astronome, il fixe sur la carte ses étapes les plus intéressantes, les villages les plus denses. C'est un véritable plaisir pour un chef de confier des tâches difficiles à de pareils serviteurs.

Le 27 avril Périquet faisait sa jonction à Daï avec de Montmort et Delacroix. Pendant ce temps Kérandel et Bougon partis de Fort-Archambault avec une baleinière gracieusement prêtée à la Mission par la colonie, remontaient l'Ouhame Bahr Sara dont ils relevaient le cours.

De Montmort avait reçu pour mission d'explorer toute la vallée de la Barya. Il devait rencontrer à Wogo, selon le rendez-vous donné, Périquet et Delacroix, dont la colonne explorait la rive droite de cette rivière, puis, quittant de nouveau le capitaine, continuer jusqu'à ses sources, se replier vers le Sud et rejoindre ses camarades à Ouagga près de l'Ouhame.

J'extrais le récit de leur voyage des intéressantes notes du capitaine Périquet. Cet officier va reconnaître le confluent de l'Ouhame et de la Barya, il étudie le cours de ces rivières. « Le terrain sédimentaire perméable de leur aval, dit-il, peut laisser supposer qu'à une époque assez récente, un lac, le Tchad peut-être, s'étendait sur toute la région jusqu'aux abords du massif de Yadé. Il laissait émerger quelques îlots de latérite et de limonite dont les derniers témoins sont les collines de Kariatou, signalées par M. Bruel, et la petite arête que longe la Penndé depuis Doba jusqu'au Logone. Pour des causes encore mal déterminées, cet ancien lac s'est progressivement desséché comme le Tchad moderne. L'eau, qui venait du sud-ouest, s'est alors canalisée suivant les deux fleuves actuels dont le lit s'est creusé, laissant entre eux un terrain très peu raviné, offrant de nombreuses cuvettes. Peu à peu, à la saison des hautes eaux, ces cuvettes se sont reliées entre elles par des canaux secondaires, ou bien sont restées isolées pour former de petits lacs encore existants. Vers la Penndé, les lignes de collines l'ont forcé à se déverser au Nord, ne lui laissant colliger que les cuvettes rapprochées. Vers l'Ouhame où le sol est plat, le chapelet de cuvettes a pu s'allonger et prendre l'allure de rivières importantes comme la Man Daïa et ses affluents. Ces dépressions sont destinées à disparaître au fur et à mesure que le terrain s'aplanit.

« Le *landolphia owariensis* est assez abondant ; la région de

Daï à la Barya est des plus peuplées. Le gibier est rare dans l'hinterland et très abondant près de la Barya. On y voit de nombreuses antilopes bubales et une grande espèce, au pelage gris, aux cornes longues et annelées, aux extrémités blanches, comme l'oryx. L'Ouhame mesure 200 mètres de largeur entre berges et, fait intéressant, elle occupe tout son lit, à l'opposé du Logone qui serpente parmi ses bancs de sable. Sa vallée nettement convexe, comme celle de la Barya, montre que là aussi l'érosion est terminée. Comme sur la basse Penndé, un chapelet d'étangs borde la rivière. Les populations se font plus sauvages à mesure qu'on avance vers l'amont. »

A l'heure fixée, cette colonne fait sa jonction avec de Montmort à Wogo. Ce village est sur la limite du pays lakka et lorsque nos amis vont se quitter, ils pénétreront chez une race baya dont la langue est identique à celle des Bayas de Yadé. L'aspect du pays change totalement.

Les villages deviennent nombreux, peu peuplés et fort pauvres, le manioc fait son apparition d'une façon définitive. Le terrain s'accidente en plateaux escarpés de latérite, le paysage est extrêmement sauvage et prend de plus en plus cet aspect attristant, caractéristique de cette pierre lugubre.

« Au village de Kotoko où nous sommes établis, écrit Périquet, les relations semblent moins pénibles que depuis huit jours, les indigènes ne se sont pas enfuis, ils nous apportent un peu de nourriture, mais refusent de nous donner des indications sur le pays.

« Le lendemain de nombreux guides se présentent et font tous leurs efforts pour nous maintenir dans la direction ouest, alors que je veux me diriger vers le sud. Aucun signe d'hostilité n'a été échangé depuis huit jours, nous prodiguons les cadeaux et les paroles bienveillantes. Je ne discerne pas un piège, mais néanmoins je croise une route sud-est sur laquelle je maintiens mes guides. Au bout d'une demi-heure, le mystère s'éclaircit, nous sommes assaillis de toutes parts. Les villages groupés pour nous dresser une embuscade l'ont promptement reportée sur la nouvelle route où nous sommes. Durant vingt minutes une grêle de flèches et de sagaies s'abat sur la colonne, mais les agresseurs sont durement éprouvés.

« Malgré la disparition de nos guides, de connivence avec les naturels, nous poursuivons la marche à travers un désert de latérite et campons près d'une mare. Le soir le camp s'endort sans appréhension, la sentinelle veille devant un espace bien découvert, facile à prospecter du regard. Vers onze heures et demie, une heure avant le coucher de la lune, des cris de terreur nous réveillent, bientôt suivis des hurlements de guerre des sauvages. Nous saisissons nos armes et mesurons nos coups, car dans l'ombre nous distinguons nos porteurs mêlés aux assaillants. Deux chevaux sont tués, six de nos indigènes sont blessés, les agresseurs s'enfuient en hurlant de rage et de douleur.

« Le lendemain, nous traversons des villages déserts, nous campons dans l'un d'eux et nous l'organisons pour la défense que nous prévoyons nécessaire. Cette fois, les attaques se répètent à sept heures et à onze heures du soir; les sauvages s'enfuient dès qu'ils sont démasqués, aucune relation n'est possible avec eux. A partir de ce moment nous traversons un pays totalement mobilisé où nous sommes surveillés de toutes parts. Une vieille femme paralytique se trouve sur notre chemin. A défaut des attaques, son abord farouche nous donnerait une idée du caractère de la population. Elle n'hésite pas à vouloir nous frapper de son bâton et cependant elle est seule au milieu de nous.

« La nuit suivante, nous sommes attaqués trois fois, nos miliciens de garde sont saisis d'épouvante, un seul fait son devoir; nos porteurs commencent à perdre contenance, ils sont consternés, tout à fait incapables de se servir de leurs armes. C'est un véritable troupeau que nous conduisons. Heureusement ils comprennent enfin que nous sommes leur salut et se déterminent à obéir scrupuleusement à nos ordres. Devant cette offensive persistante, je sévis avec rigueur et dé-

truis deux grands villages mobilisés devant nous. L'attaque
recommence en queue de la colonne. Delacroix se dissimule avec la plupart des miliciens derrière les buissons et reçoit les sauvages par un feu nourri. Il estime

BAYA M'BAKA DE L'OUHAME (PROFIL).

ANTROPOPHAGE BAYA M'BAKA
DE L'OUHAME (FACE).

à cinq cents le nombre des assaillants, dont la surexcitation est calmée par leurs pertes nombreuses. Le lendemain nous repoussons la onzième attaque et nous atteignons l'Ouhame sans être inquiétés.

« Les tribus des M'bakas que nous venons de parcourir n'avaient jamais entendu parler la poudre, mais leur insistance à vouloir nous piller prouve leur courage, du moins lorsqu'ils sont surexcités. Leurs armes finement ouvragées ne sont pas empoisonnées, car ils sont anthropophages et veulent profiter des morts. Ils combattent en lignes de tirailleurs, essayant d'entourer leur ennemi. Ils poussent des cris stridents pour se donner du cœur ou pour effrayer l'adversaire, tandis que leur trompe à deux tons résonne comme celle des pompiers allant éteindre un incendie et retentit dans la mêlée. Leurs coutumes, comme leur langue, sont analogues à celles des Bayas. Les villages se trouvent en pleine forêt, soit au milieu de mauvais défrichements, soit parmi les hautes herbes qui les cachent les uns aux autres. Ils extraient le fer du minerai dans des hauts fourneaux de deux mètres de hauteur, ils récoltent le karité, superbe en ces régions, et le caoutchouc de liane avec lequel ils fixent le fer de leurs flèches. Les dénivellations du terrain sont faibles, mais les nombreuses tables de latérite arasées horizontalement, et sensiblement au même niveau, donnent l'idée qu'on se trouve dans une zone d'anciens plateaux puissamment érosés. »

Après cette marche glorieuse, exposée avec tant de sobriété et de modestie, la colonne Périquet descend l'Ouhame et se porte au-devant de la baleinière montée par Kérandel et Bougon. L'administrateur Perdrizet a déjà parcouru cette région dont les villages ont été décimés par la tsé-tsé ; il ne la reconnaîtrait plus aujourd'hui. Néanmoins ses remarquables itinéraires sont des documents utiles pour l'avenir et je suis heureux de rendre hommage à ce brave et dévoué serviteur du pays, dont l'œuvre coloniale est impérissable.

Périquet poursuit sa route en descendant le long de l'Ouhame à la rencontre du Dr Kérandel. Il a conservé le pénible souvenir des réceptions sournoises et de l'accueil incertain des gens du pays. Dans certain village où sa colonne séjourne, Périquet bien pourvu de vivres et de provisions par les indigènes, tend

LES ANTHROPOPHAGES FONT BOUCANER LA VIANDE SUR DES GRILS EN BRANCHAGES.

à leur chef, avant de partir, les cadeaux dont il récompense habituellement l'hospitalité de ses hôtes. Mais cet homme ne se dérange point; de son œil oblique il regarde les présents qui lui sont offerts et dit au capitaine, pour tout remerciement, ces paroles bien caractéristiques de toute la race noire : « Tu me paies ce que je t'ai donné, donc tu n'es pas un grand chef. Si tu étais réellement fort, tu aurais pris tout ce dont tu avais besoin et tu serais parti sans même me regarder, j'en conclus que tu es faible ». Inutile de dire que ce chef ne reçut point de cadeaux et fut admonesté comme il le méritait.

Périquet longe la rive de l'Ouhame et se porte au-devant de la baleinière. « Nous rencontrons, dit-il, une région déserte. Le fleuve est encombré de roches de micaschiste et se trouve barré par plusieurs seuils formant une série de rapides, sur une longueur de 25 kilomètres. » Il trouve le Dr Kérandel et

11

Bougon précisément en aval de cette série tourmentée. Ceux-ci avaient déjà passé quatre rapides et ne se doutaient pas de ce qui les attendait en amont. Il leur restait encore dix-neuf rapides fort dangereux à franchir. La baleinière remonte péniblement tous ces seuils, on est obligé de l'alléger plusieurs fois en la déchargeant complètement. Son équipage de pagayeurs du Chari est magnifique d'entrain et de bonne volonté. Ils la portent littéralement sur les seuils, malgré la violence du courant. Ils sont obligés de se mettre à l'eau plus de vingt fois par jour. Bref, après quarante-huit heures de travail acharné de leur part, la baleinière se trouve en amont de ce chapelet d'obstacles avec, devant elle, un fleuve redevenu tranquille et un peu plus étroitement enfermé dans ses berges. Les rapides sont plus rares et plus facilement franchissables. Le niveau de l'eau monte d'ailleurs, car la saison des pluies est franchement établie en amont, dans le haut Ouhame, et ses nombreux affluents descendus des monts Di doivent couler à pleins bords. La rare population, rencontrée sur les rives du fleuve dans cette région, paraît être une ramification de la race baya. Ils se disent M'Bakas et seraient cantonnés sur la rive gauche. Vivant du produit de leur pêche, qu'ils échangent contre des denrées alimentaires et des armes avec les populations voisines, Yanghérés et Dagbas, ce n'est, paraît-il, qu'une simple tribu baya, car au grand village de Bangángo, les indigènes se disent Bayas et prétendent que leurs voisins du nord, Bandaras et Baïnés, le sont également. Ceux-ci d'ailleurs s'étaient déclarés M'bakas, mais ne se refusaient pas à être Bayas. Ils ignorent complètement les Dagbas qui habiteraient alors exclusivement le nord de la boucle de l'Ouhame, des deux côtés de l'embouchure de la petite rivière Bakasso, où les a rencontrés le Dr Kérandel. Ils n'ont pas le caractère belliqueux de leurs voisins de l'intérieur, et ne savent d'ailleurs pas travailler le fer comme eux. Ils achètent leurs armes aux Yanghérés de la rive droite, ainsi que les petits ornements de cuivre dont ils s'ornent le

NOTRE BALEINIÈRE EN ACIER FRANCHISSANT L'UN DES VINGT-TROIS PREMIERS RAPIDES DE L'OUHAME.

nez. Ils donnent en échange le mil que ne cultivent pas les Yanghérés et la substance rouge (*koura*) dont ils s'enduisent le

VALLÉE DU BAHR SARA PRÈS DE SON CONFLUENT
AVEC LA FAFA.

corps. Pour la récolter ils recueillent une roche colorée, et la grillent. Elle est fusible et conserve sa couleur. Ils la coulent en bloc pour la débarrasser de ses impuretés et la pilent ensuite en poussière impalpable. « En continuant vers le sud-ouest d'où coule le fleuve, écrit Périquet, nous voyons, dans la brousse déserte, de nombreux emplacements de villages, tous ruinés par le feu. L'Ouhame se rétrécit, ses rapides de-

viennent moins nombreux, mais par contre plus difficiles à
franchir. Nous parvenons de cette façon jusqu'au poste de l'Ouhame du secteur Fafa-Koumi, occupé par le sergent Molinier. Il
est tout à fait surpris de nous voir arriver par la rive gauche du
fleuve. Il a les ordres les plus sévères pour ne pas le franchir,

ayant eu en effet, à différentes reprises, maille à partir avec les Bayas de ce côté. Il nous reçoit avec l'hospitalité la plus cordiale et la plus franche. Son poste est en pays banda, juste en face d'un rapide assez difficile, et comme je puis trouver des porteurs jusqu'à Bengué où se trouve un traitant, je décide de renvoyer la baleinière jusqu'à Fort-Archambault. Nous repartons en deux colonnes; le Dr Kérandel et Bougon prennent la route directe avec les porteurs; de mon côté, je continue à suivre le fleuve avec Delacroix. Dès le premier jour, nous trouvons des rapides que n'aurait pu

LE BAHR SARA DANS SON COURS INFÉRIEUR.

franchir la baleinière. C'est donc un hasard tout à fait heureux d'avoir rencontré un poste précisément en ce point. Le fleuve a changé d'aspect. Son cours est plus tourmenté, sa profondeur n'est plus uniforme. Il est encombré de nombreux seuils. Nous sommes restés sur la rive droite qui est déserte, tandis que sur la rive gauche, s'étalent de nombreux villages bayas.

La population très belliqueuse craint sans doute de nous voir franchir le fleuve et nous suit pas à pas, la sagaie au poing. Le même jour nous atteignons Ouagga où de Montmort, signalé dans le voisinage par les indigènes, nous rejoint bientôt avec Delacroix parti à sa rencontre. »

Lui aussi a eu des aventures, depuis sa rencontre avec Périquet au village de Kotoko. Il remonte la Barya durant quelques jours et s'enfonce sur la rive gauche pour se relier à ses itinéraires de la Penndé au village de Daré. L'accueil des indigènes a été cordial, rien ne fait prévoir une attaque. Pendant la nuit, un de ses porteurs reçoit une sagaie dans la poitrine, l'arme pénètre de vingt centimètres : le pauvre garçon devait mourir deux jours après. Après cet acte de lâcheté, le village est déserté, notre ami part sans guides, transportant son blessé dans un filet de pêche. Il traverse pour la cinquième fois la Barya, qui s'appelle déjà ici la Nana, suivi d'une horde de cinq cents guerriers. Plumes sur la tête, les narines et la lèvre inférieure traversées par un fétu de paille, ornés de colliers de perles roses et bleues autour du corps, du cou, des bras et des jambes, ces anthropophages ont l'aspect des sauvages d'un théâtre de foire. Armés jusqu'aux dents, ils s'installent autour du campement de Montmort qui demande ce qu'ils veulent. Un tumulte de cris et de hurlements s'élève aussitôt, les uns veulent la guerre, les autres viennent tout simplement en spectateurs, disent-ils. Le sergent de Montmort leur donne jusqu'au soleil couchant pour le débarrasser de leur présence. A cinq heures il reçoit des flèches, et salue les agresseurs par un feu bien nourri; la mêlée s'engage dans l'ombre naissante, des sauvages roulent à terre en hurlant, mais la horde furieuse ne recule point. Il faut une charge à la baïonnette de nos miliciens pour les mettre en déroute; tandis que nos porteurs se précipitent sur les fuyards, dans le but de les mutiler, et de les manger sans doute, en sorte que ce jeune sous-officier doit user de rigueur pour les ramener dans le camp.

LAKKAS DE LA MOYENNE PENNDÉ. VUE DE LA VALLÉE AU VILLAGE DE GHILI.

Les attaques se renouvellent à deux reprises différentes, le sergent de Montmort profite d'une accalmie en pleine brousse pour y dissimuler et enterrer le porteur mort de sa grave blessure, afin que les anthropophages ne puissent le dévorer. Enfin, notre camarade arrivait au village de Goumane, lorsqu'il fut assailli de nouveau, mais l'un de ses miliciens tua le chef de ce municipe et les agresseurs démoralisés s'enfuirent dans la forêt. Le 3 juin, de Montmort traversait l'Ouhame à Baté, se portait à Woutou, au sud du rendez-vous fixé et, rejoint par Delacroix, faisait, à la date convenue, sa jonction avec la colonne Périquet.

CHAPITRE VI

QUIÉTUDE ET MISÈRE DANS L'INCONNU
TRISTESSE ET DOULEUR EN PAYS CIVILISÉ

De Montmort et Delacroix sont attaqués de nouveau sur la haute Barya. — Périquet et Bougon explorent le massif de Bouar. — Fin tragique de Montmort à Bouala. — La colonne de la Penndé. — Divers aspects de cette rivière. — Nos bouviers peuls et leur chef Djani. — Nos porteurs atteints de la maladie du sommeil. — Les M'boums font le vide devant nous. — Traversée du Simbal. — Malgré défense faite, je vais à Béloum. — Le Chikoum et les Yanghérés. — Sournoiserie de Bougarnga. — La « mauvaise bouche » des Bayas. — Retour dans la Sangha. — Notre accoutrement. — Rencontre de M. Walsain-Laurent. — Psichari au pays yanghéré. — Je rejoins Périquet à Bira, où nous apprenons le décès de Montmort. — Retour à Bania.

APRÈS quelques jours de repos bien mérité, à Ouagga, les travaux reprenaient leur cours et l'on se remettait en marche sur les deux rives de l'Ouhame vers l'ouest, pour explorer le pays jusqu'à Bouar et se rejoindre sur la Mambéré où tous avaient rendez-vous le 14 juillet. Le docteur Kérandel retournait directement à Carnot avec les porteurs invalides ; de Montmort et Delacroix longeaient la rive gauche de l'Ouhame ; Périquet et Bougon prospectaient la rive droite et ses beaux affluents.

Dans ce but, de Montmort et Delacroix rejoignent la Nana Barya, terminent son exploration et poussent jusqu'à sa source, à travers le pays de plus en plus accidenté des Bayas Talas, parmi des populations hostiles et sous un ciel assombri de tornades qui n'arrive jamais, cependant, à diminuer la bonne humeur et la franche gaîté du maréchal des logis Delacroix. Les agressions recommencent au village de Baté et les indigènes cachés dans les rochers, où ils se croient à l'abri de toute riposte, paient chèrement le mal qu'ils infligent à la petite colonne. Leurs pertes les calment immédiatement, ils reviennent sans armes au-devant des deux sous-officiers, leur affirment qu'ils n'ont rien de commun avec les agresseurs et viennent se mettre à leur disposition. Les sauvages veulent les entraîner vers l'est, dans le pays des M'bakas où les dangers ont été si grands et les faire tomber dans un guet-apens; mais de Montmort et Delacroix déjouent cette ruse et menacent de sévir.

A partir de ce moment, la rumeur des punitions infligées aux rebelles, des pertes des agresseurs et de la grande énergie des deux sous-officiers se répand dans la contrée, les devance sur la route et facilite énormément leur marche. Ils trouveront désormais devant eux des populations assagies et respectueuses, c'est tout ce que demande le voyageur pacifique, déterminé toutefois à se faire respecter par la force.

Delacroix et de Montmort explorent ainsi la vallée moyenne de l'Ouhame et ses abords, les aspérités du nœud orographique de Yadé, ses contreforts abrupts, ses à-pics circulaires dans le voisinage de la grande rivière.

La saison des pluies s'est franchement établie, le ciel qui se montrait bleu au début de la colonne s'est chargé de nuages lourds, étouffants et amoncelés. Comme d'énormes loupes ils décuplent les ardeurs de Phébus et renvoient une chaleur étouffante sur le voyageur fatigué. Puis soudain le soleil disparaît sous leur masse, le ciel s'obscurcit dans la nuit vespérale et les cœurs se serrent d'une indicible angoisse. La tempête s'élève tout à coup; sous la rafale géante, la nature s'incline tout entière, les herbes se couchent, les arbres ploient, les montagnes elles-mêmes, par leur chevelure subitement écrasée, semblent s'incliner aussi sous la pression de Borée. L'homme se sent transporté près du néant; la grandeur du pays affalé sous la trombe, les étendues immenses où nous sommes isolés nous serrent à la gorge. Au souvenir de cette heure terrible, de

Montmort, en pleine vigueur cependant, écrivait dans ses notes : « Le ciel a repris son voile noir, serait-ce un funeste présage de mort et de deuil? Nous espérons l'un et l'autre que non. »

Douze jours après, sa plume restait inerte...

La petite colonne passait au sud et en vue du massif de Beloum, découvrait les sources de la Nana Barya dont le cours supérieur s'appelle la Bellouka et rejoignait l'Ouhame auprès de Badzenwé. Les pluies avaient grossi cette rivière à tel point que les deux sous-officiers ne peuvent la franchir et doivent la côtoyer, durant deux étapes, pour trouver un gué devant Komaïla. Bouala n'est plus qu'à douze kilomètres, mais de Montmort, pris de froid ou peut-être d'insolation, tombe gravement malade. Une fièvre terrible le secoue toute la nuit, la couleur café de ses urines inspire des inquiétudes à son camarade; une douleur violente le saisit aux reins dès qu'il fait un mouvement; la redoutable fièvre hémoglobinurique se déclare, s'abat sur lui comme une cheminée tombe sur la tête d'un passant en pleine vigueur, au moment où il s'y attend le moins.

Cependant, il faut se rapprocher de Bouala; les secours y seront plus facilement envoyés, les indigènes nous connaissent et peuvent venir en aide au malade. Delacroix l'emporte dans un hamac, mais à chaque chaos des porteurs, le pauvre enfant pousse un soupir de douleur; il faut camper après cinq ou six kilomètres de marche, et la petite colonne met trois jours pour atteindre Bouala. De Montmort est épuisé; des vomissements incoercibles s'opposent à ce qu'il prenne la moindre nourriture. Delacroix nous envoie une lettre que nous recevons à Bira, mais les secours arriveront trop tard, son ami devient d'une insensibilité complète, ses membres sont déjà froids. Cependant il a conservé, totale, la lucidité de son esprit, il se croit simplement affaibli, il fait encore des projets d'avenir et s'éteint lentement sans douleur, sans voir la mort à son chevet, au moment où le soleil s'élevait radieux dans le ciel comme pour saluer la dépouille mortelle de ce vaillant serviteur de la

EN CHASSE DANS LES MONTS N'DY A TRAVERS LES ROCHES ET LES HAUTES HERBES.

France, comme pour éclairer d'un peu de gloire la fin de cette trop courte carrière subitement entravée par la fatalité...

A la même époque, Périquet et Bougon exploraient la rive gauche de l'Ouhame, et traversaient un pays misérable, dévasté par les guerres et les maladies. Il leur faut traverser la Goué pour trouver sous leurs pas un pays moins sauvage, moins pauvre et légèrement empreint d'une teinte de pénétration lointaine, par les mouvements de quelques Aoussas en quête de caoutchouc.

L'aspect du terrain est le même que vers Pana, Dongbal et le Boumbabal, parce qu'on se trouve à la même distance du centre des monts Di et le bouleversement a été sensiblement le même dans cette contrée. Il semble à première vue que le nœud orographique de Yadé révèle un affaissement géologique bien net autour d'un noyau central : sa masse s'est disloquée par couches concentriques reflétant encore clairement les actions qu'elles ont subies depuis des siècles.

NOS PORTEURS DURENT, UN PAR UN, TRAVERSER, DE ROCHE EN ROCHE,
LA LIMBA ÉCUMANTE.

La région est terrorisée par les gens du village de Dobéré,
situé à quelques jours dans le Sud. Ses habitants possèdent
des chevaux et des mousquetons volés, sans aucun doute, et
cet élément de force les rend assez imposants pour inspirer
leur terreur aux gens du voisinage qu'ils razzient et pillent
sans cesse.

Partout, on relève les traces de traitants aoussas, venus dans
le pays pour y faire le commerce du caoutchouc et vendre des
marchandises allemandes passées en franchise par la frontière
du Cameroun, viâ Koundé-Carnot, la douane n'étant pas installée dans la Haute-Mambéré. Les indigènes cherchent toujours
à se procurer les productions européennes, car il serait erroné
de croire que les noirs n'ont ni besoins à satisfaire, ni désirs
à contenter; bien au contraire, c'est une de leurs préoccupa-
tions primordiales. Le problème, pour nous, Européens, consiste à faire naître ces besoins, à contenter ces désirs, chez des
individus possédant en outre un certain sens du beau et tout

SAMBA KAMARA PARTAGE LA RATION DE NOS PORTEURS BAYAS AU VILLAGE DE BI–KÉLEM.

à fait capables de discerner la camelote du solide, les étoffes de bon teint des tissus peu durables.

Parvenus à la source de la Bolé, Périquet et Bougon se dirigent vers le minuscule plateau de Bouar, nœud orographique secondaire, mamelle hydrographique filiale de celle de Yadé, mais d'un intérêt capital par les superbes rivières auxquelles il donne naissance sur trois versants différents. Ce sont : la Bolé, affluent de l'Ouhame; la Bali ou Labaye, la M'Baéré, affluents du Congo; la Payah, ou Baya, affluent de la Nana.

La colonne reçoit un excellent accueil à Bouar, le chef manifeste à nos camarades des sentiments sympathiques auxquels ils ne sont plus accoutumés depuis des semaines de lutte à travers un pays hostile. Il explique la stupide attitude de ses hommes, par la crainte qu'un blanc veuille les mener chez les Lakkas. Il sait très bien cependant, dans le fond, qu'ils reviendront dans leurs foyers enrichis, bien nourris et constamment soignés. « Nous avons faim, nous aimons les marchandises du blanc, dit-il, nous n'en avons pas, et cependant les hommes du blanc en ont autant qu'ils le désirent ». Puis il ajoutait : « Le blanc peut tout, les Bayas sont bien petits à côté de lui; qu'il vienne donc une autre fois, nous l'accompagnerons ».

Périquet marche sur Irima Sami, mais il trouve sous ses pas un pays désert. Les indigènes ont tué un traitant noir et la répression qui a suivi, faite dans de mauvaises conditions, n'a pas calmé les esprits. Malgré cela, nos camarades, escortés d'une superbe réputation de franchise et de bravoure, continuent leur route sans incident et rejoignent la Mambéré où je devais les retrouver quelques jours après. Dans cette expédition, comme au cours de toutes les autres, ils avaient recueilli des documents de premier ordre et fait preuve de grande humanité, de beau courage et d'admirable fermeté.

Pendant que ces événements se déroulaient sur l'Ouhame et la Barya, le convoi de la Penndé progressait vers Carnot sous ma direction personnelle. Nous avions un nombreux personnel indigène : 15 miliciens, 80 porteurs bayas, 10 auxiliaires, 20 bouviers, 16 Baghirmiens avec leurs bœufs. Il fallait ajouter à cet effectif 23 femmes foulbés de N'Gaoundéré, faites prisonnières

AU VILLAGE DE DOKOULA, LES INDIGÈNES VIENNENT FAIRE LA SIESTE
SOUS UN ARBRE AUTOUR DE NOUS.

à Bipsia lors d'une invasion des Foulbés, et que le capitaine Faure me priait de ramener à proximité de leur pays. Au total : 164 indigènes à nourrir tous les jours, plus 500 animaux pour lesquels 10 000 kilos d'herbe étaient nécessaires à chaque étape.

Les Baghirmiens cheminaient sous notre égide pour se familiariser avec la route et les territoires de la Sangha, sur lesquels cette race des plus commerçantes voulait essayer un trafic de natron et de bétail, afin de pouvoir rapporter vers le Tchad des kolas et des marchandises diverses, provenant des territoires de la Sangha.

C'était en somme l'utilisation pratique, commerciale et agricole de la route de la Penndé découverte par de Montmort et Périquet et mise de suite à l'épreuve par la Mission. Nous avions étudié entre Carnot et le Logone plusieurs itinéraires différents et tous nous semblaient trop abrupts ou insuffisamment pourvus de vivres et de villages pour le passage d'un aussi nombreux effectif.

Cette colonne si longue, si lente et si lourde qu'il fallait la veiller du matin au soir, offrait néanmoins beaucoup d'intérêt. Nos bouviers étaient des pasteurs peuls. Ces indigènes à peau presque blanche venaient en ligne droite du Chari. Leur chef s'appelait Djani. C'était un homme sec, nerveux, calme et patient. Un grand chapeau de paille posé sur ses cheveux lisses, noirs à peine, son boubou, sa houlette sur l'épaule, la sagaie qu'il gardait pour s'appuyer en marchant, ou se défendre, lui donnaient un aspect pastoral adéquat

INDIGÈNE LAKKA DE LA RIVE GAUCHE DU LOGONE AUPRÈS D'UNE TOITURE DE CASE EN PAILLE TRESSÉE.

à ses mœurs comme à son caractère. Cet homme était la conscience même en tout ce qui concernait son métier. J'admirais sa douceur et sa patience, sa sagesse et son savoir. Chaque animal était connu de lui, et, le matin au départ, je croyais vivre en des siècles antiques, au sein des pasteurs de la Bible, en contemplant l'homme et les bêtes si familiers l'un à l'autre, si bien faits pour vivre ensemble.

Ces pasteurs distingués dans leurs formes ont leur langage spécial pour conduire un troupeau. Ils savent en outre toute une médecine pour soigner leurs aurochs. Il faut voir, sur la route, avec quel tact Djani les empêche de paître les herbes diamantées de rosée fraîche, et comment il choisit son pâturage, l'abreuvoir pour les désaltérer, la croupe où rassembler ses bêtes pour la nuit; comment il les entoure de feux pour

CHUTES ET CASCADES DE LA HAUTE PENNDÉ AU POINT OU CETTE RIVIÈRE S'ENGAGE
DANS LE PREMIER A-PIC.

les mieux garder et de fumée pour écarter les mouches. C'est
toute une science que les soins qu'il prodigue aux génisses
d'un jour nées en marche, et qui feront toute la route sans
périr, quitte à les poser sur les bras de ses hommes ; c'est
toute une éducation que cette sélection qu'il fait des mâles et
des femelles dans le troupeau, où les animaux trop rudes, trop
ardents, sont écartés des laitières, sans autre box et sans autre
enclos, pour les tenir en respect, que son calme énergique et
son œil résolu.

Le 1er mai, jour encore très pacifique dans ces régions, la
colonne quittait Goré pour Yadé.

La Penndé, quand on remonte son cours, offre trois aspects
différents. Dans la plaine, depuis Dokoula jusqu'au Logone,
dans le pays des M'baïs, elle a terminé son travail d'érosion et
s'entoure de riches pâturages coupés de canaux et d'étangs,
sur la rive gauche surtout.

Depuis Dokoula jusqu'à Bi-Namcor, elle circule dans une

vallée large dont les flancs sont les immenses vagues de terrain que j'ai franchies avec le capitaine Faure ; le travail d'érosion s'y poursuit, le sol s'accidente à mesure qu'on progresse vers l'amont, vers le nœud orographique de Yadé. A Ghili déjà, c'est une petite colline de granit qui la domine, tandis que les environs découvrent de larges tables de latérite aride et brûlante. C'est le pays des Lakkas ; le fer réapparaît, l'indigène est mieux armé que plus bas, mais son home est moins somptueux, sa plantation moins riche que sur la rive gauche du Logone. La région est caractérisée par une moins grande abondance de pâturage, mais nous vivons néanmoins facilement. D'ailleurs, les pluies ont commencé, et la jeune herbe, si réconfortante pour nos bêtes, croît à vue d'œil.

Nos porteurs sont heureux de revenir dans la Sangha, leur joie s'augmente à Goré de l'apparition du manioc, monté, importé jusque-là depuis la forêt équatoriale.

Psichari tue des hippopotames qui vont fournir pour seize à vingt jours de viande à nos gens. Ces pachydermes pullulent dans l'Ouhame et dans la Penndé comme dans tous les biefs calmes des rivières où leur présence serait un véritable danger pour les embarcations. Chaque animal donne environ 1 000 kilos de viande, il est soigneusement dépecé et gratté. Pour le mieux garder, nos Bayas prennent des précautions inimaginables, pas une parcelle de chair n'est perdue. Nos porteurs la font boucaner sur des grils en branchage montés sur des piquets, sous lesquels ils entretiennent un grand feu de bois vert. Au partage des victimes chacun de nos porteurs reçoit de 20 à 30 kilos de viande ; nous les verrons placer ce fardeau sur la caisse dont ils ont la charge, et pas une seule fois nous ne les entendrons se plaindre des 50 kilos qu'ils ont sur la tête, alors que nos seuls colis, si largement allégés à 23 kilos, les font gémir de douleur. Il est vrai qu'ici, nos Bayas travaillent pour eux-mêmes et que cette viande, putride et décomposée, fera les délices de leurs estomacs, satisfaction primordiale de ces cannibales.

LE BIEF CALME DE LA PENNDÉ SUR LE PLATEAU CENTRAL
DU NŒUD OROGRAPHIQUE DE YADÉ.

Et ce spectacle écœurant me donne à rêver sur nos stupides attendrissements de la veille, sur nos soins constants donnés à ces fourbes, qui passent leur temps à exagérer leurs fatigues et à faire entendre leurs plaintes mensongères. D'ailleurs, nous sommes las de la fausseté de toutes ces races noires du Congo, c'est un vice indéracinable chez elles.

Malheureusement, cinq de nos Bayas ont la maladie du sommeil, le mal s'est déclaré durant la colonne ; aussi, à chaque étape, leurs congénères les pourchassent-ils hors du camp avec une brutalité féroce et les pauvres diables, pour échapper aux hyènes, viennent-ils s'endormir sous notre tente, où les moustiques et les mouches les piqueront, pour se poser ensuite sur nous. Aussi, nous estimons-nous très heureux de n'avoir pas éprouvé les symptômes de la trypanosomiase, jusqu'à ce jour du moins...

En amont du village de Dimbaya, la Ponndé tombe calme et silencieuse d'une marche rocheuse formant chute d'un mètre; nous sommes environ à 300 kilomètres de Laï et la rivière est facile jusqu'au Logone. A partir de ce point, la Ponndé n'est plus que rapides et cascades, on entre résolument dans le nœud orographique de Yadé, où elle travaille activement à creuser son lit. D'ailleurs, nous rencontrons sans tarder le massif granitique de N'Dy et le mont M'bolété, dont les crêtes anguleuses et dénudées s'étendent sur la couronne rocheuse annulaire extérieure au noyau central du nœud orographique. C'est la limite du pays des Lakkas.

De N'Dy à Sibbé, la colonne va suivre un chemin facile, aux pentes cependant de plus en plus accentuées, sur une région mouvementée comprise entre les deux couronnes annulaires. Nous venons de dépasser la couronne extérieure dont les à-pics surplombent la plaine du Logone, et nous retrouvons, au massif du Simbal, la couronne intérieure jalonnée au nord par le Boumbabal, le Simbal au centre et le mont Karé vers le sud. Nos yeux se posent sur des granulites, sur quelques roches micacées dont s'encombre le cours mouvementé de la Pcnndé; mais le système pétrographique est à peu près invariable. Tout révèle un bouleversement ou plutôt un effondrement du massif dont le centre aurait résisté. Nous sommes ici chez les M'boums; malgré tous nos efforts, le village de N'gara est sourd à nos démarches pour entrer en relations; les habitants restent cachés dans les roches. On nous laisse un peu de mil pour nos gens qui préfèrent s'approvisionner dans les champs de manioc. Nous passons la nuit dans un col; une tornade effroyable disperse le troupeau, il faut le rassembler à grand'peine sous les éléments déchaînés.

A Sibbé, nous retrouvons des indigènes parlant le baya, ce sont des Bayas Kayas. Ils se répandent jusqu'à Fou Makarr dont les habitants enduisent leurs boucliers d'un vernis noir tout à

TOUJOURS EN ORDRE ET PAISIBLE, LE TROUPEAU VIENT DE TRAVERSER UNE RIVIÈRE
ET DÉBOUCHE DU RIDEAU D'ARBRES QUI LA BORDE.

fait curieux et joli. La saison des pluies nous favorise totalement; il y a des pâturages et de l'eau partout ; les vivres pour
les hommes sont plus rares, car la plupart des villages sont
hostiles ou déserts.

Il y avait deux routes pour progresser vers l'ouest : l'une,
très facile, contournant, par le nord, le Simbal qui se dresse
devant nos pas ; l'autre, à travers le massif escarpé. Le hasard
me conduit sur cette dernière, car depuis plusieurs jours nous
marchons sans guides ; je devance la colonne, la boussole à la
main, mais il est bien difficile de démêler cet écheveau de sentiers enchevêtrés qui se croisent et se multiplient sous nos
pas, sous un horizon brumeux cachant les reliefs lointains du
terrain.

La lourde colonne s'engage donc dans le Simbal dont les
pentes sont douces sur le versant oriental, et dont la masse, au

contraire, vient, dans l'ouest, s'arrêter à pic sur une mer moutonnante de plis de terrain très boisés. Les nombreux villages cachés dans ce massif granitique sont totalement mobilisés. Plus nous avançons, plus nous trouvons d'hommes en armes. A certain moment, ils sont plus de cinq cents groupés sur les rochers, me criant à tue-tête : « Si tu veux la guerre, nous sommes prêts. »

Je fais halte pour attendre Psichari occupé en arrière. Sous mes yeux un décor magnifique se déroule : par une anfractuosité du massif, on distingue la vallée de la Penndé dont le cours est encadré d'un superbe rideau de verdure. Tout ce qui nous domine, tout ce que nous voyons est du granit en gros blocs, en masses gigantesques et cache dans ses replis des cases et des villages qui paraissent de minuscules graviers à côté de ces roches titanesques.

La population se fait de plus en plus curieuse : deux mille guerriers, deux mille estomacs alléchés par la viande de bétail, courent de roche en roche au-dessus de nos têtes, armés de pied en cap ; ce sont peut être dix mille sagaies et vingt mille flèches sans compter les couteaux de jet dont nous sommes menacés. Je marche à pas comptés pour permettre à la colonne de serrer, mais nous défilons dans une gorge, puis nous escaladons de grandes marches et cela nous allonge encore davantage. Un chef de groupe vient ricanant, hurlant, sautillant et gesticulant, me saluer sans déposer ses armes. Je saisis ma carabine et lui réponds qu'elle est prête à casser la tête du premier de ses hommes qui ne se tiendra pas à distance respectueuse et désarmé. Mon accueil rébarbatif donne à réfléchir à ces brutes sanguinaires qui, depuis deux heures, cherchent à m'entraîner dans un coupe-gorge que j'évite en obliquant un peu vers le sud. L'ambiance est malsaine, on pressent un traquenard, un piège tendu à la colonne ; mais nous y échappons en refusant de suivre le sentier qu'on nous indique.

Enfin une éclaircie se dessine ; du haut de la falaise à pic j'aperçois, dormant à nos pieds, la plaine hospitalière. Nous y descendons rapidement avec quelques fusils et je fais signe aux sauvages perchés sur la falaise que nous ferons chèrement payer à leurs silhouettes apparentes et tranchées sur le ciel toute agression du troupeau.

Le village de Beloum est à deux pas sur l'éperon qui nous domine. Les hommes viennent me dire : « Voici le chemin du village, mais il t'est défendu d'y entrer. »

Ce propos est d'autant plus étonnant que les Européens sont déjà passés dans ce municipe; hier encore Périquet et de Montmort y furent bien reçus. Partagé entre deux sentiments : une violente colère causée par ces paroles et le désir de surveiller la colonne jusqu'à son complet débouché du massif, je me persuadai néanmoins que ces gens avaient un motif pour agir de la sorte à notre égard et leur répondis : « J'irai dans ton village quand je voudrai. »

Ils craignaient peut-être un campement parmi leurs cases et redoutaient probablement de les voir dévastées ou détériorées par une colonne aussi dense que la nôtre et suivie de tant d'animaux.

Il fallut quatre heures pour rassembler bêtes et gens dans la plaine. Aucun de nos bœufs n'avait souffert, tant la route est bonne depuis Laï jusqu'ici, soit pour la marche, soit pour le pâturage. Dès que les bêtes furent au pied du massif, j'obliquai vers le sud et choisis un campement superbe au bord d'une rivière, avec deux beaux arbres pour nous abriter. Lorsque tout le monde fut installé, je décidai de résoudre la question dont j'avais été si profondément courroucé; Psichari restait à la garde du camp, et je m'éloignai vers le village, mon boy portant mon fusil. Tous les guerriers en armes étaient juchés sur les blocs de granit. Je grimpais à pic sous leurs yeux, mais avec beaucoup moins d'agilité que ces sauvages, car mes souliers dérapaient sur les parois verticales où leurs pieds nus font ventouse. Au bout de quelques instants l'essoufflement me contraignit à prendre un repos avant de continuer. Tout le monde grimpait à mesure que je montais. Enfin, arrivé sur le faîte, je m'assis au milieu des natifs, obligé de les repousser pour avoir de l'aise ; j'allumai une pipe et regardai l'horizon sans plus me soucier d'eux. A reprise de souffle, je me levai, marchai droit au village et m'assis à l'ombre d'une case ; puis m'adressant à l'envoyé du chef : « Tu m'as défendu de venir chez toi, me voici, je t'attends, que veux-tu faire ? » Et toute la bande partit d'un rire sonore et stupide.

Dès lors donc que le contact était pris, les relations devinrent amicales : je ne m'étais pas trompé, ces gens étaient capables d'un geste impulsif et féroce par crainte qu'on abîmât leur village. Nous restons deux jours en ce lieu, puis, comme il nous faut un guide, le chef de Beloum nous conduit lui-même au Chikoum (ou Sikoun). Cette montagne très élevée domine toute la contrée. De son sommet on jouit d'un panorama grandiose. Elle est en quelque sorte au croisement d'un faisceau de routes, allant au Boumbabal vers le nord, à Laï vers l'est, à Yadé vers l'ouest, à Kouigoré vers le sud. Des populations diverses semblent l'habiter, nous y trouvons des indigènes parlant le langage banda du Chari, distant de plus de 400 kilomètres à vol d'oiseau. On y rencontre des Bayas Kayas, des Bayas Toros et des Yanghérés. Ces derniers habitent dans la plaine à proximité de leurs plantations, ils dédaignent l'abri des cavernes. Ce sont, à coup sûr, des guerriers beaucoup plus valeureux que les Bayas dont ils sont la terreur, c'est pourquoi cette race s'enfonce comme un coin parmi les diverses tribus de céans.

Au village de Gawara, les Yanghérés se présentent pour nous saluer, leur type est beaucoup plus fier et beaucoup plus sympathique que celui des autres races du pays. Ils viennent à nous sans armes et sans crainte pour nous apporter des provisions. Cependant le troupeau attire leur attention et l'estomac de ces anthropophages s'éveille sous des ardeurs invincibles.

La route de la Penndé est tellement facile que nous sommes presque surpris d'arriver à Bougarnga dont l'altitude est

LES YANGHÉRÉS DE GAWARA SE PRÉSENTENT POUR NOUS SALUER.

supérieure à 1 100 mètres, sans avoir eu la sensation d'une montée continuelle depuis Bi-Namcor et le mont M'bolété.

Tout le village de Bougarnga est en armes et en agitation, le chef, vieux fripon et vieille pratique que le lecteur a pu apprécier, vient nous saluer et, de son œil sournois, de sa voix rauque au timbre faux, m'explique le mauvais état de ses gencives et de son appareil digestif. « J'ai mauvais goût dans la bouche, me dit-il, la viande de bœuf peut m'en débarrasser, donne-moi l'une de tes bêtes. »

Je lui réponds qu'un bœuf lui donnerait une indigestion et qu'il se trouverait mieux de manger l'un des nombreux cabris sautillant parmi ses cases. Mais il ne me tint pas quitte.

Le lendemain il vint avec son frère pour nous guider sur la route. A mi-chemin de Yakoundé, c'est-à-dire à 4 kilomètres de Bougarnga, un homme posté dans un buisson tuait d'un coup de sagaie l'animal de queue de notre premier échelon. L'arme avait traversé les épaules de part en part. De suite la bête était liée par les cornes, mais le second échelon survenant empêcha ces sauvages d'emporter leur proie. J'appris cet événement en arrivant au campement. Bougarnga s'aperçut que nous avions tout découvert et s'enfuit, mais je retins son frère et lui confisquai ses sagaies fraîchement empoisonnées tandis que j'envoyais chercher la dépouille du bœuf par nos miliciens. Les guerriers perchés sur les rochers les regardaient faire en protestant de leur innocence. Ils craignaient sans doute une répression, mais comme nous ne tenions pas le coupable qui s'était dérobé, je me serais bien gardé, ces indigènes m'ayant en somme rendu service en janvier, de tuer 150 ou 200 hommes pour me dédommager de la perte d'un bœuf, sans avoir la certitude de corriger l'auteur du méfait. Cependant je congédiai le frère de Bougarnga sans armes et je punis le village en ne payant pas les vivres et les cabris qu'il m'avait fournis la veille.

Désormais, l'ordre fut donné de tirer sur tout individu trop

CENT CINQUANTE GUERRIERS DE BOUGARNGA, APRÈS UN LONG PALABRE, CONSENTENT A CONVOYER LES BAGAGES DE LA MISSION VERS PANA.

rapproché de la colonne et cette menace répandit une crainte salutaire autour de nous.

C'est ainsi que nous parvînmes à Yadé, excitant sur notre passage des convoitises révoltantes et des appétits incessants, mais profondément écœurés par tous ces sauvages réclamant de la viande « pour calmer leur mauvaise bouche. »

Depuis quarante jours, Psichari et moi nous vivions presque exclusivement de laitage, n'ayant plus que dix kilos de riz rouge mélangé de gravier, avec du sel et du café, pour toute sub-sistance. Nous n'étions cependant point en Carême. Nos habits faisaient maigre également, il nous restait à chacun un fond de pantalon et des vestes trouées, le reste était accroché aux arbustes de la route. Comme chaussures nous avions pour tous deux une paire de souliers, que nous por-tions à tour de rôle. Tel est le costume avec lequel nous étions menacés de nous présenter au poste administratif de Carnot.

L'herbe avait grandi sur tout le massif de Yadé, aussi le matin, depuis le départ jusqu'à l'heure où le soleil a bu la rosée (dix heures), celui qui marchait en tête était couvert d'eau jusqu'aux épaules et ruisselait comme au sortir d'un bain.

Zaourou Yadé nous donna un guide pour aller au plus vite à Bouala. Ce jeune sauvage fut mon hôte et vivait à nos côtés. Nous étions au 25 mai, la chaleur alourdie par les nuages nous semblait un peu forte de dix heures à deux heures du soir, mais les nuits étaient exquises et froides, un vent d'est soufflait avec violence sur cette masse rocheuse dont les effluves caloriques doivent, à coup sûr, influencer le climat de ces régions.

Notre chemin franchissait le noyau central du nœud oro-graphique pour tomber directement sur l'Ouhame, il rencon-trait toutes les rivières à la partie supérieure de leur cours; elles y sont calmes et creusent leur lit jusqu'au granit, à tra-vers les bancs de latérite et d'argile. Beaucoup de leurs affluents, larges à peine de cinquante centimètres, ont des bords de vase rouge et liquide où les bêtes enfonçaient jus-

LES BAYAS POUADÉS DE GANGHÉNÉ (VALLÉE DE LA NANA), LA SAGAIE AU POING, PASSENT DES HEURES ENTIÈRES AUTOUR DU CAMPEMENT ÉPIANT TOUS NOS GESTES.

qu'au garrot, risquant de se perdre ; leur passage était très difficile et nous devions y enfoncer des fascines pour éviter des
accidents regrettables.

Dans cette région, nos bœufs habitués aux herbes immobiles
et minces de la plaine du Logone, sont pris de peurs subites
lorsqu'un roseau fait bruire et vibrer ses feuilles dans la
brise. Ce sont alors des galops fous de toute la masse ; deux
mille pieds furieux frappent le sol dans le tonnerre d'une charge
effrénée. Il faut parfois aller les reprendre à mille mètres,
mais Djani les ramène de sa voix pastorale dans le bon chemin. Cela n'avait point d'inconvénient lorsque le troupeau
faisait volte-face en arrière, mais un matin la frayeur se produisit sur le dernier échelon de la colonne et la charge eut lieu
vers l'avant. J'eus la bonne fortune de rencontrer un arbre à
côté de moi et de m'y abriter pour n'être pas écrasé.

Notre guide ne se mêlait à aucun groupe, mais restait en
bonnes relations avec tous nos gens. Les faits et gestes de
ce jeune sauvage m'intéressaient beaucoup.

A la tombée du jour, il allait dans la brousse, ramassait une
brassée de feuilles de bananier sauvage et de bois mort, puis
revenait, sous nos yeux, s'asseoir auprès de son feu. Alors il
préparait son lit pour la nuit ; il installait sur l'herbe une première couche de feuilles vertes et pour sa tête un oreiller
d'herbes tressées. Ensuite il faisait chauffer de grandes feuilles
et se couchait dessus, le ventre au feu, le nez dans la fumée à
cause des moustiques. Il savait, en outre, demander une nourriture confortable et la cuisait dans une marmite en terre, qui
lui servait de casque pendant l'étape sous les ardeurs du soleil.
En marche, il tendait devant lui un large rameau qui le pro-
tégeait de l'abondante rosée ; ses armes, d'ailleurs, ne le quit-
taient jamais.

La marche de la colonne fut encore délicate et périlleuse
jusqu'à Zaourou Koumbo à cause de l'effervescence du pays ;
nous étions sérieusement épiés, la moindre défaillance nous
exposait aux attaques et nous savions bien que les coups de

VUE DE LA BROUSSE ET DE LA FORÊT CLAIRE QUI RÈGNENT SUR LES PENTES
DE LA VALLÉE DE LA NANA.

fusil et le tumulte eussent affolé, dispersé le troupeau que
nous eussions certainement perdu en détail à travers ce pays
montagneux.

Nous passâmes l'Ouhame dans un bief calme et remontâmes
sur la rive droite pour atteindre le niveau du nœud orographique secondaire de Bouar. Jusqu'à la rivière Payah ou Baya,
affluent de la Nana, nous trouverons des montagnes superbes
dont le niveau s'abaisse progressivement vers le sud, des
roches de granit, des granulites micacées, témoins de l'invariable constitution du massif. Sur les flancs des monts Bouar,
des tables de latérite recouvrent le granit et semblent cimen-
tées sur les roches; plus loin, elles auront glissé, laissant la
roche à nu.

Nous entrons ensuite à Bassouri Boubane dans la vallée même
de la Nana. Le 6 juin, campés à Bayanga, les indigènes nous

crient : « Le blanc lui vienne, le blanc y a venir! » Surprise pour nos oreilles, car depuis deux mois nous avons oublié qu'il existe une race blanche. En effet nous distinguons un cavalier sur la route. En deux minutes je chausse les « souliers » et vais à sa rencontre. C'est M. Walsain Laurent, directeur d'une société du Congo, ancien officier, délégué par M. Noguès, directeur général des Sociétés de la Sangha, pour s'occuper de la Mission. Après les saluts d'usage, je priai le nouveau venu de m'attendre un instant, j'allai dans la case, me déchaussai en un clin d'œil en faveur de Psichari qui, orné des « souliers », put se présenter à son tour. J'aurais peine à décrire la joie que nous éprouvâmes à voir M. Walsain Laurent, en sympathie déjà ancienne avec moi et qui fut pour notre petit groupe l'hôte le plus accueillant et le plus affectueux qu'on puisse imaginer. Depuis sept mois nous étions sans nouvelles de nos familles, notre visiteur nous annonça les événements récents et nous l'écoutions en dévorant ses provisions, le pain surtout.

Durant six mois M. Walsain Laurent ne devait pour ainsi dire pas nous quitter, c'est en sa compagnie que nous avons parcouru toute la région de la Haute-Mambéré.

Après avoir disloqué la colonne à Carnot, je remis les animaux aux Sociétés de la Colonie pour l'élevage, les transports et la propagation de la vaccine. A l'exception des chevaux fatigués par la route, bêtes et gens étaient en merveilleux état, nous n'avions point traversé de zones à tsé-tsé, la route de la Penndé avait clairement prouvé ses facilités, sa salubrité et ses bons pâturages. A l'époque où j'écris ces lignes, j'apprends que M. Bastet, membre de la Mission, resté dans le Logone pour y étudier les transactions possibles, vient de mettre une seconde fois cette route en pratique, non plus avec 500 animaux, mais avec 1 400 bœufs qui, à l'heure présente, paissent tranquillement les superbes pâturages de la belle Penndé. De la sorte, cette route que nous avons laissée ouverte derrière nous, a immédiatement reçu une utilisation pratique. Il nous fallut huit jours de travail intensif à Carnot pour pré-

VUE DE LA CRÊTE CULMINANTE DES MONTS N'DY AU SOMMET DE LAQUELLE PERCHÉ,
ENFOUI. DANS LES ROCHES, LE VILLAGE DE ZAOUROU YADÉ.

parer et expédier sur Abba et Bira tout un convoi de ravitaillement destiné aux colonnes placées sous les ordres du capitaine Périquet, et régler les comptes de la Mission.

Psichari qui venait, au cours de cette colonne, de montrer une énergie et un sang-froid admirables, une activité et une endurance remarquables pour un jeune homme de son âge, partait seul en reconnaissance dans le pays yanghéré vers la M'baéré, viâ Carnot, Koumbé, Tongo et Bania. Il devait en outre faire monter le matériel sur Abba en vue de nos opérations terminales.

De mon côté, inquiet de l'effervescence signalée dans la région comprise entre Bouar et Baboua, je résolus de me porter au-devant de Périquet, avec une escorte de renfort s'il en était besoin. Le 13 juillet, cet officier me rejoignait à Bira, c'était bien la date convenue. Bougon, très fatigué, restait à Baboua, c'est-à- dire à l'étape précédente. Seuls, de Montmort et Delacroix manquaient au rendez-vous, c'était la première fois qu'ils n'étaient pas exacts. Nous pensâmes de suite à des événements graves, à quelque attaque des indigènes. Le matin du 14 juillet, notre inquiétude s'aggravait et le soir un mot attristé de Dela-croix, daté du 10 juillet, nous apprenait la soudaine maladie de son ami, survenue dans les conditions que j'ai dites au début de ce chapitre. Périquet, dont de Montmort avait été l'élève, le collaborateur et le compagnon fidèle durant toute la Mission, me demanda d'aller à son secours. Je cédai à ses instances et aussitôt il se mit en route, effectuant seul, chaque jour, des étapes de 50 kilomètres dans un pays dangereux où son caractère loyal, bien connu des indigènes, lui permit de passer sans encombre. Le 16, il rencontrait, sur la route, la colonne de Montmort; les porteurs convoyaient un lit de branchages. Périquet s'en approcha pour saluer celui qui, il l'espérait, était encore vivant. Il se trompait! Il souleva une couverture posée sur le visage de son ami et la laissa retomber, le cœur déchiré, sur ses yeux éternellement clos.

Delacroix rejoignit bientôt Périquet. Ils se serrèrent la main, étreignant leur angoisse, confondant leur chagrin, immobiles et muets, accablés de douleur. Cependant il fallait partir... Il durent marcher jour et nuit durant soixante-seize heures avec cette dépouille mortelle, par une chaleur accablante, depuis Bouala jusqu'à Baboua, pour trouver enfin une terre moins sauvage où notre ami pourrait dormir dans la paix infinie.

Ainsi, après tant de fatigues, d'efforts, de labeurs et de tra-vaux heureux, la joie de nous retrouver réunis près du but était brisée par cet affreux malheur. Il nous fallut prendre quelques jours de repos. Kérandel et Bougon rejoignaient Carnot, tandis que Périquet, Delacroix, Psichari et moi-même nous nous rendions à Bania pour nous disperser encore et por-ter notre effort sur de nouvelles régions.

CHAPITRE VII

L'ÉDUCATION INTERNATIONALE DES RACES CENTRE-AFRICAINES

Ce que c'est que le labi. — Difficultés que l'étranger éprouve à étudier cette curieuse pratique. — La période d'endurcissement du labi. — Éducation des peuples de l'Afrique centrale. — Formation voulue de sujets d'élite. — Un esperanto centre-africain. — Danses et chants. — Coutumes et épreuves barbares du labi. — Coup d'œil sur les territoires de la Mambéré. — Faune et flore. — Poissons et pêches. — Chasse et gibier. — Comment chassent les indigènes. — Le lion. — Élevage. — Les rivières peuvent devenir aisément des sources d'énergie pour des industries à venir.

JE viens d'entraîner le lecteur dans un dédale interminable de sentiers tortueux, de montagnes rocheuses, d'escarpements brûlés, de forêts ténébreuses et de populations bizarres, variées, sauvages ou cannibales. J'ai fait défiler tour à tour les populations, mais pour ne point fatiguer l'esprit je les ai groupées en familles différentes présentées : 1° sous la dénomination de Mandjias, races à manioc, comprenant les Yanghérés, les Kakas, les Pandés, les Bayas, les Talas et les M'bakas; 2° sous la dénomination de races à mil formées des Lakkas-Saras-M'baïs et des M'boums. Elles sont probablement issues, les premières des familles des Sanndés de l'Afrique centrale et les secondes des Dinkas ou peut-être des Chillukos du Haut-Nil, d'après une hypothèse toute gratuite d'ailleurs, que je ne saurais confirmer, faute de preuves plus convaincantes que mes modestes observations personnelles. Quoi qu'il en soit, on a pu voir la grande différence existant entre ces deux groupes, dans leur stature et dans leurs formes aussi bien que dans leurs coutumes et dans leurs langages. J'ai également donné la description géographique du massif de Yadé, de cette tour de Babel au pied de laquelle toutes ces peuplades se sont disséminées, tandis que des tribus sans densité de population, celles des Bayas du nord, s'installaient sur son couronnement, à Yadé même, et dans sa périphérie. On serait tenté de ne pas croire à la moindre liaison, au plus faible indice de coutume commune à ces races qui s'entre-dévoreraient à coup sûr, si on venait à les mélanger subitement. Eh bien! au contraire, ces races ont entre elles une corrélation quasi-universelle, un moyen parfait de se comprendre malgré la diversité de leurs dialectes et de leurs mœurs. Dans ce but elles pratiquent le *labi* et c'est précisément le *labi* que j'essaierai d'expliquer ici.

Lorsqu'un interprète baya, m'boum ou lakka dit au voyageur en lui montrant un indigène tapi sans effroi dans les herbes: « Cet homme fait *labi* », sans ajouter aucune explication au sens de ce mot, cependant très répandu, l'Européen qui passe sans avoir le temps d'étudier ne peut se faire aucune idée de ce qu'il signifie.

En vérité le terme *labi* concerne une période assez longue de l'existence de certaines races, il désigne un temps bien déterminé durant lequel le jeune homme noir subit toute une éducation spéciale, tout un dressage moral et physique d'endurcissement à la fatigue, au travail, à la lutte, contre les dangers et contre la douleur.

Nous connaissons en Europe une période analogue, mais l'état évidemment moins retardataire de notre civilisation, le progrès dans lequel nous avançons, le développement de notre raison, la puissance plus grande de nos procédés et de nos méthodes, notre connaissance assez approfondie de la division du travail, font que notre période « labi » s'est trouvée distendue sur une plus longue trajectoire d'années, divisée en une série plus vaste de procédés d'instruction, en même

CASE DES INDIGÈNES DU SIMBAL AU MILIEU DE BLOCS DE GRANIT.

temps qu'elle était affinée, modelée, modifiée par des coutumes et des besoins différents.

En Europe, le citoyen de l'heure présente, l'homme sur l'énergie, sur la force, sur la valeur duquel la Patrie peut compter n'est en somme qu'un « lauréat labi ».

Considérez le jeune enfant à l'époque où ses parents se préoccupent de son éducation. Leur souci primordial est de le lancer dans la vie avec une armature de capacités diverses, intellectuelles et physiques, qui lui permettront de se faire une individualité capable de se suffire à elle-même tout en étant en mesure de servir un jour, s'il en était besoin, la chose commune, l'intégrité du territoire, la grandeur du pays.

Vers l'âge de dix ans, nous avons reçu et nous recevons des soins assidus pour fortifier notre corps, une éducation morale pour affermir notre cerveau, une instruction suivie pour armer notre individualité, un entraînement physique pour consolider nos muscles. On nous cite des exemples de courage; nos maîtres nous font apprendre des traits d'héroïsme. Par les sports, nous recevons cet esprit d'à propos et cette heureuse souplesse qui mettent notre masse pesante en concordance intime et sous la dépendance absolue de notre cerveau. Enfin, lorsque notre développement physique est jugé suffisant, nous accomplissons tous au régiment, sous les armes, une dernière période « labi » qui nous conduit tout droit à braver le danger, à mépriser la mort, à défendre nos droits, à protéger nos frontières, à faire respecter notre liberté.

Les nègres de l'Afrique centrale, quoique avec infiniment moins de perfection et de savoir, soumettent leurs fils aux mêmes entraînements, à la même éducation, au même désir de défendre l'intégrité de leurs territoires et de leur liberté. C'est ce qu'ils appellent « faire labi ».

Nous ne trouvons pas chez eux les religions qui font une morale, car ce sont des païens, souvent même de purs insouciants; nous ne constatons en eux ni l'art, ni la science qui développent l'esprit, car ce sont des ignorants; ils ne connaissent ni soins hygiéniques, ni sports gradués, ni veillée sous les armes, car ce sont des sauvages. Mais ils ont condensé en un stage de deux, trois, cinq et six ans, toute une série de coutumes, d'obligations et d'exercices qui, chez ces peuples arriérés, représentent le travail énorme qu'accomplissent nos jeunes gens pour devenir des hommes.

Et, chose extrêmement curieuse qui ne se rencontre pas dans notre civilisation et dans notre éducation européenne, fait éminemment intéressant et remarquable, les races du Centre africain qui se soumettent à la pratique endurcissante du « labi » ont adopté, pour instruire leurs fils durant cette période, un langage universel, le langage « labi », langage particulier, connu de toutes ces races malgré la différence absolue que présentent leurs langues usuelles. Le langage labi n'est pas

HALTE DANS UN VILLAGE YANGHÉRÉ PRÈS DU MONT CHIKOUM.

précisément un espéranto, mais quelque chose de très approchant.

Par exemple, si nous considérons un Lakka, cet homme parlant son idiome national est totalement incapable de se faire comprendre des Bayas, des M'boums, des Talas, des Yanghérés ou des Kakas. Mais s'il a subi la période d'endurcissement et que, guerroyant ou voyageant en territoire étranger, il veuille se faire comprendre, il prononce quelques mots en labi et tout de suite il se trouve parmi ses ennemis ou ses hôtes un labi, un homme qui comprend ce langage et peut lui répondre.

En réalité le langage labi n'est usité que par les jeunes gens entre eux, ou bien avec leur professeur, seulement au cours de la période d'endurcissement. Dans le but, peut-être, de leur faire mieux apprendre ce dialecte, le seul exercice intellectuel du rite, on les oblige à ne plus prononcer la langue maternelle.

Un Baya qui « fait labi » ne comprendra plus ou ne devra plus comprendre ce que lui dira son frère en baya. Il ne doit pas répondre aux questions. Seul, le chef labi, le maître d'école, si l'on veut, a le droit de parler à ses élèves. Nous opérons absolument de même avec nos enfants. Si nous les envoyons en Angleterre, par exemple, pour apprendre l'anglais, nous avons bien soin de les placer dans une maison où l'on ne parle pas français. Cette coutume du labi semble très ancienne en Afrique centrale. Le capitaine Périquet apprit un jour des indigènes que son berceau aurait été le grand village, aujourd'hui disparu, de Goudoua situé jadis sur la rive gauche de la Nana, au sein du groupement encore populeux des troglodytes des montagnes de Bouar. Elle s'est répandue, elle a fait tache d'huile sur toute la partie centrale et orientale du nœud orographique de Yadé.

C'est ainsi qu'elle est devenue traditionnelle chez les M'boums, chez les Lakkas de la Penndé, chez les Yanghérés, chez les Bayas Bayas au nord et à l'est; puis elle est descendue progressivement vers le sud et le sud-ouest, chez les Kakas, les Pandés, les Bayas Bouris et les Yanghérés de la M'baéré.

Le langage labi, créé chez les Bayas pour forcer les jeunes gens à faire travailler leur cerveau, a donc été formé d'un bloc ou d'une série de mots constitutionnels, mais il s'est ensuite modifié par l'apport de différents termes venus des dialectes environnants pour prendre sa forme définitive sensiblement comparable à l'espéranto, avec cette différence que le labi n'est pas composé de racines empruntées à différents dialectes. Le langage et le rite labis sont gardés avec un soin jaloux des indiscrétions de l'étranger. C'est presque par surprise que nous avons pu en connaître quelques coutumes; c'est pour ainsi dire en profitant d'intelligences dans la place que nous avons pu rapporter quelques mots du dialecte.

PORTRAIT D'ABBA, ROI DU VILLAGE D'ABBA ET CHEF DES LABIS DE LA HAUTE-NAMBÉRÉ.

Le labi est donc une période d'endurcissement et nous

venons de dire que l'étude du langage a pour but l'exercice du cerveau. Le noir est, on le sait, relativement paresseux. Pour être plus juste, disons qu'il éprouve rarement le besoin de travailler. C'est donc l'endurcir que de le contraindre au travail, quel qu'il soit. Les jeunes labis sont exclus du village, de la case, de la tribu; des danses, des tam-tams, des conseils et des réunions de la tribu.

Les indigènes ne prodiguent cette éducation qu'à des enfants en la nature desquels ils ont espoir et confiance. Ils recherchent ainsi, pour plus tard, des sujets d'élite, des cultivateurs consciencieux, des chasseurs agiles, des tireurs habiles, des guerriers valeureux, des conseils avisés, des chefs de case expérimentés, des chefs énergiques, des conducteurs d'hommes capables, influents et sûrs.

Tous les jeunes garçons choisis pour le labi sont donc réunis en un groupe vivant isolé dans la brousse, avec son éducateur qui le suit pas à pas dans ses progrès et dans ses efforts. Chaque labi doit se dissimuler sous un panier, sous une guérite en vannerie, sorte de grande bourriche qui le dérobe aux regards indiscrets. On les voit ainsi se déplacer dans la steppe comme de gros fourmiliers.

Les parents, le chef, les amis ne lui donnant rien pour se vêtir, rien pour se nourrir, rien pour s'abriter, le jeune labi doit se suffire à lui-même. Il chasse, il pêche, il défie le fauve, il affronte le courant des rivières. Il devient ainsi, dans ces sports, d'une adresse consommée. En même temps, il assouplit son corps et s'accoutume aux veilles, aux fatigues, aux insomnies. C'est pourquoi, la nuit, on entend des chants et des danses lointaines accompagnées du battement des pieds et des mains, tandis qu'un feu de brindilles éclaire cette scène agreste au milieu des hautes herbes.

Le jour, les jeunes labis tirent à l'arc, lancent la sagaie ou bien tissent le filet de chasse ou de pêche, tendent des pièges ingénieusement conçus et se livrent à la récolte de leur nourriture. Ils doivent, en outre, remplir certaines corvées pénibles,

LES FEMMES DE BAROUA DONNENT UNE GRANDE FÊTE POUR LE RETOUR DE LEURS MARIS, NOS PORTEURS, ABSENTS DEPUIS NEUF MOIS
ET QU'ELLES CROYAIENT DISPARUS.

comme la coupe du bois de chauffage qu'ils vont ramasser dans la forêt et qu'ils déposent à quelque croisement de chemins où des femmes viennent le chercher.

En plein sommeil, le sorcier les réveille brusquement : « Ho khou ngon youlahé (levez-vous et dansons). » Avec une obéissance admirable le jeune peloton se place en ordre, puis, au son d'un tam-tam en peau d'antilope ou de cabri, commence la figure ou la contredanse indiquée que les néophytes savent accompagner d'un « ah-ah-ah » ou d'un « yoro-yoro » très mélodieux, car la plupart de ces sauvages possèdent des voix agréables et justes.

Mais ce n'est plus ici le tam-tam ridicule des hommes de basse condition qui trépignent gauchement sur place en agitant la tête d'un mouvement disgracieux; les danses des labis sont tirées d'un thème bien défini et comportent toute une série de figures en étroite corrélation. La grâce, la force, la souplesse, l'adresse sont le but de ces pantomimes que l'on trouve fort agréables et réjouissantes à la terminaison de l'épreuve. La danse est suivie d'un repos durant lequel les jeunes garçons se nourrissent des aliments que les femmes du village, mères, sœurs ou amies, leur ont préparés.

L'éducation initiale dure deux années environ, elle élimine les chétifs, les incapables, les malingres. C'est une sorte d'épreuve d'admissibilité qui sera bientôt suivie d'une seconde, après laquelle, enfin, une dernière période consacrera l'adolescent devenu adulte dans le mémorial des labis.

La seconde période d'éducation comporte les mêmes travaux et les mêmes fatigues, mais avec un perfectionnement beaucoup plus sérieux. Elle dure environ deux ou trois ans et se termine par une épreuve redoutable pour les cerveaux timides et les esprits hésitants.

A une certaine époque de l'année, analogue chez nous à celle des grandes vacances, les gens du village[1] construisent

1. Les villages sont généralement bâtis auprès d'un ruisseau qui leur fournit l'eau dont ils ont besoin.

DANSE DES LABIS DANS LEUR ENCEINTE CLOSE AVEC LEUR TAM-TAM LABI
ET LEURS GRELOTS AUX PIEDS.

sur la grande place une série de panneaux décoratifs en feuillages, puis ils relient cette place à la rivière par des berceaux de verdure séparés les uns des autres au moyen de trappes, d'obstacles et de faux pièges à travers lesquels les jeunes pénitents doivent passer.

Le dernier faux piège est un arceau de verdure opaque. Il empêche les novices de voir la rivière; et derrière lui des hommes et des femmes viendront se cacher au moment voulu, avec mission de pousser des cris effrayants et lugubres. A deux pas plus loin se trouve le cours d'eau. On l'a retenu par un barrage qui forme en amont un trou d'eau, profond de quatre pieds environ et large de deux à trois mètres. Lorsque le jeune labi, effaré par les cris, traversera le dernier arceau de verdure, ses pas s'engageront sur un tremplin qui le fera tomber dans la poche aquatique.

Tous ces préparatifs étant terminés, les novices sont appelés par le chef du village. Ils doivent se présenter le corps enduit de graisse et de farine de manioc et couverts de leurs paniers. Ils s'avancent à pas cadencés, en file indienne au son d'un tam-tam. L'instructeur se met à leur tête. Il tient à la main une sagaie dont la lame est recouverte d'une écorce très souple de manière à ne laisser émerger qu'un centimètre environ de la pointe pour que la blessure ne puisse être profonde.

Le cortège, ainsi constitué, entre dans les faux pièges à proximité desquels les assistants lancent des cris stridents. Le tumulte et les chants lugubres sont à leur comble autour du dernier arceau et les novices commencent à trembler de tout leur corps. Un par un, ils s'engagent sur le tremplin. Le sorcier du village les pousse alors dans l'eau la tête en avant, tandis que quatre poignets robustes les y maintiennent la tête immergée. Puis on les retire effrayés, les yeux convulsés, et c'est à ce moment que le chef des labis, d'un mouvement de va-et-vient rapide, leur plonge dans l'abdomen, généralement à droite, la pointe de sa sagaie, de [manière à produire une blessure de 3 à 4 centimètres de longueur. Le jeune homme évanoui, terrifié par la douleur et le tumulte, est alors transporté dans la case de ses parents qui le soignent de leur mieux pour ramener le calme dans son esprit. Quant à la blessure ils se gardent bien de la panser; au contraire, on l'envenime pour qu'elle cicatrise très lentement, on en fait bourgeonner les bords afin qu'elle reste toujours apparente. Les yeux, le nez et les oreilles du patient sont abondamment lavés avec des infusions de plantes spéciales. Au cours de chaque ablution, le chef labi dit à l'initié : « Tu as supporté l'épreuve des labis, tes yeux seront francs comme doit l'être un labi; ton oreille sera discrète comme celles des labis; ton odorat sera subtil comme celui des labis. »

La cérémonie terminée, le village se met en fête, les anciens labis exécutent des danses prodigieusement étonnantes et les tam-tams résonnent tout le restant de la nuit.

Une fois cette épreuve subie avec sang-froid, sans faiblesse

LES LABIS, ENDUITS DE FARINE ET CACHÉS SOUS LEURS PANIERS,
VONT SUBIR LEURS EXAMENS.

et sans défaillance, le jeune homme est définitivement consacré, mais il doit cependant encore subir une dernière initiation dont voici les détails.

Après la cérémonie qui vient d'être décrite, les labis regagnent la brousse cachés sous leurs paniers. On leur construit à proximité du village un cloître, une case semi-circulaire, à compartiments, dont la courbe est prolongée par un mur en terre complétant le cercle en entier.

C'est ici que les labis termineront leur éducation avec des notables, des hommes expérimentés, véritables professeurs de morale, de danse, d'art militaire, etc. Mais cette fois la discipline de cette école particulière sera d'une rigueur absolue. Au moindre geste, à la moindre parole ils sont sévèrement réprimandés ou punis. Ils doivent se soustraire à tous les regards et, que ce soit pour aller au village, ou pour se rendre à une convocation du roi, ils doivent porter sur la tête le susdit panier en vannerie, marcher en pliant les jambes et faire en sorte que leur personne soit complètement dissimulée aux regards étrangers. Cette dernière période est un stage d'un genre différent des deux autres. Elle semble plus spécialement affectée à l'éducation morale et à l'affinement physique.

BŒUF DU CHARI A BOSSE VOLUMINEUSE, EXCELLENT POUR LE PORTAGE ET LA BOUCHERIE, TRÈS VOISIN DU TYPE ASIATIQUE.

Nous n'avons pu savoir si les labis subissent une dernière épreuve en la terminant. Cependant en sortant de la case circulaire ils sont considérés comme des hommes sérieux et se marient sans tarder. Leurs qualités, la renommée qu'ils ont acquise au cours des périodes d'endurcissement, la façon dont leur corps s'est développé, dont leur stature s'est embellie leur permet de faire un choix parmi les beautés du voisinage s'ils ne sont déjà, depuis longtemps, fiancés.

D'après le capitaine Périquet, lorsqu'un père voit son fils entrer dans la période labie, il plante devant la case un arbre d'essence spéciale à croissance rapide et d'une taille déterminée, puis il dit à l'enfant : « Lorsque cet arbre sera gros comme tes bras, tu ne seras plus labi, tu seras définitivement un homme sur qui nous pourrons tous compter. »

Nous ignorons la proportion de jeunes garçons éliminés par la dureté des épreuves. Il est bien évident que celles-ci tendent à créer au sein de chaque tribu une sélection d'hommes de valeur dont la vigueur et la résistance doivent s'égaler. Mais quel que soit l'écrin dans lequel on le place, quelle que soit la façon dont on le cisèle, un bijou n'a de valeur que si le métal

LISSO DIT BÉKOUMA, JEUNE BAYA QUI NOUS SERVIT DE BOY. CE LABI NOUS RENDIT LES MEILLEURS SERVICES PENDANT LES MARCHES DE LA COLONNE.

ou la pierre sont d'essence rare et précieuse. Que valent ces labis ?

Je crois que, surtout chez les nègres, les hommes de valeur sont peu nombreux et j'estime que, malgré l'épreuve du labi, la moyenne d'individus inférieurs doit rester constamment à peu près semblable à elle-même.

D'ailleurs si la ville de Goudoua, premier centre d'éducation des labis, a disparu sous les effets du temps, les coutumes ont dû s'atténuer et tendront à disparaître devant notre civilisation. Il est supposable que les indigènes n'y perdront absolument rien, car ces procédés barbares ne semblent pas avoir le moins du monde amélioré leur sort, amoindri leur état de misère, atténué les maladies dont ils souffrent ou perfectionné les conditions de leur être. J'aurais plus confiance en la civilisation européenne sagement importée, humainement pratiquée, généreusement propagée, pour améliorer l'existence des noirs. Nous aurons l'occasion de revenir sur ce sujet passionnant.

14

C'est principalement dans les centres d'Abba, de Yadé, de Bouar et de Pana que les membres de la Mission ont eu le loisir d'étudier les labis. Partout chez les M'boums, les Lakkas de la Penndé, les Bayas et les Yanghérés, les coutumes sont à peu près les mêmes. Le guerrier qui vient de subir l'épreuve du labi est universellement estimé. Les jeunes filles rivalisent entre elles de grâce, de beauté, voire même d'affabilité pour devenir épouses de ces jeunes éphèbes, frais éclos du stand. Les labis éprouvent une apparente fierté devant la compétition féminine dont ils sont l'objet. Cela ne les empêchera pas, cependant, d'apporter une dot à leur fiancée, tout comme leurs congénères non brevetés. Ils donneront le chien et les traditionnels cabris, les poulets et les joyaux, sûrement plus modestes que leur personne, mais obstinément exigés par les parents de la jeune fille. En revanche, la vierge d'ébène goûtera les douceurs passagères d'un amour asservi, entre les bras aux muscles endurcis d'un mari qui, pour elle, sera certainement plus rigoureux et plus cruel encore que les épreuves des labis.

L'éducation des labis n'est en somme pour eux qu'une période d'endurcissement. L'instruction n'étant pas encore obligatoire chez les races centre-africaines, pour cette excellente raison qu'elle n'existe pas, nous voyons ces peuplades rechercher des sujets d'élite parmi les jeunes gens de leur tribu.

Le côté distinctif de l'éducation labié est d'abord un ensemble de coutumes propagées sur d'immenses territoires du centre de l'Afrique, et ce qui le rend encore plus curieux, c'est la langue universelle dont les indigènes font usage pour obliger l'esprit des jeunes garçons à travailler à coup sûr. Il est certain que le langage labi nous a rendu à nous-mêmes de grands services au cours de notre long voyage. En maintes circonstances il a permis au capitaine Périquet de passer d'une région dans l'autre, de converser avec les tribus et les races voisines de celles qu'il venait de quitter, en se servant de son très intéressant vocabulaire labi. De la sorte, il a pu saisir des faits

LE TAM-TAM DES PORTEURS BAYAS N'AYANT PAS ÉTÉ LABIS.

intéressants, connaître des coutumes nouvelles, parcourir sans accroc des régions inconnues.

Il serait peut-être téméraire de supputer les services que pourrait dans les mêmes proportions nous rendre en Europe l'adoption du langage espéranto, mais il aurait tout au moins pour résultat de permettre à ceux qui voyagent de se faire partout comprendre. Ils y gagneraient à la fois un temps précieux, une meilleure utilisation de leurs efforts et de plus grandes facilités pour vivre et s'instruire sur le sol étranger, comme nous l'avons fait en colonne.

Ces peuplades sauvages du Centre africain, Bayas, M'boums, Lakkas, Yanghérés et Kakas, ont donc en vérité comme nous des institutions éducatives, mais le lecteur a pu se rendre compte de leur médiocrité. Elles sont aux nôtres ce qu'est notre civilisation par rapport à l'état précaire et aux mœurs primitives des populations nègres que nous avons rencontrées sur les plateaux et dans les vallées du nœud orographique de Yadé. La vie économique du pays n'étant pas encore perceptible, l'éducation de ces races porte principalement sur leurs aptitudes physiques. Leur moral prendra de la consistance avec la pacification du pays. Il se fortifiera sûrement au contact de notre civilisation, pourvu que celle-ci s'introduise avec mesure, en se dépouillant de tout ce qui ne peut être assimilé par les noirs, et se fasse accepter avec autant de patience et de sagesse que de vigueur, de loyauté et de générosité.

Et maintenant que j'ai exposé ce que c'était que le labi, je reprends le récit de nos faits et gestes.

Dès les premiers jours du mois d'août 1907, la Mission à peu près remise de ses fatigues reprenait le cours de ses travaux. La saison des pluies s'annonçait avec peine; néanmoins elle humectait assez les savanes et les chemins pour rendre les étapes pénibles.

Durant le cours de la Mission nos marches ont été très variables selon les difficultés du pays, l'éloignement des villages, la rareté des vivres, etc... Elles ont oscillé entre 12 et 83 kilomètres dans une même journée (Périquet et de Montmort). Les étapes les plus nombreuses ont été celles de 22 à 30 kilomètres; les miennes ont été effectuées à pied sur plus de 4 000 kilomètres de route à l'exception de deux trajets de 14 et 18 kilomètres à cheval à cause d'une blessure. Nous avons fréquemment accompli 40 et 50 kilomètres sans en être incommodés, à cause de l'entraînement que nous avions acquis. Ni le soleil ni les intempéries ne nous rebutaient, mais si nos organismes n'en ont point ressenti les atteintes au cours de notre voyage, qui sait s'ils ne le paieront pas plus tard...

Le territoire de la Mambéré au-dessus du 5e parallèle est en tous points identique à celui de la Nana jusqu'à Laouane-Bougouta. Ce pays est très mouvementé, coupé de rivières et de cours d'eau encaissés. Vers Bira l'altitude est voisine de 1 000 mètres. Abba perché sur un éperon exposé à tous les vents, les tornades pivotent autour du village comme un vol

LES BAYAS TOROS DU SIMBAL SONT DE VÉRITABLES GRIMPEURS DE ROCHERS A PIC.

de pigeons voyageurs s'exerçant autour du colombier; elles y
sont terrifiantes.

La foudre tue beaucoup d'indigènes. Certain jour, au village
de Bertoua, cinq individus ayant été frappés par elle, on vit
aussitôt les habitants partir en guerre contre Abba, prétextant
que ce dernier leur avait jeté un maléfice.

Abba est le chef, ou si l'on veut, le roi du pays; mais son
influence tend à s'amoindrir, ses kaïgamas cherchant à se
rendre de plus en plus indépendants. Cet homme est fort intel-
ligent. Très rapproché de l'Européen, il parle et comprend
bien notre langue. Sans hésitation, il a suivi le lieutenant Lancrenon et s'est conduit très bravement dans le pays lakka.
Abba, d'ailleurs, est le chef, le grand prêtre labi de la Mambéré. Très fier de ses attributions, il n'hésite pas à baisser son
pantalon pour montrer la cicatrice labie qu'il porte à l'abdomen.
Il s'est montré fort serviable avec la Mission, autant qu'indus-
trieux avec les maisons de commerce. L'anthropophagie semble

avoir déserté son village qui est abondamment pourvu de bétail, lequel est échangé contre du caoutchouc; mais dans les environs immédiats, à Tchakani comme ailleurs, les indigènes

BŒUF DU CHARI A BOSSE MODIFIÉE PAR CROISEMENT
AVEC UNE RACE AFRICAINE.

soignent leur « mauvaise bouche » et se purifient les gencives avec de la chair humaine.

La chasse est trop infructueuse dans ce pays pour le débarrasser du cannibalisme de ses habitants.

Le gibier est très rare et se reporte plutôt dans la région de la Kadéi entre les deux rivières Boumbé, parmi les savanes et les mamelons herbeux où il se trouve évidemment beaucoup mieux à l'abri des surprises du chasseur.

Le lion, la panthère, la grosse antilope aux cornes annelées, des phacochères, des singes, des loutres, des fourmiliers, une sorte de grand loup-chacal gris, des porcs-épics, des rats et des serpents constituent à peu près toute la faune de cette région peu peuplée. Dans la grande forêt on rencontre quelques troupeaux voyageurs de 15 à 30 éléphants qui coudoient le chimpanzé, de rares gorilles, quelques petites biches au pelage gris, des singes très divers de taille et de couleur, quelques pintades, perdrix et outardes. Les oiseaux sont nombreux, mais le gibier d'eau fait totalement défaut.

Les animaux sauvages ne sont généralement pas craintifs, le bruit de la poudre les arrête, surpris, stupéfaits, et les fige sur place à la merci du chasseur. Dans les pays à manioc, au contraire, le gibier se montre d'une mobilité surprenante, il est toujours en éveil, attentif au moindre bruit comme une bête sans cesse traquée, inquiète pour sa sécurité et sa vie.

Les Bayas et les Yanghérés se réunissent en grand nombre à la saison sèche et dressent de vastes barrages en rondins à proximité des cours d'eau où s'abreuve le gibier, puis ils incendient la savane sur de grands périmètres et se portent, au son des tam-tams et des cris, à proximité

BŒUF DES KOURYS (ILES DU TCHAD) PEU AVANTAGEUX
A TOUS POINTS DE VUE.

des barrages, empêchant leur proie de les contourner. Le feu pousse le gibier dans une course folle au milieu des chasseurs qui l'accablent de flèches et de coups de sagaie.

Ce sont alors des hurlements de victoire, des vociférations sans fin, des danses et des chants, des discussions et des luttes pour le partage du butin. Puis les fêtes commencent et de copieuses agapes, de bruyants festins les terminent. Au milieu de l'ivresse malfaisante du doko, les esprits s'échauffent, les cerveaux s'exaltent, le sorcier poétise et chante de vieilles rancunes, des haines de race, des défaites non vengées. Survienne un orage, une sécheresse, la mort d'un notable, tout le monde crie au maléfice et la tribu, munie d'un prétexte, part en guerre dans l'unique but de compléter, par de la chair humaine, le modeste rendement de la chasse.

Saint Hubert ne serait guère plus heureux dans le nœud orographique de Yadé. La faune est encore moins variée. Pour se procurer de la viande les indigènes sont presque toujours en marche. Ainsi que dans tout le pays baya, le chef de case, le chasseur heureux fait trophée de ses victimes; il accroche les crânes d'antilope et les pieds de sanglier au seuil de sa demeure, il y ajoute quelques plumes, un rameau et constitue de la sorte l'efficace « médicament » favorable à la chasse et susceptible d'éloigner le maléfice.

Il faut arriver dans la plaine du Logone et sur les gradins de latérite du pays m'baka pour trouver de réelles satisfactions à la chasse. Dans la grande futaie de la moyenne Penndé, le gros gibier se fait abondant. Ici, près du repaire de la tsé-tsé, le buffle et l'éléphant laissent leurs traces larges et profondes dans la terre d'humus, les arbustes sont saccagés et ployés comme de faibles roseaux, les buissons écrasés, les herbes foulées. Plus loin, dans la brousse claire, au bord de la rivière aux rives déboisées, ce sont de merveilleux coups de fusil qui ravitaillent une colonne en deux minutes. Périquet a compté, dans cette région, dix-sept espèces d'antilopes, depuis la toute petite et minuscule biche-cochon ou *perpusilla* jusqu'au bubale et à cet énorme bovidé, aux cornes annelées, au pelage gris, si voisin de l'oryx. L'animal le plus commun est l'antilope rouge (*eliotragus*). C'est par troupeaux paisibles que tout ce monde d'antilopes apparaît à nos yeux; les coups de fusil les troublent à peine, les fixant pour ainsi dire sur place en sorte que leur quiétude les voue fatalement à la mort. Sur le bord du Logone, entre Laï et le 10° parallèle, on en rencontre près de mille chaque jour, le chemin est jalonné de leurs squelettes, car le lion abonde dans la région. Chaque matin, au lever du soleil, je me lançais sur ses traces, la brise n'avait pas encore adouci les saillies de l'empreinte de ses griffes, mais le félin repu, tapi dans les buissons, me laissait passer sans rugir. Il y a aussi le sanglier, la panthère, la cinhyène, l'hyène, le chacal, des autruches. Le menu gibier abonde.

Les hippopotames et les crocodiles pullulent dans toutes les rivières; près du Mayo Kabi, on trouve en plus le rhinocéros,

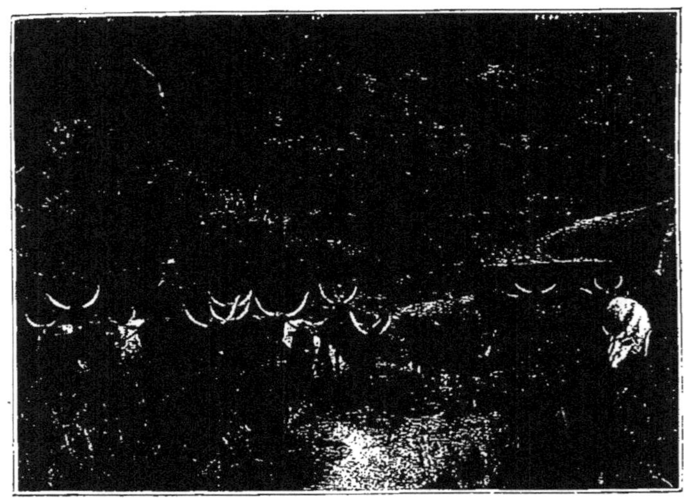

BŒUFS M'BOROROS ACCOUTUMÉS A VIVRE DANS LES ROCHES, TRÈS NERVEUX
MAIS BONS MARCHEURS.

la girafe; les lions y rugissent toute la nuit, ils sont aussi
grands que ceux du Logone.

Dans les rivières il y a des bancs énormes de poissons apparâ€‘
tenant à plusieurs espèces, telles que : carpe, brochet et truite,
celle-ci dans les rapides surtout. Le superbe « capitaine » n'est
pas aussi abondant que dans le Niger, les silures sont rares
dans le Logone, fréquents dans la Sangha et dans toutes les
zones marécageuses ou dans les eaux dormantes.

Rien n'égale la diversité des oiseaux aquatiques; les îles du
Logone en sont littéralement couvertes, depuis la grue couâ€‘
ronnée avec son cri de trompe d'automobile résonnant dans
l'air, jusqu'aux plus menues sarcelles; on trouve aussi des
pélicans de toutes les variétés possibles : ibis roses, cigognes
grises, canards armés, outardes, canards gris, canards bruns,
poules d'eau, aigrettes, bécassines, geais, bergeronnettes, etc.

Beaucoup de serpents, pithon, trigonocéphale, vipère à
cornes, couleuvres rouges et bleues, serpent cracheur, serpent
minute, etc., se glissent dans la brousse.

Tout le Congo est le vrai pays de l'insecte. C'est l'empire de l'infiniment petit. Dans la Sangha notamment, on rencontre des espèces tout à fait jolies. D'abord des variétés infinies de papillons, fleurs ailées posées sur les immondices, à l'ombre. Ensuite des coléoptères géants comme le goliath, le lucane, l'*atteucus ægyptiacus*, des scarabées, des longicornes; des variétés innombrables de mouches, depuis la tsé-tsé mortelle jusqu'au fourou qui traverse les plus fines moustiquaires et dépose sous l'épiderme son venin irritant; les fourmis les plus dissemblables, les termites, les tarets. Tout le pays est sous l'influence de ces êtres bien mieux organisés pour la lutte que l'homme n'est

LE Dr KÉRANDEL ET L'UN DES HIPPOPOTAMES TUÉS PAR LUI DANS L'OUHAME.

protégé de leurs attaques et contre lesquels il doit incessamment défendre sa vie, son sommeil et ses nerfs, tandis que ses auxiliaires directs, son bétail, son poulailler et son jardin sont la proie des innombrables hôtes des savanes et des bois.

Dans le Logone, l'indigène tisse de longs filets pour la chasse. Les villages se réunissent nombreux pour cerner le gibier, car lorsque le lion se trouve empêtré dans les filets, ce roi de la brousse défend chèrement sa vie. Tout nus, la peau de cabri relevée, montés sur leurs petits chevaux saras, qu'ils blessent sur le dos pour les mieux exciter à la course, les M'baïs se lancent en galops échevelés à la poursuite du gibier, fatigué ou mourant, tandis que les chasseurs à pied massacrent tout ce qui tombe dans le filet.

Dans cette région, le cannibalisme n'a plus sa raison d'être,

LA COLONNE PASSANT A GUÉ UN GROS AFFLUENT DE L'OUHAME.

car si le butin est insuffisant, on tue les cabris nécessaires à l'alimentation.

Le terrain affecte les mêmes formes et présente le même aspect que sur notre route de la Nana, lorsqu'on suit la rive gauche de la Mambéré, viâ Carnot, jusqu'à la haute vallée de la Lobaye. Ce sont partout de larges ondulations, de longues croupes attestant l'érosion d'un énorme plan incliné, dont la pente descendrait graduellement depuis le noyau central du nœud orographique jusqu'à Nola.

Çà et là, les rejets de la grande forêt étendent leur voile de verdure sombre sur un ou plusieurs kilomètres carrés de superficie ; les rivières bruissent au milieu d'un épais rideau de végétation, riche et puissante, tandis que, dans la savane, le caoutchouc d'herbe (*landolphia tolonii*) règne parfois en maître absolu. Tous ces territoires sont particulièrement fertiles dans les vallées. Sur les flancs des montagnes le granit et les roches cristallophylliennes laissent peu d'espoir à la culture, mais les plateaux et les plaines aspirent à la sage organisation qui réglementera les incendies, incitera l'indigène au travail et poussera la charrue dans leurs flancs pour révéler, comme dans les pays civilisés, leur mise en valeur méthodique et les richesses qu'ils renferment dans leur sol.

L'intérêt de ces territoires réside encore dans la possibilité de l'élevage. Certaines stations : Abba, Bira, Nao, Berberati, Koumbé semblent tout à fait désignées pour la mise à l'étude de cet important problème. La plaine herbeuse n'est pas infestée de mouches, l'air est suffisamment pur et l'eau parfaitement potable, la terre semble tout à fait féconde, mais comme elle est encore vierge, elle nourrit une série de parasites, de douves, d'insectes et de serpents nuisibles aux troupeaux. Elle a besoin d'ouvrir son épiderme, d'expurger les plantes nocives; mais auparavant il sera nécessaire de lui faire subir une étude sérieuse pour que l'on sache bien comment il faut l'amender et la semer, en créant dans ce pays des pâturages artificiels d'herbe de para, de sorgho fourrager, de maïs ou d'autres plantes appropriées au sol.

Il ne sera jamais besoin d'importer du charbon dans ces beaux territoires pour les industries qui pourraient s'y développer. Toutes les rivières sont rapides, la plupart offrent des chutes imposantes; il y a là des énergies prodigieuses, un potentiel à l'état latent, une réserve infinie de houille blanche capable de fournir des milliers de chevaux-vapeur. Nous avons rencontré des chutes de 10, 20 et 35 mètres avec un débit, au sommet, de 100 à 2 000 litres à la seconde.

Les vallées inférieures des rivières, juste en amont de Carnot, la Baya, la Nana, la Mambéré et leurs affluents sont dominées par des falaises à pic, par de grands murs cannelés de grès rouge et rose, dont les joints et les retraits offrent de vastes cavernes et des grottes.

CONCILIABULE AVEC LES INDIGÈNES DE FOU-MAKARR.

Au sud, les mouvements de terrain se font de plus en plus adoucis, on pressent que le massif orographique s'affaisse vers la morne et plate forêt; bientôt on ne rencontre plus que ces immenses croupes allongées séparant les rivières, et dont l'existence est le fait de l'érosion.

CHAPITRE VIII

CONGO BELGE ET CONGO FRANÇAIS

Voyage du chef de mission dans la M'baéré. — Au pays yanghéré. — Mœurs et
coutumes de cette race. — Nous rencontrons M. Guynet et sa famille au bord
de la M'baéré. — Plantations de Bania. — Aménagement des forêts. — Productions et richesse de la Sangha. — Périquet et Delacroix blessés à N'goukou.
— Rétivité de l'indigène du Congo, ses misères et ses détresses. — Le travail
et la colonisation. — Cycle de mise en valeur. — Considérations administra-
tives. — Voyage de comparaison au Congo belge. — Avenir du Congo français.
— Résumé. — Conclusion.

A partir du parallèle de Bania le voyageur, passant d'une
vallée dans l'autre, de la Mambéré à la M'baéré, de la
M'baéré à la Lobaye, cheminera des heures durant à l'ombre
d'une grandiose et luxuriante forêt, au sein de laquelle il ne
trouvera ni sources, ni ruisseaux pour étancher sa soif; il
devra, s'il veut boire, saigner une grosse liane dont le liquide
rafraîchira son palais. C'est ainsi que l'administrateur Bruel
explorant toute une zone comprise entre la Sangha et la N'da-
ki, parallèlement au cours de ces rivières, a dû cheminer de
longs jours sans autre boisson que le liquide de cette liane
aquatique, recueilli goutte à goutte. C'est ainsi que nous avons
observé de vastes forêts sans eau sur les croupes séparant
Bania de Makandjia, mais nous trouvions au contraire à étancher notre soif au fond de tous les ravins creusés par les
rivières et les minuscules affluents de celles-ci.

Le docteur Kérandel et Bougon restèrent à Carnot durant
quelques semaines pour s'y réconforter. Tous deux avaient con-

tracté, dans leur magnifique reconnaissance du Bahr Sara, des fièvres tenaces, anémiantes et rebelles à la quinine; mais cela n'interrompit point un seul instant les travaux du docteur et de son adjoint. Ils travaillaient sans répit, examinant au microscope le sang de tous les êtres qu'ils pouvaient étudier. Sous la vérandah de sa case, Kérandel groupait une interminable théorie de Bayas, d'Aoussas et de noirs de toutes sortes atteints de trypanosomiase, de filariose, d'ulcères et de diverses maladies.

Je puis donc dire que ses recherches sont auréolées d'un dévouement superbe pour la science et l'humanité. Après quelques jours de station à

FEMME YANGHÉRÉ.

Bania, la Mission se scindait une fois de plus. Périquet et Delacroix pliaient bagage pour explorer la forêt de Nola entre le parallèle de Bania, la Kadéi et la Mambéré, nommée l'Ekéla depuis Bania jusqu'à Nola. Psichari et moi, nous partions en reconnaissance vers la M'baéré avec l'espoir de rencontrer sur la route M. Guynet, délégué du Congo, dont l'arrivée prochaine était annoncée. Notre itinéraire traversait Likaya, Zaourou-Patha, Bamara, Tongo, Wemba, Toro et Makandjia, il devait se terminer viâ Boula et Koumbé pour revenir à Bania.

A partir de Bamara, on entre résolument en pays yanghéré. Dans tout ce qui précède nous l'avons suffisamment décrit pour qu'il soit connu du lecteur. On y retrouve la savane, les villages fragmentés et la case exiguë à la toiture bombée et pointue, avec les plantations de manioc, le gibier rare et l'anthropophagie peut-être plus intense encore que chez les Bayas.

Nous traversons une forêt somptueuse, puis, au milieu d'une clairière, nous voyons quelques huttes en feuilles. Toute une tribu s'y trouve réunie, la sagaie au poing, l'arc et le carquois sur l'épaule. Sur le sentier se dresse un monceau de bûches fraîchement arrosées du sang d'une antilope grise dont la peau sèche près d'un feu de brindilles. C'est le fétiche des chasseurs.

Quelque temps après nous entrons dans un village situé au milieu d'un large défrichement. L'homme a détruit la forêt sur de grands espaces pour n'être point sa victime. De beaux troncs d'arbres isolés se dressent désespérément dans le ciel, appelant de leurs bras tordus l'appui de leurs voisins abattus. Il semble que ces géants soient trop faibles pour vivre seuls au plein soleil.

D'après la rumeur du pays, les Yanghérés seraient des nouveaux venus, leur langage, identique au banda, semble attester leur mouvement de migration vers l'ouest. Ils constituent un élément de la famille mandjia dont ils ont d'ailleurs les mœurs et la plupart des coutumes. Cette race reconnaît pour chef le roi Koumbé, successeur de Gandjia détrôné par l'administration, lasse de son attitude rebelle.

On les rencontre au centre du nœud orographique jusque vers Bougarnga, ils semblent s'être implantés comme des coins entre les tribus bayas et s'y maintiennent grâce à leur bravoure et à leurs qualités guerrières, dédaignant la caverne pour habiter la plaine au milieu de leurs plantations.

Plus robustes et sans doute moins atrophiés par la forêt que les Bayas Bouris, leur langage n'a rien de commun avec le leur, sauf pour les termes de navigation et de rivière ; d'ailleurs ils ne fraient pas avec les Bayas.

Leurs morts sont assis, le visage tourné vers l'est, dans le retrait latéral de la tombe, où on les descend par une sorte de puits. La sépulture est surmontée d'un tas de bois cubique et ornée d'un long bâton auquel est accrochée une chaîne dont les anneaux de liane ou de paille tressée traînent jusqu'à

GROUPE YANGHÉRÉ AU GRAND VILLAGE DE MAKANDJIA SUR LA M'BAÉRÉ.

terre. Le chef est enterré avec ses armes, le tumulus est recouvert de calebasses pleines de farine, de poteries et d'objets familiers au mort. Les Yanghérés « font labi », ils croient à la survivance. Leurs femmes sont mieux traitées que celles des Bayas; cependant elles travaillent la terre tandis que l'homme chasse.

Au moment de la naissance d'un enfant, le mari s'éloigne dans un village voisin; seuls, ses amis assistent à l'événement et la mère coupe elle-même le lien qui l'unit au nouveau-né. Celui-ci reçoit un nom qui doit changer à l'époque du labi. Les Yanghérés ont le sentiment de la propriété et l'ont réglementée. Leurs danses sont beaucoup plus belles que chez les Bayas et leurs chants plus poétiques aussi. Leurs instruments de musique et leurs tambours ou tam-tams sont beaucoup plus variés; mais, à part cela, on retrouve chez eux le costume, les enduits du corps, la coiffure et bien d'autres coutumes en faveur chez les autres races de la région.

Le 28 août nous arrivions à Makandjia par une tornade effroyable, la pluie tombait jusqu'à nous |transpercer. La M'baéré coulait paisible à nos pieds au milieu d'une forêt obscure. Les indigènes annonçaient bientôt la présence de plusieurs Européens à D'joubé Samsa, c'est-à-dire à 3 kilomètres en aval. Je pensai que ces personnes nous renseigneraient sur M. Guynet et je leur envoyai un mot, pensant avoir au moins cinq ou six jours d'avance pour explorer la région avant l'arrivée de l'aimable représentant de la Colonie. Combien grande fut notre surprise, quelques instants après, lorsqu'une pirogue montant la rivière déposait sur la rive M. Guynet, sa jeune femme et son fils, un écolier de onze ans, occupant ses vacances à visiter le Congo. Armé de pied en cap, maniant sa petite carabine et le revolver avec une adresse surprenante, montant à cheval volontiers, ne s'étonnant de rien, toisant les indigènes de son regard décidé, courant, voltant, regardant et voyant tout, n'ayant peur de rien, ce petit homme excitait la curieuse admiration des noirs stupéfaits de voir un Européen de

CAOUTCHOUCS DE SIX ANS A LA PLANTATION DE LOUKOLÉA (CONGO BELGE).

cet âge. A part une nuit très tourmentée au village de Ouanégou au milieu d'une décharge incessante de coups de tonnerre, qui nous montraient les silhouettes des indigènes sur le point de nous attaquer, mais tenus en respect par notre vigilance, nous arrivâmes sans difficultés à Koumbé avec la famille Guynet saine et sauve. L'escorte était rompue de fatigue par les marches ou le service de faction et tout le monde goûta deux jours de repos dans ce riche pays, au milieu d'un site riant et salubre, dans une superbe factorerie animée par un troupeau en très belle forme dont le lait fut un régal pour tous.

Nous avons rencontré entre Boula et Koumbé plusieurs rivières aux eaux verdâtres révélant à coup sûr la présence du cuivre dans la région.

Tous les pays que nous venons de parcourir sont les territoires d'élection des plantes à caoutchouc. On y trouve le *landolphia owariensis*, la grande liane, principalement au bord des rivières, mais c'est surtout le bel arbre appelé *fontumia, kikxia,* ou *ireh* dont l'espèce prédomine. Il atteint parfois 20 et 30 mètres de hauteur, et 50 centimètres de diamètre. Son branchage règne surtout vers la cime, son feuillage est caractérisé par un ombilic, sorte de petite verrue conique, grosse comme la tête d'une épingle, située au croisement des nervures des feuilles. Un ireh scientifiquement saigné donne un pur latex en quantité variable de 500 à 2 000 grammes suivant sa grosseur. L'indigène obtient le caoutchouc, soit en chauffant le latex, soit en le coagulant avec du jus de citron, soit en l'étendant sur sa peau où il est en contact avec la sueur de son épiderme. Au lieu de saigner un arbre sans le tuer, il trouve plus expéditif de l'abattre pour en extraire tout le latex par des incisions circulaires. Par la création de plantations, on a cherché le remède au dépeuplement de la forêt. Ces entreprises sont extrêmement hasardées et coûteuses. L'état actuel de la colonie n'assure pas d'une façon suffisante la main-d'œuvre nécessaire.

La plus belle plantation que nous ayons vue est celle de la Société de la Haute-Sangha, à Bania. Elle mesure 71 hectares de superficie, soixante travailleurs y sont nécessaires. On l'a installée dans un de ces admirables coins de forêt où le fontumia règne en maître. Tout y a été tenté, tout y a réussi. Des graines ont été semées : au bout de deux ans et demi les jeunes arbres atteignaient deux mètres de hauteur. Des jeunes pousses ont été repiquées et peu de temps après je les ai vues vigoureuses, pleines d'essor, déjà grandes. Des fontumias écrasés sous les arbres et les lianes ont été dégagés ; de suite, ils se sont mis à croître du fait de cet aménagement. La plantation comptait 110 000 arbres en croissance, arbres adultes et plants, c'est-à-dire plus de 1 500 pieds à l'hectare. L'essai est probant, il fait honneur à la Société qui l'a tenté ; mais combien coûteuse et pénible est une telle tentative ! Un arbre ne donne pas du caoutchouc tous les ans, bien loin de là. Quelquefois il est tué par la saignée, ou bien l'indigène l'abat. Les déboires et les déceptions ne manquent pas. Alors que faire ? Quel procédé faut-il employer pour reconstituer et maintenir la richesse forestière ? Il suffit d'*aménager* la forêt.

Aménager la forêt, c'est dégager les gros arbres de la brousse

CAOUTCHOUCS DE DEUX ANS A LA PLANTATION DE « LA HAUTE SANGHA » A BANIA.

qui les gêne ; c'est mettre au jour les jeunes pousses étouffées
sous les lianes ; c'est éclaircir les jeunes plants dans la futaie
pour les répartir à 2 m. 50 les uns des autres, c'est repiquer des
arbustes dans les espaces qui n'en ont point. Certes, le défrichement est coûteux lors des premiers coups de serpe, mais
il devient de plus en plus facile par la suite ; et l'on a, en tous
cas, beaucoup moins d'aléas, de tracas, d'incertitude et de
frais. D'ailleurs, les sociétés congolaises semblent vouloir
adopter ce procédé.

La réussite, pourvu qu'elles aient de la main-d'œuvre, leur
semble plus assurée avec l'emploi de cette méthode, car les
territoires de la Sangha, symétriques du Kassaï, qui prospère
dans l'État indépendant du Congo, sont infiniment favorables et
propices à l'espèce vieh, laquelle peut donner des produits de
premier choix si l'indigène les prépare comme il convient.

Je parlais tout à l'heure de la main-d'œuvre indigène. Mais
il serait bon de savoir comment le noir profite de nos leçons,
s'assimile les bienfaits de notre présence et répond à nos pro-

cédés humains et bienveillants. Avant de citer mon opinion, je reproduis ici une lettre du capitaine Périquet. Je l'avais laissé dans la Sangha, certain qu'il était là dans les territoires les plus pacifiques du monde. Les factoreries y sont nombreuses et les Européens de même, les transactions y sont journalières, l'indigène ne perd jamais contact avec le blanc. Peu s'en fallut même que je licencie l'escorte si coûteuse, tant nous étions assurés du calme des habitants. Et, en effet, tout d'abord Périquet et Delacroix purent sans encombre terminer l'exploration de la bordure orientale de cette belle forêt. Ils y avaient rencontré des Bambingas campés dans la futaie, des groupements bayas venus là par des chemins bien tracés pour exploiter le caoutchouc, un terrain accidenté, très boisé, très sillonné, peu de gibier : des chimpanzés, des antilopes et des singes. Toutes les tribus leur faisaient bon accueil. Les Bambingas eux-mêmes s'étaient montrés dociles et serviables. Périquet, toujours si bienveillant envers les indigènes, avait obtenu d'eux communication de leur dialecte; bref, partout son passage s'était bien effectué.

A ce moment, je fus obligé de me rendre à Brazzaville, puis dans l'État indépendant avec Psichari pour un voyage d'intéressantes études comparatives; confiant dans l'avenir, je quittai nos deux camarades sans la moindre inquiétude : je croyais n'avoir à redouter pour eux que la maladie ou les privations fréquentes dans ces parages. Je m'étais cruellement trompé. En effet, quelque temps après, je recevais la lettre suivante du capitaine Périquet :

« Nola, 8 octobre. — Mon commandant, J'arrive à la hâte à Nola pour voir Kérandel et Bougon qui descendent malades sur Brazzaville. Depuis que je vous ai quitté, ce sont déboires sur déboires. C'est partout la fuite, il n'y a rien à demander aux indigènes, on ne peut passer chez eux sans discussion, qu'à la condition de ne rien exiger, ni vivres, ni travail. Toute la région N'goukou, Kenzou est inabordable pacifiquement. A N'goukou, les gens ont abandonné mes charges sur

VUE DE LA CLAIRIÈRE AU VILLAGE YANGHÉRÉ DE TORO.

la route, je suis revenu chercher de l'aide au village qui m'a
assiégé et cerné dans la factorerie. J'ai demandé l'appui du
chef de poste de Bania ; il a été impuissant à ramener l'ordre.
Finalement, je me suis rendu avec Delacroix chez le chef de
village, âme de cette révolte ; tout était en état de guerre : une
décharge de fusils à piston nous a blessés tous deux, mais
peu grièvement, nous sommes maintenant sur pied. Il a fallu
grouper toutes les forces de la région pour aborder le village.
J'ai une équipe de porteurs volontaires que m'a confiée
M. Monthezer, administrateur de Nola. N'ayant plus que des
vivres à demander pour ces hommes, je continuerai ma route
tout en conservant, vis-à-vis des indigènes, la dignité d'un
officier qui se déplace avec sa troupe. La Lobaye n'est, paraît-
il, pas sûre du tout, il n'est pas certain que je puisse revenir
par là. Je vous demande d'être tout à fait sans inquiétude

sur notre compte, etc. PÉRIQUET. » Voilà pris sur le vif le véritable caractère du noir; voilà des naturels qui, comblés de soins et d'égards par la Mission, ont agi avec autant de barbarie que de lâcheté envers elle. D'ailleurs, c'est le procédé continuel, le noir du Congo a trop vite oublié les quelques leçons qu'il a reçues jadis ; sa reconnaissance pour nos bienfaits est de courte durée, bien des Européens et des agents de factorerie, dévoués et généreux envers les noirs, l'ont souvent éprouvé.

Tout cela tient aux erreurs premières de notre occupation initiale. Nous avons exploré, parcouru, sillonné le Congo, nous ne l'avons, pas du premier coup, placé sous notre égide.

Le noir n'a vu dans l'Européen qu'un passant curieux qui ne revenait plus ensuite. Il s'est fait à cette idée erronée que les blancs ne venaient pas pour rester.

Les explorateurs ont rapporté des indications et des documents sur lesquels on s'est basé pour morceler la colonie en tranches exploitables. La carte en était inconnue; de vastes espaces couverts de marécages furent considérés de loin comme des terres habitables. Les concessions les mieux partagées réussirent, après des efforts inouïs et de grands sacrifices, à se maintenir sur les territoires qui leur étaient dévolus. D'autres, au contraire, durent abandonner, vaincues et déçues dans leurs espérances.

Cette mise en valeur initiale et particulière de la colonie du Congo Français a laissé l'indigène dans un état d'esprit indécis. A la Mission, en particulier, où nous nous sommes efforcés avec une patience constante d'entretenir de bonnes relations, de prodiguer des soins et de montrer une grande générosité aux naturels du Centre africain et de la Sangha, nous avons éprouvé que notre dévouement à leur égard ne les avaient guère rapprochés de nous. Le capitaine Périquet n'écrit-il pas dans ses notes ce propos que lui a tenu un chef de village : « Passe ton chemin; tu n'es pas un chef; tu es un homme faible. Tu m'as demandé des vivres et tu les as payés. Si tu étais un blanc puissant, tu te serais servi sans demander et tu serais parti sans rien donner. »

Les inévitables défauts du noir de la forêt obscure tiennent surtout à son existence sauvage, à son état de luttes intestines, aux rapts dont il vit, aux mensonges dont il use pour déjouer ses ennemis. Changer sa condition sociale, ce sera changer sa mentalité, car il n'est pas d'exemple que les qualités morales d'un peuple ne se soient jamais imposées, si peu que ce fût, à la race dominée. On obtiendra donc de grands résultats de l'action patiente de notre civilisation pour améliorer l'indigène. Et cela est si vrai que la marche au progrès des races noires change à mesure que l'on s'éloigne de l'équateur pour monter vers le Nord. Si l'on faisait une comparaison minutieuse entre nos populations du Soudan, depuis longtemps en contact avec la civilisation venue du Nord par les musulmans, ou venue de l'Occident avec nous, on trouverait une différence considérable avec les tribus anthropophages du Congo, au point de vue de leur mentalité.

C'est pourquoi, loin de se décourager, il faut s'appliquer à perfectionner l'indigène après l'avoir conquis et pacifié. Son éducation sera l'œuvre de tous les Européens dont la doctrine ou l'éducation coloniale doit être conforme aux besoins et aux progrès de la civilisation.

Les colons ayant besoin de main-d'œuvre, la question s'est posée de savoir si le noir doit travailler, s'il a des aptitudes au travail et des besoins. Lorsqu'on étudie l'existence du noir, même dans le village le plus reculé, on se rend compte aisément du travail qu'il fournit. Il construit sa case, il forge sa lance et la pointe de ses flèches, il aiguise sa hache pour abattre son bois de chauffage, il taille le manche de ses armes, il tisse des filets pour la pêche ou pour le gibier, il dresse toute une série de pièges pour attraper des antilopes, des oiseaux ou des rats. Il entoure son village de palissades pour le défendre. Il construit ses ustensiles de couchage et de cuisine. Il creuse et transporte de gigantesques troncs d'arbre pour faire ses pirogues. Il cultive ses champs de manioc, ses plantations de bananes. Il risque sa vie pour chasser le buffle ou l'éléphant durant des journées entières. Il tisse des écorces d'arbre pour se vêtir. Il tresse des lanières pour faire des ceintures, etc... Et la nuit, il envoie encore sur le sentier des corps de garde et des petits postes pour épier l'ennemi ou pour surveiller ses cultures. Nous pourrions résumer tout ceci en disant que le noir lutte la plupart du temps pour défendre son bien ou pour en acquérir, si modeste soit-il. Si donc le noir a la notion de la propriété qu'il s'est acquise, c'est qu'il travaille, si peu que ce soit.

Le noir a-t-il des besoins? Cela ne fait aucun doute. Par exemple, il ne peut vivre sans sel et sans viande. Pour se procurer l'un, il filtre la solution des cendres de certains arbres et la fait ensuite évaporer. Pour se procurer l'autre, il chasse les animaux ou fait la guerre à ses semblables. Cependant il est routinier au point d'entrer en lutte avec vous si vous tentez d'améliorer son sort. C'est lentement que le manioc a remplacé ou secondé l'énorme et fade banane. Ce serait déclarer la guerre que d'imposer la culture du mil réconfortant. Essayez de faire cultiver au noir du café, du cacao ou des légumes pour s'enrichir, des palmiers et des karités pour avoir de l'huile en abondance, du riz pour atténuer les disettes, du tabac pour trafiquer avec ses voisins, vous verrez à quelle inertie vous vous heurterez et vous sentirez que, seule, la volonté de l'Européen peut obtenir un résultat quelconque, un pas vers le progrès.

Le noir souffre-t-il du climat? Cela ne fait également aucun doute. En dehors des maladies parasitaires qu'il contracte sur son sol même, maladie du sommeil, variole, paludisme, tuberculose, etc..., il a de larges plaies, des affections pulmonaires, des maladies d'intestin, des maux de tête, le pied de madura, le pian, etc... Dès qu'il connaît la médication européenne, il s'empresse d'y recourir avec usure. Dans quelques régions, certains médicaments sont devenus des produits d'échange et de transaction. Comme on le voit donc, le noir travaille et souffre.

VUE DE LA FACTORERIE DE BANIA.

En outre il a des besoins, et lorsqu'il a connu certaines améliorations à son existence, comme l'introduction du sel, du
cuivre, des étoffes, etc..., il s'empresse d'y recourir le plus souvent qu'il peut. Il est donc erroné, à notre avis, de penser que le
noir ne travaille pas ou n'a pas besoin de travailler. L'aptitude
au labeur est peut-être embryonnaire chez lui, mais la civilisation peut l'augmenter et la développer.

C'est surtout en échange de viande que les indigènes de la
Sangha apportent le plus volontiers du caoutchouc. Si les
objets de consommation créent des besoins aux natifs, les
objets de luxe excitent également leur convoitise. Nous pouvons dire que, passant au village de Nadjiboro en compagnie
d'une des autorités commerciales de la colonie, nous arrêtâmes
notre colonne, et mîmes nos chevaux en sûreté près de la case
du chef. Mon compagnon avait emmené un superbe cheval pour
le vendre. Le chef Nadjiboro, malgré les instances de mon compagnon, déclara qu'il n'y avait pas de caoutchouc dans la

région et que par conséquent il ne pouvait lui en fournir. Cette personne fit alors avancer le beau cheval destiné à l'échange, car elle savait que les indigènes du municipe voulaient en offrir un à leur chef. C'est d'ailleurs un orgueil que l'on trouve fréquemment dans ces parages de la part de l'indigène, lequel aime à se vanter et à dire aux gens du village voisin : « Nous sommes des hommes puissants et plus généreux que vous autres, car votre chef va à pied, tandis que le nôtre caracole sur un beau cheval. » Mon compagnon présenta donc la monture à Nadjiboro et lui dit : « Je sais que tu désires un cheval. En voici un beau. Je te le cède pour du caoutchouc. » Aussitôt les hommes, qui s'étaient assis en cercle autour de nous, se regardèrent en dessous en parlant à voix basse. Puis, au bout d'un instant, Nadjiboro reprit : « Nous n'avons pas de caoutchouc ici, ou plutôt celui que nous avons est pour les hommes du village de l'autre côté de la rivière. Mais nous pouvons toujours te le donner, quitte à le leur rendre ensuite. » Tout aussitôt, les indigènes apportèrent sept charges de matière précieuse, et comme il en restait quelque peu à livrer pour s'acquitter de l'achat du cheval, il fut convenu que moins d'un mois après, toute la dette serait payée. Ce marché, conclu avec toute la patience et la sagacité de mon compagnon, ne manqua pas d'attirer ma curiosité et de me suggérer de nombreuses réflexions.

Autre exemple : Durant la colonne de huit mois que fit la Mission dans le Centre africain, le chef de mission avait ordonné que les charges ne dépassassent pas 23 kilogs et les étapes une moyenne de 17 kilomètres, ce qui devait éviter des fatigues aux porteurs et nous permettre de rayonner autour des centres de stationnement. En outre, nous avions, tant que nous le voulions, et très facilement, des porteurs auxiliaires de village à village, pour éviter toute fatigue à nos gens. Malgré ces dispositions, chaque fois que nous arrivions à l'étape, une quarantaine d'hommes venaient se plaindre de douleurs dans le cou, de courbatures aux épaules. On leur administrait une couche de teinture d'iode et ils s'en allaient, alertes et guillerets, préparer leur repas.

Or, il nous arriva certains jours, sur les bords de la Penndé et de l'Ouhame, de tomber à l'improviste sur des troupeaux d'hippopotames, fort dangereux pour les embarcations, et d'en tuer quatre à cinq. On croira peut-être que les trois ou quatre tonnes de viande ainsi obtenues se trouvaient perdues. Ce serait une erreur profonde. Les animaux étaient promptement dépecés. Il n'en restait bientôt plus que les os. Nos hommes en mangaient à rendre l'âme. Le lendemain, sur la route, nous apercevions sur la tête de chacun de nos porteurs, en plus de la caisse dont il était chargé, un monceau de 20 à 25 kilogs de viande fumée, qu'ils portaient en surcharge sans se plaindre, durant des jours entiers et même durant des semaines. Cela montre une fois de plus que le noir sait produire un effort pour contenter ses désirs.

Les indigènes sont en outre très commerçants. Ils excellent dans les transactions pour lesquelles ils montrent une subtilité et une patience sans égales. Or, il ne peut y avoir commerce sans travail et sans production. Le trafic est lui-même un travail. On voit donc que le noir fait coutume de ce dernier.

L'indigène est timide, inconstant, variable, indécis. L'on se trouve en présence, non pas d'un grand enfant naïf et capricieux, mais en présence d'un être malléable, retardataire, inféodé à la force et singulièrement impressionné par une volonté ferme, patiente et juste. Ce serait une erreur d'appliquer au noir de la grande forêt le traitement d'un enfant que l'on veut corriger de ses tares. Il faut plutôt le considérer comme un homme aux prises avec d'énormes difficultés dans la vie, en butte aux ardeurs d'un climat pernicieux et de maladies mortelles, affaibli par des privations et par son existence d'homme arriéré, incapable d'assez d'intelligence pour se tirer d'affaire tout seul, capable d'un certain jugement et d'un grand discernement du bien ou du mal, du juste ou de l'injuste, et ayant surtout besoin de l'appui et des soins que lui doivent nos sentiments d'humanité et les progrès de notre civilisation pour l'arracher aux fléaux dont il est entouré.

Aucune de ces améliorations ne saurait être propagée sans les capitaux que demande la colonie du Congo pour entrer dans la voie du progrès, pour marcher de l'avant vers la lumière et la civilisation. Et j'ajouterai, de plus, que ce but ne peut être atteint qu'en s'appuyant sur la force latente et pacifique d'un corps d'occupation.

La nation française a toujours montré un esprit chevaleresque, et une générosité que l'univers entier a reconnus. Ces caractéristiques sont garantes de ce que notre action coloniale peut obtenir doucement de l'indigène. Mais il ne faut point les atténuer par des prescriptions timorées, sans quoi, plongeant nos successeurs dans une atmosphère sans cesse grandissante de crainte et d'hésitation, nous verrions s'établir dans l'âme de la race, un esprit hésitant, une contrainte, un manque d'initiative et une crainte des responsabilités capables de nous faire échouer dans toutes nos entreprises et d'atténuer le respect auquel nous avons droit.

M. Milliès-Lacroix, ministre des colonies, a décidé de porter l'effectif militaire du Congo à son chiffre rationnel ; il a pensé avec sagesse que le sang de l'indigène est précieux et que le meilleur moyen d'éviter son effusion était d'assagir le noir et d'en imposer à son état de rébellion. Soyez bien assuré que la seule présence d'une troupe ramènera presque sans coup férir le calme immédiat parmi les tribus les plus hostiles.

Tout est difficile au Congo. Veut-on organiser un transport ? La route est mauvaise, la rivière offre des rapides, l'indigène s'enfuit. Veut-on poser une ligne télégraphique ? Il faut traverser de vastes marécages ou bien, en terre ferme, les éléphants renversent les poteaux, la foudre brise les appareils. Veut-on construire une maison ? Les termites en auront détruit les membrures et les boiseries dans l'espace de quelques mois. Veut-on créer une culture ? Le noir vient vous dire : « Le blanc qui est passé devant toi m'a dit que je n'étais pas forcé de travailler. » Aussi, c'est seulement au prix d'efforts opiniâtres, d'une grande connaissance du pays, d'une patience invariable, de grands sacrifices d'argent et surtout d'une ligne de conduite immuable qu'on obtiendra des résultats appréciables, dans cette colonie, la plus riche de nos possessions africaines.

C'est le manque d'outillage économique qui rend au Congo toute entreprise particulièrement pénible et difficile.

Il y manque aussi entre blancs et noirs ce que j'appellerai le synchronisme d'éducation coloniale. Nos administrateurs recoivent dans les Écoles et dans les colonies une instruction spéciale, mais, à part cela, chacun peut se rendre compte que l'indigène et le colon sont, au Congo, bien souvent dépourvus de ce côté. Il saute aux yeux, cependant, que ces trois éléments, destinés à travailler de concert, ne peuvent concourir au même but s'ils ne reçoivent des éducations synchrones, c'est-à-dire des enseignements différents, appropriés à leur fonction et à leurs aptitudes, mais en harmonie constante et suivant une proportion et une mesure nettement pesées et définies.

On ne peut pas, dans la vie, juxtaposer des gens en se fiant uniquement au hasard du choix qui les rassemble. C'est pourquoi une nation coloniale comme la France doit se préoccuper du synchronisme de l'éducation et des moyens d'action des personnes qui concourent sur les terres tropicales à la prospérité de notre empire colonial. C'est donc, à notre avis, dans l'éducation nationale, dans l'enseignement reçu soit à l'école, soit sur place, dans le sein même des colonies, que le colon comme l'indigène doivent puiser la force morale et féconde, grâce à laquelle leur labeur sous les tropiques sera en concordance avec l'action des administratifs pour la réalisation des intérêts divers qu'ils représentent. L'Afrique occidentale vient de nous le prouver.

Nous formons, au Soudan, des auxiliaires noirs excellents.

On y trouve même des écoles où les jeunes gens vont apprendre l'exploitation et la protection des arbres à caoutchouc.

La colonie du Congo aurait peut-être des intérêts plus grands encore, en raison de sa richesse, à se procurer de semblables moyens d'action. Mais il faut pour cela que la métropole lui fasse confiance de l'Emprunt qu'elle mérite, des effectifs qu'elle demande et de l'outillage qu'elle réclame.

Ce ne sera pas une dépense inutile d'augmenter la force publique et les fonctionnaires, car l'impôt rémunérateur rentrera proportionnellement au nombre de ceux-ci. Ce n'est pas de l'argent mal placé que d'instruire l'indigène, de l'habituer à de nouvelles cultures, d'élever son moral, de l'arracher à sa condition misérable et de l'initier au trafic pour s'enrichir. Il vaut mieux répartir notre argent entre nos ouvriers noirs congolais que de le donner en salaire à des charpentiers sierra-léonais ou à des forgerons d'Akkra qui retourneront le dépenser chez eux, c'est-à-dire dans les colonies étrangères.

C'est, pour un grand pays, utiliser judicieusement une fraction de sa fortune que de la confier à une riche colonie pour y créer des cultures, des marchés, des routes, des télégraphes, des voies ferrées pour la pénétrer, pour connaître ses produits, pour les exploiter, pour en importer d'autres dans des jardins d'essai et sur ses territoires.

La colonie doit être pacifiée ou policée, puis occupée et mise en valeur. C'est là le cycle rationnel d'évolution, nos possessions en bonne voie l'ont suivi pas à pas.

MAIN-D'ŒUVRE ET SALAIRES

Mais pour édifier l'outillage d'un aussi vaste territoire, la main-d'œuvre et la bonne volonté des noirs est absolument nécessaire, nous ne pouvons atteindre le but sans l'appoint de leur travail.

L'indigène doit-il travailler ?

Pour nous Européens, le travail est fils du besoin, nous l'avons accompli de notre propre gré, sans l'exercice d'aucune pression extérieure, uniquement parce que nous l'avons jugé

nécessaire. L'indigène, en vérité, fait comme nous. Il travaille
pour ses besoins les plus urgents, c'est là ce qui le différencie.
Il travaille surtout pour son estomac ; mais il est trop arriéré
pour savoir par exemple qu'il peut travailler à défendre cet
estomac fatigué, pour détruire son paludisme, ses ulcères, sa
maladie du sommeil. S'il avait pu discerner que son mal pouvait
être vaincu par son travail, par des travaux de salubrité, par
la confection de moustiquaires contre les tsé-tsés et les moustiques propagateurs du trypanosome, nul doute qu'il ne l'eût
fait, sans y être exhorté, même au prix de grands labeurs. Mais
il ne savait pas. Et j'en veux pour preuve le soin farouche avec
lequel il s'isole et relègue au bord des marigots ses congénères atteints de la maladie du sommeil.

Avons-nous le droit d'imposer le travail à l'indigène content
de son sort en apparence, du moins ? On pourrait assurément
répondre non, si l'indigène ignorait le travail, s'il pouvait s'en
passer et s'il était heureux de sa condition.

Or nous avons vu que, de quelque côté que l'on regarde le
noir, on s'aperçoit que, peu ou beaucoup, il travaille. Non seulement l'indigène n'ignore pas le labeur, mais nous savons que
pour vivre il doit le pratiquer. Veut-il pêcher, chasser, cultiver, cuire ses aliments, célébrer une fête, organiser un tam-tam,
naviguer sur un fleuve, il doit pour cela tisser un filet, forger
des armes, dresser des instruments, tourner des marmites,
tailler un arbre pour en faire un tambour, abattre un géant de
la forêt, le traîner et le creuser pour en faire une pirogue. Au
moindre geste de sa vie, comme nos pères et comme nous, le
noir fait acte de labeur, de travail, et cet acte le conduit tout
droit à la propriété. Donc, non seulement le noir travaille, mais
il possède. Achetez sa pirogue. Elle vous coûtera de 300 à 600 fr.
Faites-la construire vous-même, vous arriverez presque au même
prix. Donc le travail indigène existe et même il **a du prix**, il
conduit à la propriété et même à la notion de la valeur de la
main-d'œuvre.

Comment pouvons-nous étendre ou créer celle-ci ? Cette création doit être l'œuvre de l'État, agissant de concert avec l'initiative individuelle. En effet, c'est l'État qui possède le territoire du Congo. Par cette prise de possession, l'État s'est attribué, vis-à-vis de sa colonie, des droits, des obligations et des devoirs. Le premier est de l'occuper, de prendre contact avec l'indigène, de le faire renaître au calme, d'adoucir ses mœurs en lui imposant une civilisation plus douce et progressivement plus élevée. L'État est le maître, mais c'est un maître paternel. En occupant sa colonie, il doit faire à la fois œuvre d'humanité et de fermeté. Il secourt l'indigène, le soustrait aux marchés d'esclaves, l'arrache à la misère, à la maladie. L'occupation de la colonie doit produire l'amélioration du sort de l'indigène et celui-ci doit reconnaître le service rendu et contribuer à son nouvel essor en témoignant à l'État sa bonne volonté, en lui donnant, en échange, l'apport de ses bras, de son travail ou le fruit de sa main-d'œuvre.

Et durant quelque temps, l'indigène ne connaîtra que ces deux modes de contribution : main-d'œuvre et impôt en nature. Mais un jour le colon, sans cesse exhorté par l'État, paiera l'indigène en argent, amélioration des plus heureuses et des plus désirables. En effet, le numéraire ne se détériore pas. Il favorise le bas de laine. Le noir est prodigue, il est vrai, mais les indigènes économes pourront amasser pour sortir du prolétariat salarié. Ils pourront monter un petit négoce, devenir propriétaires, travailler librement. L'argent conduit au travail libre, et c'est cette liberté que l'on doit rechercher pour l'indigène. Les étoffes se détériorent, l'argent ne perd pas de valeur. L'indigène verra, par lui, sa condition modifiée, améliorée. C'est là un but humanitaire que nous devons atteindre, car il a pour conséquences l'établissement de mercuriales sur les marchés, l'allégement du portage, la rémunération du travail sans discussions oiseuses.

Un jour donc, le colon paiera l'indigène en espèces[1], il lui

____

1. Cela se produit déjà dans la Sangha et ailleurs.

FEMMES BAYAS LAVANT LE MANIOC DANS LA MAMBÉRÉ.

achètera son portage, son caoutchouc ou ses denrées avec de l'argent. En même temps, les chefs de tribu ou de village seront informés qu'au lieu de se libérer envers l'État en nature, ils peuvent se libérer en espèces. Alors, tout naturellement, le noir conservera ses vivres et les produits de ses champs pour se nourrir et portera, pour liquider sa dette, pour acquitter son impôt, des espèces acquises en travaillant pour le commerçant. C'est ainsi que se paiera, un jour, au Congo, l'impôt de capitation [1].

De la sorte, l'indigène répond à la protection de l'État et satisfait à ses besoins en travaillant, non plus cette fois directement pour l'État avec lequel il s'acquitte en espèces, mais pour le colon auquel il apporte les produits du sol pour acquérir ce qui est nécessaire à l'impôt, et pour satisfaire ses besoins, ses désirs. Et, chose tout à fait intéressante que nous avons observée dans la Sangha, l'indigène voyant approcher la « lune » ou le mois durant lequel doit être payé l'impôt, vient se présenter à la factorerie et réclame des caisses à porter pour avoir de l'argent, parce qu'il a dépensé celui qu'il a gagné en récoltant du caoutchouc et tient à payer son impôt.

Donc l'idée de travail s'est propagée dans certaines contrées et, chose plus curieuse encore, l'indigène recherche le portage libre, celui qui n'abaisse point l'homme et ne s'adresse qu'à de courts trajets pour payer son impôt.

Il faut discerner sans parti pris la conclusion de ce qui précède et lui donner son sens vrai. Nous ne dirons pas que l'impôt est le seul moyen de créer le travail, mais il est certain que, sagement et progressivement appliqué sans brusquerie, sans violence, plutôt avec patience et fermeté tout à la fois, l'application de l'impôt doit se faire accepter peu à peu, et conduire l'indigène au travail d'une façon progressive et sans l'abaisser.

On peut citer à titre d'exemple la sphère de la capitale Brazzaville, où le gouvernement de la colonie s'est très doucement

______

1. Quelques régions paient, depuis un certain temps, l'impôt en numéraire.

créé la meilleure influence à de très grandes distances en tous sens. Mais, faute de moyens de pacification, cette influence bienfaisante ne se manifeste plus avec la même intensité sur les territoires éloignés.

A l'heure actuelle, l'Afrique occidentale si prospère a reçu près de 400 millions de dot pour développer sa richesse, alors que l'emprunt du Congo est encore au bord des urnes. Cependant on n'a pas manqué de réclamer dans cette colonie la suppression du portage ; on s'est ému de la sauvagerie des noirs ; on s'est plaint des abus ; on a gémi de la maladie du sommeil qui détruit la population ; on a demandé l'amélioration des cours d'eau ; on a réclamé la pénétration et la mise en valeur du pays.

Tout cela reflète le « bon cœur » national ; mais, sans argent, on n'obtiendra que des progrès fort lents et des résultats très moyens.

L'une des tâches auxquelles l'indigène s'est le plus volontiers accoutumé est le portage. Nous sommes absolument d'accord avec tous ceux dont les sentiments d'humanité se sont élevés contre le portage pour dire que ce travail, s'il était mal conçu par l'Européen, serait la plus odieuse de toutes les corvées. Il faut distinguer cependant entre le portage dévastateur et le portage libre ou rationnel. Le premier était exécuté par un grand nombre d'indigènes que l'on entraînait loin de leur foyer sans avoir la certitude de les y ramener, et que l'on abandonnait dans un centre quelconque en les payant parfois avec des marchandises qu'ils ne pouvaient utiliser.

Les malheureux noirs, abandonnés ou traités de la sorte étaient évidemment l'objet de procédés que la morale et la charité réprouvent.

Le portage libre, au contraire, est généralement bien accepté par l'indigène dans les territoires du Congo. On le pratique de la façon suivante : les chefs de village sont informés qu'il s'agit de porter un nombre déterminé de charges d'un point à un autre situé en pays sûr, voisin et ami.

On s'y prend à l'avance, et généralement au jour dit, les charges sont enlevées pour effectuer ce premier trajet. Au moment de partir, chaque porteur reçoit sa ration pour la route, plus une avance de solde au tarif d'un franc par jour, le reste devant être payé à destination. Les indigènes savent qu'ils recevront des soins en cours de route si un blanc les accompagne, ou bien à l'arrivée quand ils atteindront la factorerie. Ils ne manquent pas, d'ailleurs, de faire panser la moindre écorchure et nous avons vu des agents s'y prêter de très bonne grâce.

Le portage, conçu de cette dernière façon, sur des itinéraires courts et bien déterminés, est accepté par beaucoup d'indigènes. Nous pouvons même dire que ceux-ci le recherchent. En effet, ils trouvent très facile de se procurer un franc par jour et d'être nourris par un simple trajet de vingt à vingt-cinq kilomètres. D'ailleurs, en Europe, le portage est une institution; des corporations entières s'y livrent tous les jours et en vivent.

Dans notre capitale, on voit circuler des employés de commerce qui portent sur un crochet des piles formidables de caisses ou de cartons, ou des manœuvres traînant des voitures à bras lourdement chargées.

J'ai cité, précédemment, des exemples montrant que le noir porte volontiers lorsqu'il s'agit de son intérêt personnel.

Il faut surtout s'efforcer, par une pénétration progressive, sage, humaine, bienveillante mais ferme, d'obtenir le portage de village en village et de payer l'indigène dès qu'il a rendu le service demandé.

Actuellement, sur une bonne partie de la route de Carnot à Laï, on peut procéder de la sorte. Je me trouvais le 10 janvier 1907 à Bouala, sur l'Ouhame, à près de 240 kilomètres de Baïbokoun, village du Logone, avec une centaine de charges en panne. J'eus l'agréable surprise de voir arriver, un matin, deux indigènes de Yadé, informés de notre présence, qui venaient nous demander combien ce centre populeux devait nous fournir de porteurs. Quelques jours après, ces Bayas du Nord reve-

LES PREMIÈRES ROCHES DES RAPIDES A LÉOPOLDVILLE ET LE YACHT « KAMPENAERT »
TOUJOURS SOUS PRESSION POUR SECOURIR LES VAPEURS EN CAS DE DANGER.

naient en masse pour enlever nos bagages et pour les porter
de village en village, en s'interchangeant jusqu'à Baïbokoun.
Nous avons payé, comme toujours d'ailleurs, en toute conscience, et nous pensons que le même procédé peut-être utilisé
derrière nous.

Dans le pays lakka lui-même, nous avons pu soulager nos
porteurs avec des hommes de bonne volonté. Nous pouvons
dire que si le labeur nommé « portage » évolue de la sorte grâce
à la façon dont il est propagé, la main-d'œuvre nécessaire à
l'exploitation des richesses naturelles suivra la même progres-
sion.

Alors nous ne verrons plus l'indigène vivre au milieu de
terres fertiles sans en tirer parti, et sa condition ira s'amélio-

rant toujours, car la main d'œuvre des naturels finira par s'appliquer aux grands travaux et surtout à la construction d'un railway suppresseur de portage et propagateur de civilisation. Des voies ferrées sont déjà étudiées. L'une d'elles doit suivre la vallée de l'Ogoué pour aboutir sur la Likouala, bien en amont de Brazzaville. La seconde, au contraire, beaucoup moins longue et moins onéreuse, partirait de Pointe Noire (non loin de Lango) pour atteindre la capitale actuelle du Congo. Les avis sont très partagés à leur sujet. On s'est demandé si les vapeurs de fort tonnage descendant le Congo rompraient charge à la Likouala pour confier leur matériel à des chaloupes ou à des baleinières, car cette rivière n'est pas toujours navigable. On a même ajouté qu'ils perdraient là un temps précieux et la majorité de leur rendement, et que les maisons de commerce préféreraient continuer directement sur Brazzaville et Kinchassa pour éviter de grands frais et pour confier leurs chargements au chemin de fer du Congo belge, tout prêt à lutter, par ses tarifs, avec cette ligne française deux fois plus longue que la sienne.

La ligne Pointe Noire-Brazzaville, voisine de celle du Congo belge, a le gros avantage d'aboutir sur l'Océan, tandis que sa rivale belge débouche à Matadi, au pied des grands rapides, sur un fleuve qui limite le tirant d'eau des navires à six mètres environ. Il est certain qu'à tarif égal les marchandises auront tout avantage à gagner Brazzaville, exonérées ainsi des transbordements sur le Pool; et à prendre la voie ferrée française de (ou pour) l'Océan, afin de s'embarquer sur des navires de gros tonnage, appropriés aux exigences et aux progrès de la marine moderne. Cette seconde voie ferrée, pour toutes ces raisons et pour bien d'autres encore, paraît devoir l'emporter. Je crois fermement qu'elle ne manquera pas de trafic, car la colonie peut fournir d'abondantes productions tout le long et aux abords de son parcours.

Si nous nous limitons aux pays explorés par la Mission, je dirai que les territoires de la Sangha peuvent produire manioc,

LES AOUSSAS DE CARNOT VIENNENT AU DÉBARCADÈRE DES PIROGUES SUR LES BORDS DE LA MANBÉRÉ.

maïs, mil, bananes, riz, sésame, arachides, patates, ignames, ozonifis, caoutchouc, kolas, palmiers, fleurs de toutes sortes, légumes et plantes potagères. La forêt renferme des variétés prodigieuses d'arbres et de plantes pour l'étude desquels une mission spéciale aurait plusieurs années de travail; chaque arbre a son latex, sa résine et sa gomme.

Autant de produits industriels tels que la gomme de l'acacia ethica, le copal du trichylobium hornemannicum, les résines des genres Boswiella, l'acajou jaune, le palissandre clair sont inutilisés.

Le coton pousse à vue d'œil à proximité des cases, la vanille est à l'état sauvage dans la forêt et tout cela, par l'apathie de l'indigène, reste inutile et se perd.

Il est grand temps pour le Congo d'entrer dans le cycle pacification, occupation et mise en valeur.

La pacification n'est qu'une première phase. Toutes nos colonies en bonne voie ont évolué dans un cycle invariable : pacification, occupation, mise en valeur. Le Congo n'a pas évolué dans ce cycle, les idées de jadis l'ont fait mettre en exploitation avant qu'on l'ait totalement pénétré. Nous serons obligés de reprendre son édification par la base tout en tenant grand compte de l'effort produit. D'ailleurs cela ne peut nuire à personne, car la pacification ne peut qu'assouplir l'indigène, le pousser au travail et le forcer au respect de nos institutions civilisatrices.

La France a le devoir d'arracher le noir à sa barbarie comme à ses misères, ce sera le fruit le plus agréable de sa prise de possession du Congo; nous sommes sûrs qu'elle ne faillira pas à sa tâche. Après la pacification, viendra l'occupation par la troupe et l'administration, sous une forme stable et décisive, apportant avec elles les idées loyales et les principes généreux de notre esprit colonisateur, si largement estimé par les puissances nos voisines.

La mise en valeur déjà commencée profitera, pour l'avenir, des enseignements de la période si difficile du début et suivra

LA DRAGUE DU PORT DE LÉOPOLDVILLE.

de près tous ces efforts; le commerce pourra se développer à l'aise, l'industrie sera libre de prospecter les richesses forestières, de choisir les exploitations qui lui conviennent et de s'engager franchement et plus sûrement vers le progrès. Tout cela peut se réaliser sans difficulté pourvu que la métropole accorde au Congo la confiance qu'il mérite et la dotation qu'il demande.

Je reviens au récit de la Mission.

Ainsi, j'avais laissé mes compagnons, les croyant en toute sécurité, dans un pays occupé par un réseau de postes et de factoreries, les supposant tout à fait tranquilles à deux pas des centres administratifs de la région ; nous devions apprendre de fâcheuses nouvelles, par bonheur sans gravité, mais incontestablement dues à l'état d'esprit général des populations de la colonie.

Nous quittions, à Brazzaville, M. Guynet et sa famille en parfaite santé, malgré la rude étape accomplie avec tant de vaillance, d'énergie et d'entrain par sa jeune femme, son fils et lui-même. Ensuite, Psichari et moi nous nous rendions dans l'État indépendant du Congo. Le meilleur accueil nous y était réservé par M. Fuchs, gouverneur général, et le capitaine du génie Moulaert, chef du district de Léopoldville.

Bien que le Congo belge et le Congo français ne soient séparés que par le Congo et l'Oubanghi, il existe au point de vue du développement et de la mise en valeur, une grande différence entre ces deux possessions. Le temps nous a manqué pour prolonger ce séjour à mon gré; cependant, durant notre voyage, des visites répétées et des conversations fréquentes nous ont permis de juger des progrès considérables de la colonie voisine.

Il y a la même différence entre Léopoldville et Brazzaville qu'entre les deux pays. Léopoldville est un port en eau profonde avec des quais maçonnés et l'outillage industriel suffisant pour la réparation des bateaux, les chargements, les débarquements et les mouvements commerciaux. Le chemin de fer de Matadi s'y termine, facilitant les transactions et favorisant leur essor. Le service de navigation est assuré, jusqu'aux Stanley Falls, par des bateaux de 250 à 500 tonnes. Ces derniers emportent des locomotives et des travées de pont toutes montées.

Les cultures ont été étudiées et développées dans toute la région; l'élevage y donne de bons résultats. On a même observé que les animaux bien soignés et suralimentés ne souffrent aucunement des piqûres de la tsé-tsé, alors que dans le même troupeau, les bêtes livrées aux seules ressources de la brousse périssent infailliblement. Les rizières et les plantations diverses ont donné de bons résultats, elles augmentent les ressources ouvrières et le bien-être des natifs. Les cultures sont poussées avec tous les perfectionnements que permettent les progrès de la science actuelle. Les labours à traction bovine se juxtaposent aux hersages, semis et fauchages mécaniques. Les Belges ont surtout développé le service des

UN COIN DU PORT DE LÉOPOLDVILLE.

communications et des transports. Ils en ont saisi l'extrême importance. De même que le Congo, le superbe Kassaï est activement navigué, ses rapides ont été aménagés, et l'on peut le remonter jusqu'à seize jours de son confluent, exploitant ainsi toutes les richesses de son vaste et luxuriant bassin. Cette rivière, l'analogue de la Sangha pour le Congo français, est bordée de factoreries en plein travail, en pleine prospérité, dont le trafic est toutefois suspendu par périodes pour laisser le temps aux richesses de la région de se refaire et de se reconstituer.

Le télégraphe et le téléphone fonctionnent entre Léopoldville et Boma, le télégraphe seul est installé depuis Léopoldville jusqu'à Coquilhatville, et son prolongement jusqu'aux Stanley Falls est en voie d'exécution et d'étude. Cette ligne coûte 200 000 francs d'entretien par an et elle sera néanmoins prolongée jusqu'à la source du Congo. Le fleuve n'étant pas navigable en amont de Seghetini, à cause des Stanley Falls, on l'a doublé par 127 kilomètres de rail ; sa navigation reprend ensuite de Ponthierville à Kamimbi, sur le Loualaba (nom du Congo supérieur), sur 315 kilomètres de parcours, puis on retrouve la voie ferrée sur 320 kilomètres de Kamimbi à la porte d'Enfer, point à partir duquel le fleuve redevient calme et facile jusqu'à Kallengwé (640 kilomètres). Des voies ferrées sont de toutes parts à l'étude dans le Kassaï, dans le Katanga, ce pays aux mines abondantes d'étain, de nickel et de métaux rares, et dans la région des Grands-Lacs. Des lignes télégraphiques sont lancées de tous côtés et, dans les régions où ne va point le rail, des routes carrossables et des automobiles favorisent les transactions et la mise en valeur. Le riche Katanga se relie par le rail avec l'Afrique du Sud pour écouler ses abondantes productions.

On sent là l'impulsion vigoureuse et le génie colonial du roi des Belges ; toutes ces organisations révèlent un esprit de suite et de méthode ; le Congo belge porte l'empreinte des sacrifices qu'on a faits pour lui. Tout y indique que les colons qui sont venus s'y fixer s'y sont prodigués pour prolonger leur œuvre. La pacification n'est point achevée, mais elle a produit le grand et décisif effort, elle a sorti l'indigène du point mort. Le vaste mécanisme, la puissante machine produit déjà son rendement et le traduit par un trafic de 85 millions chaque année. J'ai regardé avec admiration les villages d'anciens soldats de la force publique. Ce sont des localités charmantes, propres et salubres. L'habitant se présente à vous dans une tenue parfaite, les cases sont spacieuses et saines, les plantations admirables et fructueuses ; et quiconque y voyage, qu'il soit en convoi, en troupe ou isolé, sait que les approvisionnements y seront faciles et vendus à des tarifs sagement établis. Tous les essais possibles ont été faits avec les plantes tropicales exotiques ou natives. Le superbe jardin de Coquilhatville, les plantations de Loukoléla sont autant d'épreuves instructives qui permettront, un jour, de se lancer sur la voie rationnelle d'exploitation et de culture. Des scieries mécaniques, installées pour

LA BERGE A LA PLANTATION DE LOUKOLÉLA (CONGO BELGE).

essai, débitent les bois superbes de la grande forêt; la pratique enseignera s'il faut les restreindre ou les multiplier.

L'occupation militaire du début a laissé dans ce pays l'empreinte de la discipline et de l'ordre sans lesquels aucune entreprise industrielle et commerciale ne saurait aboutir. Les Colonies d'Afrique sont, en vérité, des comptoirs exotiques, des sources de production et d'activité tropicale pour lesquelles la main-d'œuvre inexpérimentée de l'indigène doit être savamment et judicieusement éduquée. Parmi ces races si diverses, au milieu de cette tour de Babel où tout le monde parle, agit et gesticule sans se comprendre, sans union, sans ordre et sans accord, l'impulsion première joue le rôle prépondérant vis-à-vis de l'avenir. Toute mise en marche défectueuse crée des organes dissymétriques, difficiles à remettre au point; la machine devient boiteuse et c'est tout un travail à rebours, tout un effort perdu pour la redresser comme il faut. Le roi des

Belges l'a sagement compris, son pays tout entier l'a suivi et
soutenu dans son œuvre, il lègue à sa patrie des territoires
organisés ou bien en voie de pacification, des richesses énormes
en partie prospectées ou déjà exploitées, bien faites pour
accroître encore la prospérité de son industrie nationale.

Du même coup, il donne espoir et confiance à la France.

Notre Congo français est la plus riche de nos possessions africaines; ses ressources forestières valent celles du Congo belge
et personne n'a prouvé que le sous-sol, où le cuivre vient
d'être rencontré, ne soit digne d'une grande attention, d'un réel
intérêt. Ce riche et beau pays doit évoluer dans le cycle pacification, colonisation et mise en valeur. Nos possessions
en bonne voie doivent leur prospérité à cette façon de con-
cevoir les choses; le Congo lui devra la sienne. Il suffit que
la métropole lui confère la dotation qu'il demande, lui accorde
la confiance qu'il mérite et lui fasse le crédit auquel il a
droit.

C'est par ce beau voyage que se terminaient nos travaux.

Bientôt la Mission rentrait en France et débarquait à Bordeaux le 11 janvier 1908, ayant prospecté près de 130 000 kilomètres carrés de territoires. La carte du capitaine Périquet,
secondé par nos vaillants sous-officiers, sera dressée bientôt
au 400 000ᵉ, et révélera notre effort, appuyée sur 164 positions
calculées dont 54 ont été obtenues d'une manière absolue.

Ce ne sont ni des marécages, ni des chaînes montagneuses
qui donnent naissance aux rivières du Centre africain. Elles
prennent leurs sources dans le nœud orographique de Yadé,
autour duquel plus de vingt races différentes sont groupées, recevant la vie de ce bloc granitique imposant et majestueux.

Le lecteur nous a suivi tout le long des rivières, depuis
leurs sources, découvertes par la Mission, jusqu'à la plaine;
il sait maintenant que le Bahr Sara est bien le prolongement
de l'Ouhame et que cette dernière est, selon toute vraisem-
blance, la branche maîtresse du Chari, qui, par cela même,

A LÉOPOLDVILLE, L'ALLÉE DU ROI SOUVERAIN, BORDÉE DE COCOTIERS,
ABOUTIT AU CONGO.

descend du mont Lalenghé. Nous avons montré l'excellence et la facilité de la route qui suit la Penndé, ses pâturages, ses belles populations et ses ressources; nous avons même la satisfaction profonde d'avoir appris qu'une tentative récente avait donné à cette route sa consécration pratique : c'est le meilleur couronnement de nos efforts.

Les races ont été pénétrées et décrites, le mystère est éclairci sur leur compte, nous savons même leur pratique universelle du labi. Le pays des M'bakas rebelles s'est ouvert sous les pas de nos colonnes et ces anthropophages ont reçu le baptème du feu, bien fait pour les assagir après leurs attaques farouches.

AUSSITOT INSTALLÉS DANS UN POSTE, LES BELGES L'ORNENT (COMME ICI A YUMBI)
DE SUPERBES ALLÉES DE PALMIERS A HUILE.

Les richesses des pays traversés ont été détaillées au lecteur;
il a pu juger de leur diversité, de leur rendement et de leur
abondance, variable avec les régions. J'ai placé sous ses yeux, à
chaque pas, le tableau fidèle de ces régions captivantes; l'indigène est dépeint avec ses misères : le docteur Kérandel a soigneusement étudié les maux dont il souffre et les soins dont
il a besoin. Nous avons fait le nécessaire pour détruire son
cannibalisme, améliorer les ressources du pays et faciliter la
propagation de la vaccine.

La Mission a soulevé l'un des derniers voiles de ténèbres qui
recouvraient encore ces régions du Continent noir. Ses travaux
et ses résultats font honneur à l'admirable phalange de mes
collaborateurs; leur énergie, leur vaillance et leur intelligence
éclairée m'ont puissamment secondé dans cette tâche, mais
c'est avec douleur que j'ai vu l'un de mes compagnons succomber près du but.

Le Congo laisse ouvert sous nos pas un vaste champ d'activité coloniale. Nos successeurs sont appelés à lui prodiguer leur science et leur activité ; sa mise en valeur sera l'œuvre des jeunes.

La Mission vient de leur montrer des routes au croisement desquelles ils trouveront les chemins tracés à leur esprit d'entreprise. La prospérité de notre Empire africain sera le fruit de leur dévouement à la cause coloniale de la France.

APPENDICE

I

GÉOGRAPHIE SUCCINCTE DES PAYS TRAVERSÉS[1]

Il ne s'agit ici que d'un exposé résultant de l'observation et de la connaissance du pays et, s'il emprunte la forme affirmative, c'est pour mieux expliquer des idées personnelles, sans la moindre prétention de les imposer à personne.

La zone d'action de la Mission du Haut-Logone présente, comme on a pu le voir, deux aspects totalement différents. Au sud, le bassin de la Nana-Sangha grossie de la Mambéré et la Kadéi irrigue des terrains de la zone sus-équatoriale recouverts d'une riche forêt ou de savanes, au milieu desquelles on trouve des races anthropophages à manioc (bayas, yanghérés, panndés, etc.), et comme richesse prédominante, le caoutchouc, tandis que le bétail n'y vit qu'en certains endroits, amené par l'homme, et soumis à des soins constants pour assurer sa préservation. Au nord, au contraire, la grande forêt n'existe plus. C'est la vallée du Logone avec les races à mil (m'boums, lakkas, saras, m'baïs), où l'indigène élève, vers Laï et le Toubouri, des chevaux et des bœufs sur un sol argileux, dans une plaine de grandes herbes et de dépressions aquatiques dont les herbes touffues lui servent de pâturage pour ses troupeaux. Tout à l'entour les arbres sont rares, espacés lorsqu'ils sont grandioses et rabougris lorsqu'ils sont touffus.

Entre ces deux pays, plaine de Logone et vallée de la Sangha, s'étend une région intermédiaire, une cloison de démarcation, que

1. La carte de la Mission est appuyée sur un réseau d'environ 180 positions astronomiques calculées, dont une soixantaine ont été établies d'une façon absolue; elle comporte en outre près de 20 000 kilomètres d'itinéraires divers auxquels nos devanciers ont bien voulu joindre les leurs, chose dont nous leur rendons profondément hommage.

borde au nord le Logone et au sud une rivière non moins importante, l'Ouhame dont le cours inférieur porte le nom de Bahr Sara.

Le chef de Mission avait décidé l'étude de cet important territoire, à condition que nos travaux restent tangents vers l'ouest, aux travaux de la Mission de délimitation Congo-Cameroun, tandis que nous pouvions nous étendre vers l'est, jusqu'au cours du Chari, en ne franchissant pas le méridien de Fort Archambault.

C'était un bloc de 70 à 80 000 kilomètres carrés de superficie. En l'ajoutant aux territoires étudiés dans la Sangha, cela faisait un total voisin de 130 000 kilomètres carrés. J'ai cité au cours de cet ouvrage les voyageurs éminents dont l'effort s'était porté aux abords ou dans le sein de ces contrées, soit en des raids fameux, soit en reconnaissances partielles dont les itinéraires, joints aux tracés de la Mission, contribuèrent sûrement à l'ampleur de la carte.

Ces voyageurs avaient signalé d'importantes rivières, l'Ouhame, la Barya, le Bandoul, la Man Daïa qu'il fallait déterminer d'une façon précise, soit parce qu'elles avaient été suivies en partie seulement, soit parce qu'elles avaient été simplement rencontrées. En outre, seules, la Mission de la délimitation Congo-Cameroun et la Mission Bruel avaient fait usage d'instruments astronomiques ou géodésiques et la Mission du Haut-Logone largement outillée arrivait à propos pour fixer astronomiquement sur une carte les points importants ou saillants de cette intéressante contrée.

Orographie.

Le système orographique[1] de la région comprise entre l'Ouhame et le Logone est un plateau central granitique que nous appelons le nœud orographique de Yadé, parce que ce village en forme à peu près le centre.

L'importance de cette masse rocheuse, accidentée, saute aux yeux lorsqu'on voit sortir de cette région, comme d'un immense réservoir, toutes les rivières qui arrosent l'Afrique centrale, qui sur un diamètre de près de 400 kilomètres, c'est-à-dire sur plus d'un million de kilomètres carrés de terrains, portent la vie à plus de vingt races différentes.

Cette masse granitique, soit qu'elle ait été soulevée par un boule-

---

1. La description des méthodes scientifiques et des instruments employés fera partie d'une étude spéciale confiée au capitaine Périquet chargé du travail et du rapport géographiques de la Mission dont ces lignes exposent les idées générales.

versement analogue à notre ridement alpin, soit qu'elle ait résisté, comme nous avons pu le croire, à l'affaissement général du pays qui l'environne, est peu tourmentée vers son centre tandis qu'elle offre des aspects abrupts et déchiquetés sur ses bords.

En raison de l'importance de la masse, l'ébranlement général ne l'a pas sapée d'un seul coup, son centre n'a pas bougé, mais on distingue sur son pourtour des à-pics, des couronnes annulaires qui, bien que détachés, ont conservé, soit en totalité, soit en partie, l'adhérence de leurs éléments. L'un de ces à-pics, l'une de ces couronnes annulaires est bouchée par deux lignes courbes. La première est jalonnée par Bouar, le mont Karé, le mont Toumi, le mont Simbal, le mont Bari, le Boumbabal. La seconde ligne enveloppe les localités ou les aspérités de terrain suivantes : Yaouga, Simbou Sibbéré, le mont Faye, elle est la plus nette des deux. Elle présente, sur ses bords interne et externe, tous les aspects d'un déchirement et d'une séparation violente avec le centre qui semble avoir résisté, ou avec l'extérieur qui se serait affaissé.

Les couches de terrain semblent disloquées et plissées en tous sens. Certaines parties se sont effondrées totalement, d'autres plus résistantes sont restées debout, témoins détachés de l'ancien plateau.

Le raccord avec les deux surfaces voisines s'est donc fait par des régions tourmentées, où la montagne abrupte domine des plaines vastes et profondes.

Des deux lignes courbes précédentes, la plus tourmentée est, à coup sûr, celle qui passe par Bouar, le Karé, le Simbal et le Boumbabal. Tous ces massifs ont d'ailleurs un aspect accidenté, une allure grandiose.

Le Boumbabal, au nord, détaché de la masse, est un éperon avancé. Il s'enfonce comme un coin entre les deux vallées du Lim et de la M'béré dont il semble vouloir retarder la jonction.

La chaîne de Pana-Dongbal-Foula, par endroits absolument inaccessible, est formée de sommets anguleux et détachés rappelant absolument la falaise tunisienne du Dahar qui s'avance droit dans le sud, de Gabès vers le Sahara.

Le massif du Simbal, beaucoup moins anguleux, comprend de nombreuses vallées intérieures à l'aspect absolument sauvage. Ce sont partout de grands blocs de granit où les arbres énormes enfoncent leurs racines dans les fissures pour puiser leur sève dans une terre féconde. Certes, le touriste trouverait là de grandes satisfactions, le peintre de nombreux sujets de tableaux. Le chemin difficile qui monte vers le col mérite qu'à chaque pas on s'arrête pour l'admirer, mais il faut pour cela n'avoir pas comme nous toutes les inquiétudes qui nous absorbent et toute une colonne de porteurs, de bœufs et de chevaux qui s'abîment les pieds sur les cailloux de granit.

Au sud-est, le massif du Karé dessine ses sommets arrondis, complètement dénudés. Le bouleversement des roches a produit partout des Di, c'est-à-dire des trous ou des cavernes qui servent de repaire aux indigènes troglodytes de la région, comme aux fauves qui l'habitent.

Au sud, le massif de Bouar est constitué par des masses de latérite entourant les blocs de granit dont l'adhérence avec elles est suffisante pour donner à l'ensemble l'aspect d'une chaîne ou d'un plateau isolé.

Au bord de ce plateau, centre de résistance secondaire, les masses de granit sont restées seules debout. Le choc et l'érosion qui l'a suivi, semblent les avoir débarrassées de la latérite qui les enserrait. L'aspect actuel est alors celui d'une petite masse centrale ayant détaché tout autour d'elle des blocs isolés, disposés sans ordre apparent.

La ligne courbe extérieure Yaouya-Simbou Sibbéré et Mont Faye est moins importante, mais néanmoins, le voyageur qui va du centre vers l'extérieur, éprouvera certainement l'illusion qu'il retombe sur la montagne en parcourant l'espace annulaire compris entre les deux lignes précitées.

De chacun des sommets de cette zone, on a l'impression qu'on se retrouve sur une série de récifs dominant la vaste plaine (j'allais dire la vaste mer), dont on verrait à l'est l'horizon curviligne et vers l'ouest les falaises côtières constituées par l'autre ligne de massifs.

Le ton général de ce pays varie selon les saisons. Lors des premières pluies, ce sont des tapis d'herbe rase coupés du sillon boisé des rivières. A la saison sèche on voit des plaines de roseaux desséchés coupées par les taches noires des incendies. Il ne manque en somme à ce pays, pour être magnifique et pour lui donner l'aspect de nos terres utilisées, que l'humaine organisation qui proscrit l'incendie, fixe des limites à la forêt et à la plaine et laisse la sève exubérante produire toute seule dans la première son effet bienfaisant tandis qu'elle féconderait la seconde par la pioche du paysan.

En quittant le nœud orographique de Yadé, on entre résolument dans une plaine insensiblement ondulée dont le seul relief appréciable est le mont Koutoukouma signalé par M. l'administrateur Bruel sur la route Doba-Bangoul, et qui, placé près de la Penndé, n'a pas encore suffisamment éprouvé les effets de l'érosion pour permettre au Bahr

Sara de s'écouler au nord-ouest et de se réunir au Logone, au lieu de rejoindre le Chari.

Au sud-est, dans la région de la moyenne Barya et du moyen Ouhame, le pays s'est abaissé en gradins donnant dans chaque région l'impression d'un pays de plateaux. Tous les points élevés sont constitués par des tables de latérite horizontale, de moins en moins élevées à mesure que l'on s'éloigne vers l'extérieur.

Le niveau de la zone centrale peut varier de 1 300 à 1 400 mètres. Les formes du terrain y sont arrondies et les rivières encaissées, avec de très courts affluents secondaires.

En évitant les vallées principales, le voyageur peut parcourir toute cette région sur un sol à peu près uni, presque horizontal et propice à la marche. La latérite recouvrant le granit qui y règne en maître, l'homme est rare, la culture inexistante et l'être humain absent.

Dans cette zone centrale, la couche de latérite qui recouvre le granit est assez peu perméable pour qu'on y trouve des sources en nombre limité, parfois distantes de 4 et 5 kilomètres.

Sur les bords, au contraire, dans la zone où le granit affleure, c'est-à-dire dans le voisinage des monts Gaou, du massif de Yadé et de la chaîne de Donghé, le sol ruisselle en maints endroits et laisse passer des cours d'eau limpides et nombreux.

Les micaschistes se mélangent de plus en plus au granit à mesure qu'on s'éloigne du centre, et dans la région jalonnée par le Boumbabal et le Simbal, on trouve le granit ou granulite, tantôt le micaschiste et parfois le mélange des deux. Dans toute la zone avoisinant la plaine unie, tous les escarpements sont constitués par des latérites en tables arasées, aux flancs abrupts, découpés en de nombreux cônes d'érosion.

La région nord-est, celle des basses rivières, présente des caractéristiques spéciales dont nous parlerons plus loin.

Au moment où la plaine se relève sur les bords de la Penndé, aux abords des monts Koutoukouma, on trouve des blocs de limonite, soit pure, soit mélangée à de l'hématite. Ces collines sont toutefois des masses de latérite sapées de tous côtés; leur nombreux cônes d'érosion ne sont que des cirques de flancs formés par les déplacements continuels des bouches de la rivière.

En somme, les roches crystallophylliennes dominent dans ce massif de granit mélangé de quartz feldspath et de mica. Il n'y a ni cratère, ni trace d'éruption et cela conduit à penser que les roches éruptives ne peuvent s'être intercalées que par dislocation.

On retrouve, dans les roches primitives, des granits sous de nombreuses formes plus ou moins décomposées où la granulite domine.

Tout le bas du pays du cours inférieur des rivières est formé de terrains sédimentaires, dépôts arénacés amenés des montagnes par l'érosion fluviale par suite de l'absence de ciment, et dépôts rendus cultivables par le mélange avec les débris végétaux.

Toute cette vaste zone ne contient guère d'autre métal que le fer, que l'on trouve partout en abondance, sauf dans la Penndé centrale où le sol, absolument plat, n'est constitué que par une couche sédimentaire sans aucun affleurement de latérite. Dans cette région, le fer est considéré comme une denrée précieuse, au point qu'il s'échange contre des captifs, des femmes et des chevaux. A Baké, le sergent de Montmort constate qu'un cheval coûte douze couteaux de jet. Non loin de là, entre la Penndé et la Barya, le chef de mission apprend que cent morceaux de fer gros comme le tiers d'une aiguille à tricoter représentent la valeur d'une beauté du pays.

HYDROGRAPHIE.

Les principales artères fluviales de la région sont le Logone ou M'béré, l'Ouhame ou Bahr Sara, qui précisément constituent les limites du nœud orographique de Yadé. Et, chose intéressante à tous points de vue, ces deux fleuves qui prennent naissance dans le même nœud orographique de Yadé à plus de 200 kilomètres l'un de l'autre, vont précisément se réunir dans l'unique Chari pour déboucher confondus dans le Tchad.

A part les nombreux collatéraux de leurs cours supérieurs, ils n'ont dans la partie basse, dans la vaste plaine, que de rares affluents : le Logone, le Lim, la Nya, la Penndé, le Sippuoï pour la M'béré ; la Tybinn, la Loé, la Bolé, la Baba, la Nana M'baka, la Fafa, la Nana Bakasso et la Nana Barya pour l'Ouhame ou Bahr Sara, qui collige en outre les lignes marécageuses du Mandoul, de la Man Daïa et de l'Andjékobo.

Ce réseau fluvial présente des aspects différents selon la zone où on l'étudie, dans la montagne ou dans la plaine.

Zone montagneuse. — Il faut encore distinguer les rivières qui partent de la partie centrale du plateau granitique de celles qui jaillissent de ses bords et de la zone annulaire.

1° *Rivières de la zone centrale.* — Elles se frayent un chemin d'autant plus facile qu'il est plus rapproché du centre. Elles suivent en géné-

— 266 —

ral la ligne de plus grande pente du plateau, et leurs affluents font de même. Ceux-ci s'écartent d'abord de la rivière principale et la rejoignent ensuite par une horizontale sur laquelle ils ont un cours relativement tranquille. Les sous-affluents les plus importants sont ceux qui recouvrent ces bras horizontaux. Dans cette partie centrale, les rivières ont un cours tourmenté, mais elles n'ont pas l'allure torrentielle des rivières de hautes montagnes.

Elles sont toutes bordées d'une double ligne de grands arbres dont le feuillage vert tranche sur l'aspect gris et monotone qu'offre le pays durant la saison sèche.

Lorsqu'elles franchissent le terrain d'argile imperméable qui recouvre un sous-sol granitique comme dans les monts Yadé, il se forme de nombreux filets d'eau, tantôt en cascades sur les roches polies, tantôt marécageux et croupissants, ou bien offrant l'aspect d'un ruisselet large de deux pieds, mais profond de 2 mètres où l'on s'enlize facilement dans une vase rouge et liquide.

2° *Rivières de la zone moyenne.* — C'est dans la zone annulaire que l'érosion modifie le plus largement les formes du terrain. C'est là que les rivières travaillent le plus activement à leur profil d'équilibre déjà bien arrêté, depuis longtemps, dans la plaine.

Les vallées secondaires sont nombreuses mais sans homogénéité.

Celle du Lim semble anticlinale entre Touga et Foula, celle de la Permdé monoclinale dans les monts N'Dy vers Dimbaya. Sauf en saison des pluies, les cours d'eau sont à sec, excepté dans les biefs où les rivières principales ont creusé jusqu'à l'imperméable argile ; leur débit est faible. L'eau, d'aspect savonneuse, y stagne en une série de menus étangs reliés par de minces canaux. Tels sont la Niémé, le Sippuoï, la Nya, la Nana M'baka et les affluents du Lim au sud du Boumbabal.

En saison des pluies, ces rivières coulent à pleins bords et doivent avoir un très fort débit.

3° *Zone de la plaine.* — Nous avons vu que la plaine sans limites succède au massif montagneux. C'est l'immense étendue dont les arbres masquent les plis de cet océan de verdure. Et lorsqu'on débouche subitement sur un des éperons qui dominent cette plaine sans bornes, on a devant soi le spectacle grandiose maintenant connu du lecteur.

On a devant soi l'immense plaine qui se déroule plate, unie, verte, étincelante sans jamais un obstacle, sans jamais une pente depuis ce pays jusqu'au Tchad, sur près de mille kilomètres de parcours, offrant des espaces arides, secs, déserts et sans lacs, ou bien recouverts de vastes inondations que lui communiquent d'importantes rivières coulant à proximité.

Le terrain superficiel de cette plaine est en très grande majorité perméable, il en résulte qu'il ne se recouvre jamais que d'une herbe rare, absente en saison sèche. Mais cependant les arbres sont puissants et longtemps verts, quelle que soit la distance où l'on soit de la rivière. D'autre part, les puits de cette région sont à la même profondeur sur les mêmes zones planes, ils deviennent plus profonds lorsque le sol se relève et cela semble prouver qu'une couche d'argile imperméable, sensiblement horizontale, retient une nappe d'eau souterraine à peu de profondeur.

Cette couche d'argile permettrait de supposer que le Tchad devait s'étendre autrefois sur ces régions aujourd'hui effondrées. La mer intérieure ne laissait peut-être émerger que les rares éminences du Koutoukouma signalées par M. Bruel et des monts Daoua qui dominent les rives mêmes du lac Toubouri. Mais elle s'est sans doute progressivement asséchée sous l'influence du soleil ardent et des vents réguliers d'hermattan (vent du nord-est), elle s'est peut-être infiltrée dans le sol dont nous ignorons les fleuves souterrains, elle aurait donc aussi peu à peu quitté les contreforts du nœud orographique sur lesquels, dès lors, l'érosion n'a pas tardé à se faire sentir. Les eaux de la Penndé, du Logone et de l'Ouhame ont dû d'abord creuser le cours supérieur de ces grandes rivières, et leurs eaux arrivées dans la plaine grandissante à mesure que reculait le Tchad, se sont colligées. L'assèchement terminé, l'érosion ne se terminant plus dans la plaine, les canaux du centre qui déversaient les eaux du massif et des artères secondaires vers les fleuves eux-mêmes, se sont progressivement asséchés, puis comblés en totalité ou bien en partie, ne laissant subsister que des cuvettes nombreuses, sans ordre apparent, suivant la plus ou moins grande résistance des couches de terrain.

Peu à peu, aux hautes eaux, par érosion superficielle et discontinue, ces cuvettes se sont reliées entre elles par de petits canaux formant chapelets, ou sont restées isolées. Ces deux cas se rencontrent également dans la région. Les anciens canaux d'assèchement sont restés à l'état de dépression. Vers la Penndé qui coule près du centre de l'ancien lac, les canaux étaient petits, les dépressions sont courtes.

Vers l'Ouhame coulant loin du centre de la mer disparue, le chapelet de cuvettes est resté très long, prenant presque l'allure de rivières importantes comme la Man Daïa, l'Andjékobo, le Som, le Babo, etc.

Ces dépressions ne sont pas des rivières, elles n'ont ni lit, ni courant proprement dits, ni berges creusées ; ce sont des bras morts, des vestiges d'anciens canaux en voie de comblement. On a cherché à les naviguer, la chose fut peut-être très possible, elle semble le devenir de moins en moins, sauf aux crues très hautes et très favorables des rivières.

Ces bras morts disparaîtront peu à peu, car leur rivière mère tend à les combler tous les ans à leur confluence; et, désormais sans issues, ils deviendront cuvettes isolées. Le Man-Kou, affluent de la Barya, subit un tel sort, et le Kou, affluent de la Penndé, près de Doba, l'a subi depuis longtemps. On voit nettement le travail qu'ils font aux hautes eaux pour se créer une issue, mais ils seront fatalement vaincus dans cette lutte inégale.

Dans le même ordre d'idées on rencontre des chapelets de ce genre entre le Logone et le Toubouri; l'un d'eux est navigable durant plusieurs semaines chaque année, mais en janvier il n'est plus praticable à cause des seuils qui le barrent. La navigabilité de ces artères d'un genre spécial se montre beaucoup plus facile sur la rive gauche du Logone, en particulier pour le Laho Matiha, et pour toutes les rivières pérennes qui débouchent directement dans le Tchad à travers le Bornou, et lui portent les eaux des cuvettes d'inondation du pays Moussgou.

D'ailleurs, la rive gauche du Logone semble être un peu plus basse que sa rive droite. Ce phénomène expliquerait pourquoi l'on ne rencontre de bras secondaires permanents ou temporaires du Logone que sur la rive gauche, il semble montrer également pourquoi la crue de ce fleuve se déverse dans le Toubouri par la communication de Dcokoïdi parfois franchissable ainsi que par un grand nombre d'autres et par le canal dont nous parlons ci-dessus. Et c'est ainsi que, grâce à ce phénomène et à cet état de choses, une partie de la crue du Logone se déverse souvent dans l'Océan atlantique par le Toubouri, le Mayo Kabi, la Bénoué et le Niger.

Je disais au retour de ma mission de 1903 que les eaux du Tchad se déversent dans la Bénoué par les dépressions de la rive gauche du Logone. Il ne faut voir dans cette formule que l'extension d'un terme figuré, d'une image rappelant en termes succints tout un passé, toute une ère hydrologique du Centre africain. Je faisais allusion à la mer disparue qui, baignant les contreforts du nœud orographique, devait, sans aucun doute, propager une partie de ses flots dans la Bénoué par le Mayo Kabi; je rappelais que, cette mer s'abaissant, devait, il y a peu de temps encore, rétrocéder, sans effort, quelques ondes liquides de sa marée annuelle (la crue des rivières du nœud orographique) au bassin du Niger, je voulais dire, en outre, que les ondes déversées par la rive gauche du Logone dans le Mayo Kabi, à l'époque du desséchement du Tchad actuel, ne sont en réalité qu'une prise d'eau à la masse annuelle, dont l'ensemble constitue la crue hivernale du Tchad, et que toute soustraction à cette crue est dérobée à l'ex-grand lac, dont la masse recouvrait, sans doute, les vastes plaines dont nous faisons l'étude.

Dans la plaine, les quatre rivières Logone, Penndé, Barya et Ouhame accusent une convexité nette dans leur profil. A quelques centaines de mètres de la berge on ne les voit pas, un bourrelet en empêche, déposé par les crues et formé des matériaux d'amont.

Aux hautes eaux seulement, le courant est assez fort pour charrier le sable d'amont jusque là. Lorsque la rivière déborde, le courant qui emporte ce sable étant moins fort, le dépose à portée immédiate du lit, vers l'aval, élevant ainsi insensiblement le niveau de base de la rivière.

Cette convexité de toutes les vallées peut alors être considérée comme une des causes accessoires de l'asséchement du Tchad, concurremment avec l'évaporation et l'infiltration. Puisque le niveau de base de toutes les rivières s'élève, c'est que le niveau de base commun, le Tchad, s'élève également et sa profondeur diminue. Comme son niveau superficiel ne peut augmenter, il se dessèche forcément.

INFILTRATION ET ÉVAPORATION

Comme l'ont remarqué les membres de la Mission, tous les villages à puits de la Penndé sont environ à 20 kilomètres de cette rivière et sur une ligne parallèle à son cours, leur sol est à 15 ou 20 mètres au-dessus du thalweg de la rivière, les puits ont tous une profondeur à peu près égale et une largeur de 3 à 4 mètres. Au dire des indigènes ces puits ne tarissent jamais, ils approvisionnent d'eau une énorme population et beaucoup de chevaux, ce qui tend à prouver l'intensité et la régularité de leur débit.

Cela donne à penser que la Penndé alimente ces puits par infiltrations souterraines d'autant plus que, près de la rivière, les effondrements du sol et la végétation se font remarquer bien souvent, et attestent la présence d'une couche liquide. Le sous-sol de la rive droite serait donc en communication avec la rivière, c'est elle qui alimente tous ces puits.

Aux hautes eaux la Penndé mesure en moyenne 80 mètres entre ses berges et 6 mètres de profondeur, ses affluents se gonflent, lui apportant une énorme quantité d'eau, mais elle suinte par ses berges et propage ses ondes souterraines sous toute sa rive droite.

En saison sèche la Penndé est réduite à un faible débit de quelques mètres cubes à la minute et tous ses affluents sont à sec, ou n'ont plus de courant, réduits à une série de mares en chapelet; mais la rivière continue tout de même à alimenter le sous-sol et cette perte par infiltration s'ajoute à sa perte par évaporation.

D'expériences faites, sans l'installation voulue il est vrai, il résulte que la Penndé depuis sa source jusqu'à sa confluence avec le Logone perd à la seconde, par sa surface et par évaporation, 2 mc. 200. C'est le débit d'une rivière de 15 mètres de large, 0 m. 30 de profondeur avec un courant de 0 m. 50 à la seconde, c'est une rivière égale à elle-même non loin de Yadé, au point où notre premier itinéraire la recoupe. Le même calcul prouve que les affluents actifs de la Penndé (Niémé, Nya et Léké) doivent la rejoindre moins importants qu'à leur sortie des monts Di, comme cela est vrai d'ailleurs. Il en résulte que la Penndé diminue graduellement et que, si son cours était plus long, elle arriverait à se perdre comme une rivière saharienne.

Il n'en est pas de même de l'Ouhame et du Logone qui traversent beaucoup moins de terrains perméables que la Penndé et pour qui l'évaporation est la cause principale de déperdition.

Penndé. — La *Penndé* est relativement calme entre sa source et le premier à-pic, tant qu'elle coule sur la partie centrale du plateau. Lorsqu'elle traverse le premier à-pic son cours devient mouvementé, elle érose les couches de terrain tendre et descend en cascade des roches granitiques.

Dans l'espace annulaire, la Penndé travaille à façonner son cours déjà très tortueux, elle y est en plein travail et modifiera de plus en plus sa vallée. Cette zone prend fin à Kouloungalou où la rivière est large, peu profonde, encombrée de roches recouvertes de sable d'érosion.

De Kouloungalou au mont M'bolété, la rivière traverse une zone accidentée dont elle heurte les couches de terrains plissés et disloqués en tous sens et les masses de granit restés comme témoins séparés du plateau auquel elles appartenaient. Cette région tourmentée sera sûrement modifiée par le fleuve.

Du mont M'bolété à Ghili la Penndé n'est plus en travail, son lit semble en position d'équilibre, la vallée est nette, le courant régulier, il n'y a pas dépôt de matériaux d'érosion, le lit est résistant.

De Ghili au confluent avec le Logone le lit est large et sensiblement convexe. On y rencontre des chapelets d'étangs, la rivière est là à sa période de remblaiement. Elle s'enferme, sans recevoir d'affluents, entre ses berges argileuses de 12 à 15 mètres de hauteur, elle a bouché tous ses collatéraux et les a réduits à l'état de dépressions. Après 450 kilomètres de cours, elle se déverse sous le nom de Bandoul dans la Mambéré ou Logone qui semble d'ailleurs la prolonger.

Ouhame. — L'Ouhame prend sa source au bord sud du plateau granitique, vers 1 200 mètres d'altitude, coulant vers le sud où l'ébranlement a été particulièrement intense, elle saute de gradins en gradins. Mais décrivant un plus long chemin pour atteindre la plaine, son cours est moins rapide que celui de la Penndé, aussi sa zone de cascades est-elle beaucoup moins violente et beaucoup plus étendue. Sa caractéristique est de descendre d'abord vers le sud avant de s'écouler vers le nord comme les autres rivières.

Elle entre en plaine après 400 kilomètres de course (au lieu de 170 environ pour la Penndé) et décrit une courbe imposante pour entrer dans le bassin du Tchad en contournant les derniers contre-forts de la masse ébranlée, effondrée.

Elle remblaie son lit à la même altitude que la Penndé et à ce moment prend la même vitesse de courant que celle-ci (0 m. 50 par seconde). Mais alors que la Penndé s'écoule entre des bancs de sable qui, par endroits, accroissent sa vitesse, l'Ouhame occupe tout son lit qu'elle a creusé d'une rive à l'autre. Son courant est partout alors à peu près le même, aux bords et au milieu.

Le Dr Kérandel a comparé les cours de l'Ouhame et du Chari ou Gribingui en amont de Fort Archambault, durant la saison sèche, à égale distance de leur confluence. Il a trouvé que l'Ouhame en saison sèche est au moins deux fois plus important que le Chari et qu'il est, en réalité, la branche maîtresse des rivières qui, venant de ce côté, se rendent au Tchad. Ainsi la grande rivière ou Chari qui passe à Fort Lamy, grossie du Logone, pour alimenter le lac Tchad, aurait pour branche mère l'Ouhame ou Bahr Sara et prendrait sa source au mont Lalenghé par environ 1 200 mètres d'altitude.

II

MÉTÉOROLOGIE — CLIMAT

La Mission du Haut-Logone n'a fait qu'explorer les régions parcourues, nous n'avons pas fait de séjours suffisants pour donner des chiffres de température ou de pression d'une utilité formelle. Néanmoins le lecteur peut désirer fixer ses idées sur les chaleurs et les saisons que nous avons dû supporter, c'est pourquoi nous résumerons nos observations en quelques mots.

Dans la plaine du Logone, la saison sèche dure de novembre à fin mars et la saison des pluies commence en avril pour finir en octobre.

Si l'on compare les points de Laï (sur le Logone) et de Kouïgoré (sur l'Ouhame) on aura le tableau suivant :

	Laï	*Kouïgoré*
Janvier. . .	frais, sec.	frais, sec.
Février . .	frais, sec.	chaud.
Mars . . .	chaud.	très chaud.
Avril . . .	très chaud, premières pluies.	chaud, pluvieux.
Mai. . . .	chaud, humide.	chaud, humide.
Juin. . . .	—	chaud, puis moins pluvieux et plus frais.
Juillet. . .	—	chaud, humide.
Août . . .	très chaud, très pluvieux.	de plus en plus chaud.
Septembre.	—	très chaud.
Octobre . .	chaud, moins pluvieux.	chaud et humide.
Novembre .	frais et sec.	moins chaud et plus sec.
Décembre .	—	frais et sec.

En mars et avril la température atteint, à Laï, 43º à l'ombre, au contraire, en novembre, décembre et janvier elle s'abaisse jusqu'à 12º et 10º centigrade vers quatre heures du matin.

L'humidité varie avec la saison. On a trouvé 2 pour 100 le 17 mars à deux heures de l'après-midi à Doumma et 99 pour 100 le 24 juin à huit heures du matin à Kouïgoré.

La variation d'humidité diurne est régulière d'une zone et d'une saison à l'autre, mais elle n'est plus la même suivant qu'on l'observe près ou loin des rivières.

Elle suit en saison humide une courbe décroissante, de huit heures du matin à deux heures de l'après-midi, et remonte ensuite, pour atteindre vers cinq heures du soir le même point que le matin au départ.

Nous avons trouvé 25 pour 100 de différence entre deux courbes relevées : l'une près de l'Ouhamé en saison humide, et l'autre près de la Penndé en saison sèche.

Au contraire, en saison sèche, la courbe décroissait (à Nakoutasabé) de cinq heures à onze heures du matin, atteignait un maximum vers deux heures du soir et redescendait jusqu'au coucher du soleil.

Le baromètre est remarquablement constant, suivant l'heure, d'un jour à l'autre, à part des chutes brusques dues aux tornades. Le facteur de variation de pression, suivant l'heure, est le degré d'humidité de l'air.

En saison sèche la courbe de température hypsométrique s'élève dès huit heures du matin pour atteindre son maximum vers deux heures et redescendre ensuite d'une manière continue jusqu'au minimum dû aux condensations nocturnes.

Durant la saison humide, l'écart est beaucoup plus faible entre les températures diurne et nocturne. Néanmoins le thermomètre monte dès huit heures du matin pour culminer de une heure à trois heures de l'après-midi; puis il descend lentement et faiblement, en restant quelquefois stationnaire dans la soirée, pour atteindre aussi son minimum nocturne.

Quoi qu'il en soit, le sens de la variation est le même en hivernage ou en saison sèche; les maxima et les températures moyennes sont décalés, mais conservent le même intervalle. Le degré de variation est plus accentué au cours d'une journée sèche que par les journées humides.

III

TABLEAU RÉCAPITULATIF DES RACES
CENTRE-AFRICAINES

Nous ne reviendrons pas sur les caractères ethniques mentionnés dans cet ouvrage, nous rappellerons simplement au lecteur comment les indigènes se distinguent en trois groupes.

1ᵉʳ GROUPE. *Races à mil.* — Boums, M'baïs, Saras, Lakkas.

Noirs assez foncés, taille élevée, grands, bien musclés, bassin plat.

Brachycéphales, platyrhiniens, prognathisme peu marqué.

Lèvres plissées, yeux bridés, incisives inférieures arrachées, incisives supérieures taillées en forme de hache.

Corps tatoué de scarifications linéaires.

Excision chez la jeune fille, non-circoncision de l'homme.

Langage particulier chez les Boums, langage m'baï-sara-lakka chez les autres, voisin du dialecte baghirmien.

Ces tribus ne sont pas anthropophages.

2ᵉ GROUPE. *Races à manioc.* — Bayas, Dagbas, Yanghérés, Panndès, Kakas.

Les Bayas portent les noms suivants :

Bayas Bouris, au sud vers Bania.

Bayas Bayas, au sud vers Yadé.

Bayas Poundès sur la Nana.

Bayas Bouar à Bouar.

Bayas Kayas, en bordure nord de l'Ouhame.

Bayas Talas, vers le Simbal et la Nana Barya.

Bayas M'bakas, entre la Nana Barya et l'Ouhame.

Les Panndés habitent la Mambéré.

Les Kakas habitent la Kadéi.

Les Yanghérés sont sur la M'baéré, au sud de Bania, vers Béloum et le mont Chikoum.

Toutes ces tribus sont anthropophages.

Petite taille, musculature faible, prognathisme moins accusé, dolicocéphales et platyrhiniens.

Ne pratiquent pas l'arrachage des dents, ont les incisives taillées en pointe.

Les tatouages sont peu nombreux et se composent plutôt de mouchetures.

Pas d'excision chez la femme, circoncision des jeunes gens.

La langue baya se parle de trois façons différentes : baya du sud, chez les Bouris, les Poundés et les Bouar; baya du centre chez les Kayas et les Talas, baya du nord chez les Bayas Bayas et les M'bakas[1].

Il y a de grandes différences de prononciation et de formation des phrases et des mots dans les trois cas; néanmoins, bien qu'à première vue les dialectes soient méconnaissables, on arrive à reconstituer leur ressemblance et leur analogie en les étudiant avec soin.

Les Panndés ont une langue spéciale, mais elle a quelques mots empruntés au baya.

Les Yanghérés ont une langue identique au banda, elle n'a fait aucun emprunt au baya, sauf pour les termes fluviaux : soungou-pirogue, kapsi-pagaie, ngoubou-hippopotame, sousou-canard, dzaou-rou-chef.

Bayas Kakas et Yanghérés ont une langue populaire poétique permettant des élisions et comportant préfixes, suffixes et interjections euphoniques qui altèrent la langue naturelle et la rendent également harmonieuse et esthétique.

Toutes ces langues sont également simples de grammaire et de syntaxe, mais elles sont variables, parfois, suivant les localités Quelques-unes sont difficiles à apprendre (ex. : le baya), complexes et nuancées d'une façon délicate qui rend leur pratique et leur usage suffisamment compliqués.

Enfin races à mil et races à manioc pratiquent le labi.

3e Groupe. — Quant aux Bambingas, ce sont des cannibales ignorant la culture du mil et du manioc. Leur taille ne dépasse guère 1 m. 50.

Brachycéphales, peu de prognathisme, membres supérieurs de longueur considérable par rapport à la taille, deux orteils séparés et presque prenants.

Incisives supérieures épointées, aucune mutilation sexuelle,

1. La grammaire baya dressée par la Mission est en cours d'achèvement.

tatouages très rares, réduits à de faibles scarifications linéaires, telles sont leurs caractéristiques.

Leur langage est tout à fait particulier et différent de celui des autres races ou tribus.

Dans le territoire du nœud orographique de Yadé, *depuis Bouar au sud jusqu'au Logone, et depuis Yadé à l'ouest jusqu'à la ligne Laï-Bangoul-Daï, limite nord-orientale des étapes de la Mission,* ces populations diverses réparties sur près de 75 000 kilomètres carrés de superficie semblent représentées par les chiffres suivants, estimés à raison de trois habitants par case ou foyer :

Bayas Kayas	6 000	
— du Simbai	3 500	
— de Boutangara	900	
— de Bongola	500	39 600
— de Donghina	2 500	
— M'bakas	18 000	
— Talas	8 000	
— Boghétas	200	
Boums	19 000	
Lakkas	110 000	
M'baïs	100 000	
Yanghérés	4 000	
Dagbas	1 000	
Total	273 600 habitants	

Soit 3,4 habitants par kilomètre carré.

Il faut remarquer, dans le cas où ce chiffre paraîtrait exagéré :

1° Que la Mission a relevé près de 1 500 villages.

2° Qu'elle n'a pas vu tous les M'bakas à cause de l'état de guerre.

3° Qu'elle n'a point prospecté tous les centres habités.

Enfin, autour du nœud orographique de Yadé :

Les races à manioc, 45 000 habitants, sont reliées par le labi aux races à mil, 229 000 habitants.

IV

NOTES SUR LA LANGUE DES LABIS[1]

Le labi est une langue adéquate à l'institution et particulièrement destinée à la période d'initiation. Quoique très distincte des autres dialectes, elle leur emprunte cependant un certain nombre de mots. Ainsi les mots suivant :

corde	en labi :	koula	se dit en lakka	: kolla.
captif	—	kooukou	— boum	: koa.
eau	—	man	— lakka	: man.
feu	—	poro	— —	poro.
herbe	—	moui	— panndé	: mou.
manioc	—	bei	— —	ba.
mort	—	nouia	— —	ahouia.
poivre	—	ndidingham	— baya	: nadingham.
pierre	—	ihri	— peul	: aïré.
passé	—	semeipou	— boum	: sima.
très vite	—	bouna bouna	— panndé	: bouya bouya.

Les mots apportés par la civilisation ne paraissent pas plus forgés que les autres et ne ressemblent à aucun mot des langues voisines. Ainsi, en labi, argent se dit : ndiaro, étoffe : kaldoudi, fusil : pourkiho, collier de perles : yori.

Certains mots peu usuels, oubliés sans doute lors de la formation du dialecte, sont des composés. Ainsi, cou se dit : borom, gros se dit : m'boborama, dès lors gros cou ou goitre se dit : m'boromboborama.

Il se pourrait que le labi soit né dans le cours supérieur des rivières, dans le nœud orographique de Yadé qui serait alors le nœud ethnographique des Labis. Ceux-ci ne devaient pas, à coup sûr, connaître les étangs que l'on ne trouve nulle part dans le massif montagneux, non plus que les hippopotames dont on ne trouve nulle

1. Un vocabulaire labi sera rédigé ultérieurement.

trace dans le nœud orographique et qui se localisent au contraire sur le cours inférieur des rivières, dans la plaine du Logone.

Les Labis disent m'boboramaman pour étang, c'est-à-dire beaucoup d'eau.

Ils appellent l'éléphant zoli et par suite l'hippopotame zoliman, c'est-à-dire l'éléphant d'eau.

Le labi ne laisse percevoir ni article, ni déclinaison, ni conjugaison.

Le verbe est un radical auquel on donne l'idée d'action par le suffixe yali ou iké ou encore ké par l'élision de l'i.

Ainsi les phrases suivantes s'expriment comme on va le voir :

apporte du manioc	labi . .	kémi narkemyali bei.
	baya . .	mé kouténé ziga.
	boum. .	an bangtsikani kour.
	lakka. .	hi dinana moudou.
	panndé.	houé nianghaï ba.

appelle le chef	labi . .	kémé mbouliké ndanga.
	baya . .	mé sa wanlih.
	boum. .	an liketsikani hounaké.
	lakka. .	hi baléamé sikoboï.
	panndé.	houé yaghaï mopaghé.

les femmes pilent le manioc	labi . .	méré yomyali bourou.
	baya . .	bouko to youmbo.
	boum. .	oulzou ninzé mbaï.
	lakka. .	déné laghé goughéla.
	panndé.	moumodi taka dokouma.

Les mots composés sont très simples en labi, le mot le plus important est placé le premier.

Ainsi, arbre se dit : vemou; confluent, croisement se dit : fem, dès lors branche d'arbre se dit : femvemou.

Soleil se dit : sirkoa, au-dessus se dit : domom, midi se dira donc : sirkoadomom.

La numération est quinaire, mais le mot cinq n'est pas le mot femme comme chez les Bayas.

1 véou.

2 kari.

3 sobi.

4 médé.

5 nouri.

$6 = 5 + 1 =$ nouri koum parki véou.

$7 = 5 + 2 =$ nouri koum parki kari.

10 ngoki.

$11 = 10 + 1 =$ ngoki borké véou.

$12 = 10 + 2 =$ ngoki borké kari.

Enfin les mots sont tous harmonieux dans le langage labi. Les plus longs, eux-mêmes, sont de prononciation très coulante.

Caoutchouc se dit Kawallalgoendinga (ce qui coule autour).

Clairière — mouinéwinaké (endroit où il y a de l'herbe).

TABLE DES CHAPITRES

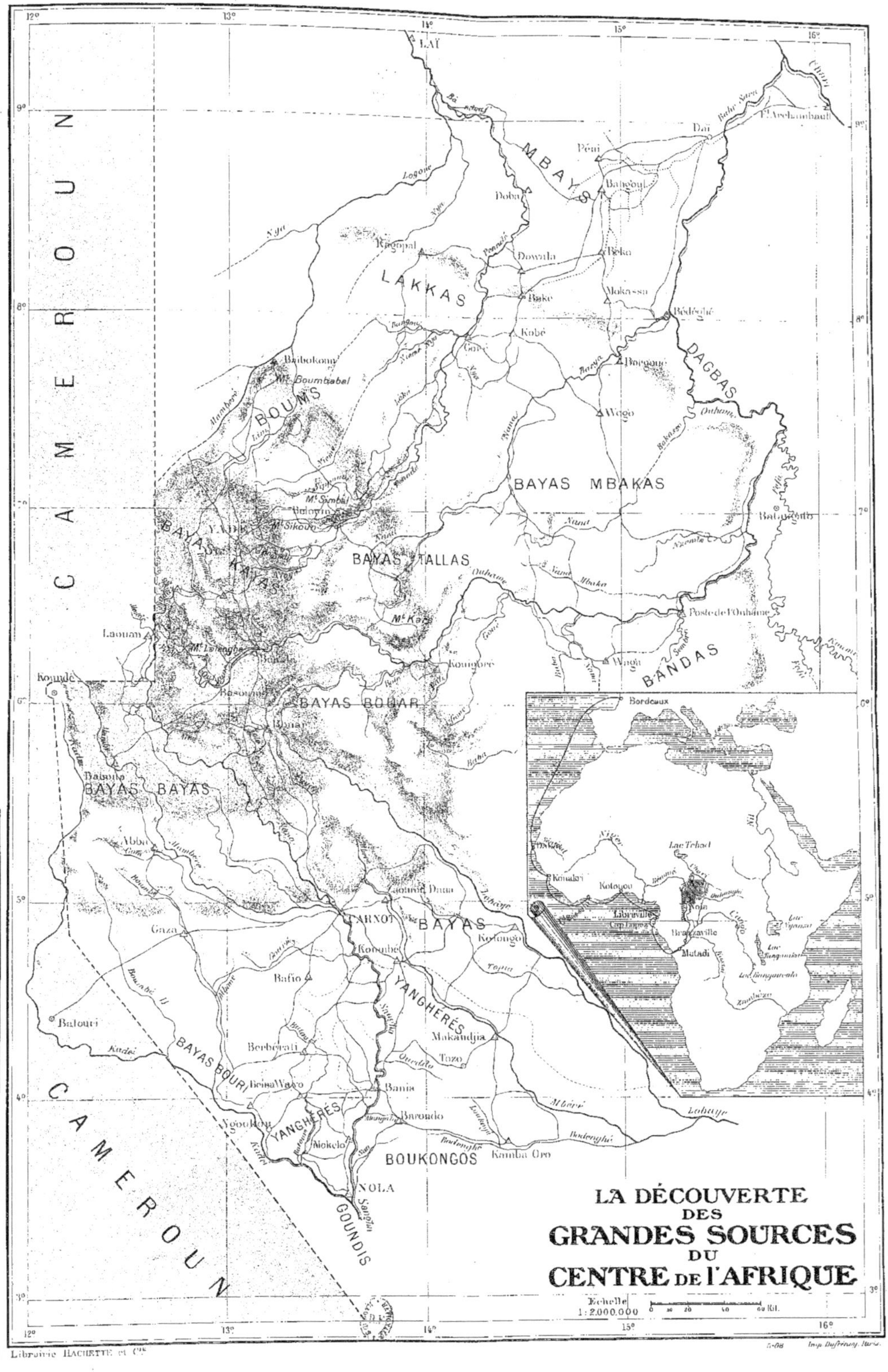

LA DÉCOUVERTE
DES
GRANDES SOURCES
DU
CENTRE DE l'AFRIQUE

Échelle
1 : 2.000.000

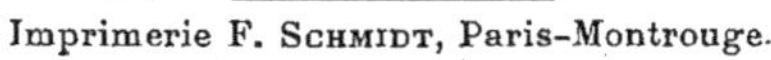

Imprimerie F. SCHMIDT, Paris-Montrouge.